企業組織再編の実像

～労使関係の最前線～

呉 学殊

まえがき

　急速なグローバル化、それに伴う企業間競争の熾烈化、人口減少や高齢化等の人口構造の変化、第4次産業革命のような急激な技術変化等、企業経営を取巻く環境は激変しており、それへの対応が企業の運命を決めていくといって過言ではあるまい。企業は、環境変化への対応に向けて自社内での生産性向上、新製品やサービスの開発等を進めているが、それだけでは十分ではないこともある。その際に行うことの1つが、企業グループ内の再編、他社との合併、事業譲渡、分割等の企業組織再編である。

　企業は、企業組織再編の成功に向けて様々な検討を進めるが、場合によっては初めてのことであったり、また、再編の形態や再編の相手が異なったりして十分な検討ができなくて、期待のとおりに成果を上げられないこともありうるのである。

　企業組織再編やそれをめぐる労使の対応は各社各様である。特定の事例が最も望ましいとみられることがあっても、企業を取巻く環境や労使関係のありようが違うと自社に必ずしも望ましいとは限らない。重要なのは最善の選択をするために必要な判断力をいかに手にするかであろう。それには他社の実態を正確に理解することが何よりも重要である。

　しかし、企業組織再編の実態調査は容易ではない。それは、再編の多くの場合、当該企業や当該部門の経営が芳しくないことからその実態を伝えることに躊躇するからである。そのために判例研究がなされることがあるが、判例に載らない普通の再編についてはその実態を知ることはきわめて困難である。

　本書は、普通の企業組織再編の実像を明らかにし、企業の労使が企業組織再編への対応力や判断力を高めることに資すると期待する。日本企業の強みは、「信頼に基づく良好な労使関係」であるとよく言われている。企業組織再編はその強みが試される場面でもあるし、逆にそれが確認・強化される局

面でもある。そういう意味では、企業組織再編において日本の労使関係を最も生々しく知ることができるといって過言ではない。

1990年代始めバブル崩壊以降、いわゆる「失われた20年」と言われる中、企業は生き残りをかけて様々な経営戦略や対策を講じてきたが、その1つが「選択と集中」の経営戦略である。利益が見込めるところを選択し、それに資源を集中させるために、そうではないところを切り離す戦略である。その逆もある。すなわち、赤字や収益力の低さから企業経営に重荷になっている部門を切り離して収益性の見込めるところを伸ばしていく。そういう経営戦略では企業組織再編が用いられることが多い。企業組織再編では労働者の雇用削減や労働条件の切り下げなどの問題が発生するのではないかと憂慮される中、その実態を明らかにし、対応策を講じるべきとの観点から調査・研究の必要性が高まった。しかし、上記のことから容易なことではなかった。

本書では、ヒアリング調査と提供資料に基づいて7つの企業組織再編についてその実像を明らかにするが、主に労使の対応・労使関係にスポットライトを当てている。労使が企業組織再編の成功に向けてどのような対話や対応を講じているのか、また、企業組織再編に関する法制（主に会社分割・労働契約承継法）をどのように現場に適用しているのかを重点的に調べた。企業組織再編における労使関係の最前線を垣間見るとともに、労使の生の声を聞くこともできると考える。それは、本研究に対して理解と協力を惜しまなかった企業・労働組合の担当者がいて可能となった。記して深く感謝申し上げる。

本書が、企業環境の激変の中で、企業価値の向上や労働者の雇用安定・処遇向上に向けて繰り広げられる企業組織再編のあるべき姿や労使関係の望ましい姿を模索する労使に少しでも参考となり、企業組織再編の円滑化と労働者保護に資することにつながれば望外の喜びである。また、今後、企業組織再編への政策対応や研究にも役立てば幸いである。

2019年9月

呉　学殊

目　次

まえがき……………………………………………………………… i

第1部　研究の趣旨・目的と方法……………………………… 1

第1章　研究の趣旨・目的……………………………………… 2
第2章　研究の方法………………………………………………10

第2部　企業組織再編と労使関係（7事例）……………… 15

第1章　A社の企業組織再編と労使関係（「A事例」、分割）…………16
第1節　会社および労働組合の概要………………………………16
第2節　企業組織変動の背景と内容………………………………17
第3節　組織変動をめぐる労使の協議……………………………19
　1.　労働組合との協議 ……………………………………………19
　2.　労働者個人との協議 …………………………………………22
　3.　他の組織変動─移籍を中心に─ ……………………………23
第4節　組織変動後の労使関係の形成と進展および労働条件
　　　　の統一……………………………………………………26
第5節　労働組合の組織化と組織統合……………………………28
第6節　まとめ……………………………………………………32

第2章　B社の企業組織再編と労使関係（「B事例」、譲渡）……………38

第1節　会社および労働組合の概要……………………………………38

第2節　企業組織変動の内容……………………………………………39

第3節　組織変動をめぐる労使の協議および団交……………………40

　1.　非公式労使会合…………………………………………………40

　2.　労働協議会………………………………………………………42

　3.　団体交渉…………………………………………………………43

第4節　組織変動後の労働条件低下と労使関係………………………45

第5節　工場閉鎖をめぐる動き…………………………………………49

第6節　まとめ……………………………………………………………52

第3章　C社の企業組織再編と労使関係（「C事例」、分割）……………57

第1節　会社および労働組合の概要……………………………………57

第2節　最近の企業組織再編の動向と再編の雇用原則………………59

第3節　会社分割の3事例と労使協議…………………………………60

　1.　分割および労使協議の共通原則………………………………60

　2.　分割と労使協議の実態…………………………………………63

　　（1）A事業……………………………………………………………63

　　（2）B事業……………………………………………………………64

　　（3）C事業……………………………………………………………66

第4節　まとめ……………………………………………………………68

第4章　D社の企業組織再編と労使関係（「D事例」、分割）……………73

第1節　会社および労働組合の概要……………………………………73

第2節　直近の企業組織再編の流れとその原則………………………74

　1.　再編の流れと原則………………………………………………74

　2.　再編時の雇用と労働条件のあり方および労使関係…………77

第3節　会社分割・統合の事例：DHパワーシステムズ………………80

　1.　分割・統合の趣旨………………………………………………80

　2.　分割をめぐる労使協議…………………………………………81

（1）中央労使協議の展開……………………………………………81

　　　（2）職場における労使協議の実際…………………………………87

　　3．雇用・労働条件の承継と相手企業との統合 …………………88

　　4．労働組合の再編 …………………………………………………90

　　5．労働政策への要望 ………………………………………………90

　第4節　まとめ………………………………………………………………91

第5章　E社の企業組織再編と労使関係（「E事例」、分割）……………96

　第1節　会社および労働組合の概要………………………………………96

　第2節　事業再編の展開と労働組合の関与………………………………97

　　1．在籍出向から解約型転籍 ………………………………………97

　　2．事業譲渡での解約型転籍 ……………………………………… 101

　　3．会社分割と解約型転籍 ………………………………………… 104

　第3節　分割をめぐる労使協議の展開…………………………………… 106

　　1．前段協議 ………………………………………………………… 106

　　　（1）労使協議会1回目＝分割・転籍の労使協議会1回目……… 106

　　　（2）労使協議会2回目＝分割・転籍の労使協議会2回目……… 108

　　　（3）労使協議会3回目＝分割・転籍の労使協議会3回目……… 109

　　2．本協議 …………………………………………………………… 110

　　　（1）労使協議会4回目＝分割・承継の労使協議会1回目……… 110

　　　（2）労使協議会5回目＝分割・承継の労使協議会2回目……… 112

　　　（3）労使協議会6回目＝分割・承継の労使協議会3回目……… 113

　　　（4）労使協議会7回目＝分割・承継の労使協議会4回目……… 114

　　　（5）労使協議会8回目＝分割・承継の労使協議会5回目

　　　　　（最終回）…………………………………………………… 115

　第4節　企業組織再編と労働組合の組織化…………………………… 118

　　1．ヨコの組織化（子会社の組織化）…………………………… 120

　　2．タテの組織化（非正規労働者の組織化）…………………… 122

　　3．組織化の効果 ………………………………………………… 125

　第5節　まとめ…………………………………………………………… 126

第6章　F社の企業組織再編と労使関係（「F事例」、分割）………… 131

第1節　会社および労働組合の概要……………………………………… 131

第2節　企業組織再編の展開と労使関係……………………………… 132

　1.　企業組織再編の流れ ……………………………………………… 132

　2.　会社分割と労使関係〜FA事業を中心に〜 …………………… 132

第3節　まとめ…………………………………………………………… 138

第7章　G社の企業組織再編と労使関係（「G事例」、分割・合併）… 141

第1節　会社および労働組合の概要……………………………………… 141

第2節　企業組織再編と労使関係……………………………………… 143

　1.　分割・統合による企業組織再編と労使関係 ………………… 143

　　(1)　企業組織再編………………………………………………… 143

　　(2)　企業組織再編をめぐる労使協議…………………………… 145

　　(3)　労働組合の活動および組合員への対応…………………… 149

　　(4)　承継後の人事・処遇制度の一元化と雇用・労働条件

　　　　の変化……………………………………………………… 150

　　(5)　労働組合の組織統合………………………………………… 152

　2.　合併・統合による企業組織再編と労使関係 ………………… 153

　　(1)　企業組織再編………………………………………………… 153

　　(2)　企業組織再編をめぐる労使関係…………………………… 154

　　(3)　統合後の構造改革と雇用・労働条件の変化……………… 157

　　(4)　労働組合の組織統合………………………………………… 161

第3節　企業組織再編に対する評価と課題…………………………… 164

　1.　企業組織再編に対する低評価の要因 ………………………… 164

　　(1)　スピードアップの不足……………………………………… 164

　　(2)　主体性の不足………………………………………………… 167

　　(3)　経営者のあり方……………………………………………… 169

　2.　労働契約承継法に対する評価 ………………………………… 170

第4節　まとめ…………………………………………………………… 172

第3部　結論—企業組織再編における労使関係メリットの最大化に向けて— ……………………………………… 179

  1. 企業組織再編の形態とその背景 ………………………… 180

  2. 企業組織再編のプロセスとその適法性および課題 …………… 181

  3. 企業組織再編後の雇用および労働条件の実態 ………………… 185

  4. 企業組織再編における労働組合の役割・存在意義 …………… 187

  5. 企業組織再編における労働組合の組織化 …………………… 190

  6. 企業組織再編の望ましいあり方に向けて ……………………… 191

    （1）法的・制度的側面 ………………………………………… 191

    （2）労使関係の側面 …………………………………………… 193

    （3）企業経営の高度化や産業競争力の向上の側面 ……………… 198

【参考資料1】質問項目（企業向け）………………………………… 204

【参考資料2】質問項目（労働組合向け）…………………………… 206

【補論】　企業組織再編への労働組合の対応と課題 …………… 209

  第1節　はじめに ……………………………………………… 210

  第2節　企業組織再編の効果発揮に向けた組合対応
       —基幹労連加盟組合の事例— ……………………… 210

    1. JFE スチール労連 ………………………………………… 210

    （1）会社および労働組合の概要 ……………………………… 210

    （2）企業組織再編の背景 ……………………………………… 211

    （3）経営統合と労働条件統合に対する労働組合の対応 ……… 213

    （4）組織再編後の集団的労使関係 …………………………… 216

    （5）組合対応の効果と示唆 …………………………………… 217

    2. ジャパンマリンユナイテッド労連 ……………………… 219

    （1）会社および労働組合の概要 ……………………………… 219

（2）企業組織再編の背景と労働組合の対応……………………… 220

（3）企業組織再編後の集団的労使関係……………………………… 223

（4）組合対応の効果と示唆………………………………………… 226

3．小括 ……………………………………………………………… 227

第3節　企業組織再編に伴う不当労働行為の超克と課題

　　　　―運輸労連加盟組合の事例―……………………………… 228

1．P運送労働組合の事例 ………………………………………… 228

（1）企業組織再編の実態…………………………………………… 228

（2）親会社・会社の不当労働行為の実態と組合の対応………… 229

（3）組合の課題……………………………………………………… 234

2．L通運労働組合の事例 ………………………………………… 236

（1）L通運の企業組織再編現況…………………………………… 236

（2）不当労働行為：L通運労組の組合員減少とその要因……… 237

（3）グループ内人事と労働条件の実態と課題…………………… 238

（4）労働組合の対応………………………………………………… 239

3．小括 ……………………………………………………………… 240

第4節　企業組織再編期の組織化

　　　　―UAゼンセン加盟組合の事例―………………………… 243

1．会社および労働組合の概要 …………………………………… 243

2．どんユニオン結成の経緯 ……………………………………… 244

（1）どんユニオンの前身である2つの労働組合の結成………… 244

（2）どんユニオンの結成…………………………………………… 247

3．組織化の成功要因 ……………………………………………… 247

第5節　まとめ……………………………………………………… 248

付録………………………………………………………………… **255**

【付録1】　会社分割に伴う労働契約の承継等に関する法律

　　　　　（労働契約承継法）………………………………………… 256

【付録2】	商法等の一部を改正する法律 ………………………………	260
【付録3】	組織の変動に伴う労働関係に関する対応方策について ……	261
【付録4】	会社分割に伴う労働契約の承継等に関する法律	
	（労働契約承継法）の概要 ………………………………	265
【付録5】	分割会社及び承継会社等が講ずべき当該分割会社が	
	締結している労働契約及び労働協約の承継に関する	
	措置の適切な実施を図るための指針	
	（労働契約承継法指針）…………………………………	288
【付録6】	「事業譲渡又は合併を行うに当たって会社等が留意	
	すべき事項に関する指針（事業譲渡等指針）」の概要 ……	305
【付録7】	事業譲渡等指針（全文）…………………………………	313

索引……………………………………………………………… 317

あとがき・感謝の言葉……………………………………… 321

第1部　研究の趣旨・目的と方法

第1章

研究の趣旨・目的

　日本における企業組織再編（事業部門の縮小等を含む）[1] は、2000年直前に活発に行われた後、少しずつ沈静化している。厚生労働省の「労働組合活動等に関する実態調査」によれば、「過去3年間、組合員が所属する事業所において企業組織の再編が実施された」と答えた労働組合の割合は、2000年45.7％、2005年42.2％、2010年37.9％、2013年31.5％、2015年21.1％、そして2017年27.4％と減少傾向である。

　いっぽう、民間の調査会社が集計している企業組織再編の状況をみてみると次のとおりである。2000年代以降、日本における企業組織再編についてみてみると、再編の件数は2001年1653件から毎年多くなり2006年2775件と約67.9％も増加した。その後、減少し2011年1687件となったが、それ以降毎年増加し2017年は3050件と約2倍となった。再編件数は景気がよくなるほど多い傾向が見てとれる（［図表1-1-1］参照）。

　再編の類型でみると、2001年から17年までの再編数3万7601件のうち、買収が1万5698件で41.8％と最も多く、次いで資本参加が1万2364件32.9％、事業譲渡6046件16.1％、出資拡大2505件6.7％、そして合併988件2.6％であった。再編数が少ない合併、出資拡大、事業譲渡は2000年代半ばの時期に最も多くその後減少して最近は大きな増減はみられないが、再編数が多い買収と資本参加は2000年代半ばの時期も多かったが、最近ではそれに上回る件数を記録している。特に後者が顕著である。

　いっぽう、再編の中で会社分割に当たるものについてみてみると、2001年77件であったが、その後増加し2005年140件とほぼ倍増したが、その後

1　厚生労働省の「労働組合活動等に関する実態調査」では、「企業組織の再編等」の定義を「企業の合併、営業・資産の譲受、会社の買収、他社との合併、会社分割、子会社の売却・清算、施設の撤去及び事業部門の撤退・縮小等」としている。ここで厚生労働省の資料に言及する際、「企業組織再編」は上記の定義内容を指す。

減少傾向であった。しかし、2011年以降増加に転じ、2016年163件とピークに達した。2001年から2017年まで行われた会社分割件数は2100件と全再編件数に占める割合は5.6％である。会社分割の中で、吸収分割は1192件、新設分割は908件と前者が若干多いほうである。

[図表1-1-1] 2000年代以降企業組織再編の推移（単位：件）

年	合併	買収	事業譲渡	資本参加	出資拡大	計	うち会社分割		
							計	吸収分割	新設分割
2001年	80	497	382	627	67	1653	77	29	48
02年	85	598	432	552	85	1752	122	38	84
03年	70	638	423	473	124	1728	97	31	66
04年	70	830	477	664	170	2211	122	57	65
05年	88	1110	408	901	218	2725	140	54	86
06年	87	1150	462	879	197	2775	130	69	61
07年	79	1127	410	785	295	2696	121	71	50
08年	69	1050	425	648	207	2399	137	66	71
09年	57	864	359	522	155	1957	116	78	38
10年	46	734	310	509	108	1707	105	61	44
11年	40	812	249	467	119	1687	111	74	37
12年	45	873	273	540	117	1848	114	80	34
13年	34	942	295	667	110	2048	129	98	31
14年	33	989	308	829	126	2285	131	88	43
15年	38	1091	277	867	155	2428	133	95	38
16年	32	1191	289	1025	115	2652	163	104	59
17年	35	1202	267	1409	137	3050	152	99	53
計	988	15698	6046	12364	2505	37601	2100	1192	908

出所：レコフ提供資料[2]

　こうした企業組織再編に対して、労働組合の関与についてみてみると、ま

2　同社に資料提供のお願いを申し上げたところ、ご提供頂いた。この場を借りて感謝申し上げる。なお、同社の資料収集は、「ニュース・リリース、日経4紙、一般紙、地方紙、専門紙、経済誌などを端緒に取材を加え、作成している。」という。

ず労働組合が、企業組織再編に「関与した」と答えた割合は 2000 年 82.2%、2005 年 87.6%、2010 年 85.8%、2013 年 66.5%、2015 年 46.6%、そして 2017 年 61.6%[3] であった。最近、その割合が急減し、2017 年は再び増加しているが、まだ 6 割に留まり、2010 年までの 8 割には及んでいない[4]。2013 年厚生労働省の調査結果をもとにより具体的にみてみると、関与の仕方について（複数回答）「労使協議機関で協議した」と答えた労働組合の割合は 75.8%、「団体交渉」20.5%、「その他」11.9% であった。また、「関与した」と答えた労働組合に、「企業組織の再編等にあたり労使間で十分な話合いが尽くされたか」と聞いてみると、「十分行われた」16.6%、「おおむね十分であった」38.9%、「どちらともいえない」24.6%、「やや不十分であった」9.4%、「不十分であった」7.6%、そして「話合いが行われなかった」1.2% であった[5]。55.5% の組合が労使間の話合いが「十分」または「おおむね十分」に行われたと回答した。しかし、「不十分」（「やや不十分」「不十分」）と答えた割合も 17.0% にのぼり、また、話し合いそのものが行われなかったところもあり、企業組織再編をめぐる労使の話合いに少なからぬ問題があるのではないかと思われる。

　企業組織再編は、労働組合の組織拡大、組織縮小、消滅等をもたらしうるが、既存の労働協約が再編に伴って他の企業に承継されるかどうかが注目される。企業組織再編に伴い、労働協約の承継について労使間の話合いが持たれているかをみる（複数回答）と、労働条件その他労働者の待遇を定める「労働協約の規範的部分」では 77.6%[6] の組合が「話合いが持たれた」と回答し、非組合員の範囲、ユニオン・ショップ、チェック・オフ等の「労働協約の債務的部分」では 50.2%[7] であった。

3　2015 年と 2017 年の場合、「労働協約の承継についての話合いが持たれた」と回答した組合の割合である。
4　企業組織再編に対する労働組合の対応および労使関係の変化については、呉学殊(2013)『労使関係のフロンティア―労働組合の羅針盤【増補版】』労働政策研究・研修機構、呉学殊(2015)「企業組織再編への労働組合の対応と課題」(本書補論) 仁田道夫・連合編著『これからの集団的労使関係を問う―現場と研究者の対話―』エイデル研究所を参照されたい。また、企業組織再編の労働組合への影響については、坂幸夫編著(2015)『現代日本の企業組織再編と労働組合の課題』学文社。
5　厚生労働省(2014)「2013 年労働組合活動等に関する実態調査の概況」。
6　2015 年と 2017 年調査ではそれぞれ 88.8%、98.9% である(厚生労働省, 2018,「2017 年労使間の交渉等に関する実態調査の概況」)。2015 年と 2017 年では、労働協約の債務的部分の事項が詳細に調査されていないので、本文では 2013 年の調査を用いる。
7　2015 年と 2017 年調査ではそれぞれ 28.1%、9.9% である。

さらに、この「労働協約の債務的部分」の項目別に、労働協約の承継について話合いの有無や労使の合意の有無について回答した内容をみてみると、[図表1-1-2]の通りである。労使の話合いが最も多く持たれる事項は「団体交渉に関する事項」で、61.8％であった。次いで「争議に関する事項」46.8％、「就業期間中の組合活動」45.7％、「チェック・オフ」43.5％、「ユニオン・ショップ」43.1％と続き、ここまでが40％以上である。それ以下は、「組合の企業施設利用（組合事務所除く）」38.8％、「組合事務所の供与」37.5％、そして「組合専従者の取扱い」が29.2％と最も少なかった。労働協約の承継について労使の話合いが持たれ、そして労使の合意がなされる割合は「チェック・オフ」が98.0％と最も高く、次いで「組合の企業施設利用（組合事務所除く）」92.8％、「組合事務所の供与」91.0％と続く。これらの項目は、企業が組合に便宜を供与する内容である。「争議に関する事項」58.3％、「団体交渉に関する事項」63.8％といった組合の権利行使に関わる項目では、労使の合意の比率が相対的に低い。

[図表 1-1-2] 労働協約の債務的部分事項の承継についての労使の話合い・合意の有無

	就業期間中の組合活動	組合の企業施設利用（組合事務所除く）	組合事務所の供与	組合専従者の取扱い	ユニオン・ショップ	チェック・オフ	団体交渉に関する事項	争議に関する事項
話合い有り（A）	45.7	38.8	37.5	29.2	43.1	43.5	61.8	46.8
合意有り（B）	38.4	36.0	34.1	21.1	30.7	42.6	39.4	27.3
合意率（B/A）	84.1	92.8	91.0	72.2	71.1	98.0	63.8	58.3

注）数字は原資料のまま。
出所：厚生労働省（2014）「平成 25（2013）年労働組合活動等に関する実態調査の概況」。

　ところが、企業組織再編を取巻く労使の話合い、労働協約の承継の有無等労使関係の展開は、再編の種類によって異なる可能性が高い。例えば、会社分割ではそれに対応する労働契約承継法の中で、労働者の理解と協力、労働協約の承継等労使関係に関する規定が設けられているが、事業譲渡の場合、それに対応する法律がなく、労使関係に関する規定も設けられていない。そういう意味で、企業組織再編を取巻く労使関係については、再編の形態別にみることが必要であろう。

　また、企業組織再編をめぐって展開される労使の話合い、組合の再編への関与、労働協約の承継等は、再編の最初から終了までその展開プロセスを立体的に追わないとその因果関係が明らかにならず、再編に関する法的対応の課題等を解明することも困難となる。そういう意味で、事例研究は必須である。

　他方、企業組織再編に関する法的対応は、既述のとおり、事業譲渡、合併、会社分割等によって異なる。少し具体的に見てみることにする。事業譲渡は

会社法上の定義規定はないが、「事業の全部又は重要な一部の譲渡」（会社法467条）については原則として株主総会の特別決議を要し、労働契約の承継に関しては民法625条により労働者個人の同意が必要となっている（いわゆる「特定承継」という）。

合併は商法[8]の規定により、合併による存続会社が消滅会社の権利義務の全部を包括的に承継することになる。そのため、存続会社が消滅会社の労働契約も労働者も包括的に承継することになり、それに伴う労働者の同意は不要となっている（いわゆる「包括承継」）。

会社分割の場合、会社法により、分割会社がその事業に関して有する権利義務の全部又は一部を承継会社（吸収分割または新設分割の承継会社）に承継させることができる。そして、分割契約等の定めに従い包括的に承継させることができる。また労働契約の承継は、承継される事業に「主として従事しているか、していないか」によっても異なる。前者の場合、承継に対する異議申出権がないが、後者の場合、異議申出権がある（いわゆる「部分的包括承継」）。なお、会社分割に対応する労働契約の承継に関し労働者の保護を図ることを目的に2000年に制定されたのが労働契約承継法である。

このように、再編の形態によって法的対応が異なる。ここでは、対応する法律が「労働契約承継法」および商法等改正法附則第5条[9]であり、労働契約の承継に関する手続きの流れにおいて株主総会の承認を要さない会社分割（簡易分割等）を見てみよう。分割会社は、分割の効力発生日の少なくとも2か月前に分割契約を締結する[10]。ただし、①分割契約の締結の前に、分割の背景・理由、主従事労働者か否かの判断基準等について、分割会社にある過半数組合（それがなければ従業員の過半数を代表する者）と協議して理解と協力を得る（「7条措置」）。と同時に、労働契約の債務的部分の承継に関する労使の同意を得る。②労働承継対象の労働者個人と、分割後の勤め先企業の概要や主従事労働者か否かの考え方等について協議する（商法等改正法附

8　商法第103条「合併後存続スル会社又ハ合併ニ因リテ設立シタル会社ハ合併ニ因リテ消滅シタル会社ノ権利義務ヲ承継ス。」
9　会社分割制度が2000年の商法等改正により創設された際、会社分割を行う際「会社は労働者との協議をしなければならない」、とする規定が商法等改正法附則に併せて設けられた。
10　新設分割の場合、分割計画を作成する。

則「5条協議」)。③承継される事業の概要、分割効力発生日、労働契約の承継の有無、労働条件の承継等を記載した通知を労働組合および該当労働者に行う（「2条通知」)。通知は、分割契約の締結から起算して2週間を経過する日までになされる。④通知日から少なくとも13日間の異議申出期間を設ける。主従事労働者は不承継に、従従事労働者は承継に異議申出をすると、労働契約の承継・不承継が覆る。それがなければ、分割効力発生日に、分割契約に含まれている労働者の労働契約は承継会社に承継される（詳細は本書末尾の付録）。

　労働契約の承継に関する手続きが実際どのように行われ、また、手続き（労働者の理解と協力、労働者との協議、労働条件の承継等）の内容がどういうものであるかを明らかにするには、既存のアンケート調査[11]では限界があり、個別の事例を調査する必要がある。

　従来、企業組織再編に関する研究は、労働法の分野で多く行われてきた。再編の種類や再編に伴う雇用のあり方をめぐる法的問題[12]、労使関係の法的課題[13]等が挙げられる。企業組織再編への労働組合の対応等に関する研究もなされてきた[14]。こうした研究の中では事例研究も見られるが、再編の背景、再編のプロセスおよび関連法制の適法性や課題、再編をめぐる労使関係の展開および役割、労働組合の存在意義等について具体的に既述されておらず、十分な分析がなされたとは言いがたい。

　厚生労働省では、労働契約承継法の制定から10年余りが経過し、また、その間、組織の変動に伴い労働関係をめぐる裁判例も蓄積されている状況をふまえ、企業組織再編に伴う労働関係について諸課題を整理し、新たな対応

11　たとえば、労働政策研究・研修機構（2005）『企業組織再編に従う労働関係上の諸問題に関する調査研究』労働政策研究報告書。
12　代表的には毛塚勝利編（2013）『事業再構築における労働法の役割』中央経済社、徳住堅治（2009）『企業組織再編と労働契約』旬報社。また、会社分割法制の成立の経緯等を含めては菅野和夫・落合誠一編（2001）『会社分割をめぐる商法と労働法』商事法務研究会。
13　代表的には日本労働法学会編（2016）『企業変動における労使関係の法的課題』法律文化社。
14　久本憲夫・電機総研編（2005）『企業が割れる！電機産業に何がおこったか～事業再編と労使関係～』日本評論社、毛利勝利・連合総研編（2010）『企業組織再編における労働者保護～企業買収・企業グループ再編と労使関係システム～』中央経済社、坂幸夫編著（2015）『現代日本の企業組織再編と労働組合の課題』学文社等。

を行う必要性について検討することにした。その一環として、厚生労働省は、平成 28 年に「組織の変動に伴う労働関係に関する対応方策検討会」を開催し、報告書をとりまとめ、報告書で提言された内容等を踏まえて、承継法施行規則や承継法指針の改正及び事業譲渡等指針の策定を行ったところである（平成 28 年 9 月 1 日施行・適用。本書末尾の付録）。なお、本文では、関連法・指針の内容を必要最低限に触れている。同内容の詳細については付録をご覧頂きたい。

　本調査・研究は、アンケート調査や既存の研究では明らかにすることが難しい企業組織再編のプロセスおよびその適法性と課題、再編を取巻く労使関係の展開等について、個別企業の労使へのヒアリング調査を行い、厚生労働省の検討会に資するとともに企業組織再編を生かす企業経営や労使関係のあり方、労働組合の役割・存在意義等を示すことを目的とするものである[15]。

15　ヒアリング調査の一部は、既に厚生労働省の検討会（「組織の変動に伴う労働関係に関する対応方策検討会」）の 2016 年 3 月 18 日の会議で発表された。その結果、その内容が同検討会の報告書や指針等に反映された（本書末尾の付録）。なお、同報告書や指針等は厚生労働省ホームページの次のサイトで閲覧することができる（http://www.mhlw.go.jp/stf/shingi/other-roudouseisaku.html?tid=324511）。
　　また、本書の末尾に付録として掲載されている。

第2章

研究の方法

　本研究は、研究方法として個別企業の労使に対するヒアリング調査を用いた。ヒアリング調査への協力企業・労働組合を確保するのは非常に困難である。そのために、まず労使の団体に、企業組織再編[16] を行った企業・労働組合の紹介をお願いすることにした。代表的な団体は次のとおりである。使用者団体としては日本経団連、中小企業家同友会全国協議会（中同協）、労働団体としては電機連合、JAM、生保労連、損保労連である。それぞれの団体から1社・組合〜3社・組合をご紹介頂いた。その他、個人的な繋がりのある労働組合および知人をも調査の対象とした。ご紹介頂いた団体の関係者にこの場を借りて感謝申し上げる[17]。

　以上の団体等の紹介により調査を行った先は［図表1-2-1］の通りである。これら調査先は、企業規模としては大企業から中小企業まで、また、産業・業種も製造業からサービス業まで網羅するように選定した。

　調査期間は、2015年10月から2016年4月までである。調査先によっては、当該企業の労使が別の日にそれぞれ対応したところもあれば、同じ日に同席して対応して頂いたところもある。また、企業または労働組合の一方のみが対応したところもある。その場合、当該企業に労働組合がないところもある。労使双方からヒアリングを得られることが望ましいが、担当者の都合や調査する側のマンパワーや時間の都合等により、そうすることができなかった。

　調査の方法は半構造化面接を採択した。事前に質問項目（［参考資料1（203ページ）または2（205ページ）］）を送り、ヒアリング調査日に関連するお

16　本書では、「組織再編」と「組織変動」は同義語である。会社・組合によって使われる用語が違うので、できるだけ、当該の会社・組合が使ったものを重視することにする。
17　また、電機連合、JAM・JAM大阪、生保労連、損保労連の産業別労働組合からは、構成組織の紹介のみならず当該産業の組織再編状況についても貴重なご説明をして頂いた。あわせて感謝の意を表する。

話をして頂いた。調査先によって質問項目に関連する内容に大きな違いがあるため、質問項目にそって機械的に質問するよりは、重要だと考えるところに焦点をあわせて集中的にお話して頂いた。また、可能な限り関連資料の提供をお願いしたが、事例によってばらつきがある。こうした諸事情のため、ヒアリングの内容は調査先によって大きく異なっている。

　今回、全調査先の中で7事例のみを執筆することになった。マンパワーや時間的制約の中でそのようになったが、ご協力頂いたのに執筆できなかった調査先の協力者には心よりお詫び申し上げる。別の機会に活用させて頂くことにしたい。執筆した7事例は主に会社分割の事例であるが、それは労働契約承継法の実行内容を検証することが優先的な課題と考えた結果である。

　今回のヒアリング調査は、企業と労働組合に対するアンケート調査とあわせて実施された。同アンケート調査の結果は、『組織変動に伴う労使関係上の諸問題に関する調査—企業アンケート調査・労働組合アンケート調査編—』JILPT調査シリーズNo.163として既刊されている。

［図表 1-2-1］ヒアリング先の業種、従業員数、組合有無、組織再編形態等

No	ヒアリング先	業種	従業員数	組合員数	組織再編形態	対応者	ヒアリング日
1	ユニオン同ユニオンの組合員	再編先：製薬会社（外資系）	約220名	数名	事業譲渡	委員長、書記長M氏	2015.10.9（1回目）2015.10.13（2回目）
2	労働組合	半導体の製造、試験サービス	850名	約750名	分割	委員長	2015.10.29
3	労働組合	通信サービス	2万2000名	約4000名	合併	委員長ら6人	2015.10.30
4	労働組合連合会	各種半導体に関する研究、開発、設計、製造、販売およびサービス	約2万1100名（連結）	約1万名	分割合併	会長	2015.11.4
5	労働組合連合会	電気機器製造	33万3150名（連結）	約2万9000名	分割	事務局長、中央執行委員	2015.11.24
6	労働組合支部	半導体後工程受託（外資系）	約720名	約670名	事業譲渡	支部委員長、書記長	2015.11.26（1回目）2016.1.26（2回目）

No	ヒアリング先	業種	従業員数	組合員数	組織再編形態	対応者	ヒアリング日
7	労働組合子会社労働組合	電気機器製造	1万9601名（連結）	約1900名	分割合併	委員長委員長委員長、副委員長	2015.11.27 2016.1.19 2016.2.9
8	会社・労働組合	電気機器製造	3700名	約3000名	分割	人事部スタッフ組合書記長、副委員長	2015.12.2
9	会社	情報システムに関わるサービス、ソフトウェア、ハードウェア、ファイナンシングの提供（外資系）	不明	不明	分割・譲渡	人事労務部長	2016.1.13
10	労働組合	ウェハーファウンドリサービス事業および、ウェハー試験サービス事業の運営を統括	約600名	約600名	分社化	委員長	2016.1.15
11	会社労働組合	電気機器製造	13万1700名（連結）	約4000名	分割	労政グループ総括課長ら3人委員長、書記長	2016.1.19 2016.2.16
12	会社労働組合	エネルギー・環境、機械・設備システム、交通・輸送、防衛・宇宙	8万1845名（連結）	約3万名	分割合併・分社化	人事労政部次長ら2人書記長	2016.1.20 2016.4.13
13	会社	建築物の改修工事・新築工事に関わる施工管理	38名	なし	分社化	代表取締役	2016.2.9
14	会社	水処理施設維持管理など	402名	なし	分社化	会長、総務部長	2016.2.17
15	会社	企業の基幹システムの設計開発及びシステム運用コンサルティングなど	11名（グループ計220名余）	なし	分社化	顧問	2016.2.18
16	労働組合	各種コンベヤ及びその付帯設備の設計、製作、販売、並びに関連工事の施工	110名	約100名	資本業務提携	委員長、書記長	2016.2.19
17	労働組合	配電制御システム	40名	約30名	民事再生	委員長、書記長	2016.2.19

No	ヒアリング先	業種	従業員数	組合員数	組織再編形態	対応者	ヒアリング日
18	会社	温浴施設の運営及びコンサルティング業など	543 名	なし	買収	代表取締役、部長	2016.2.25
19	労働組合	保険業（外資系）	約 1 万 3500 名	約 1 万 2000 名	合併	委員長、書記長	2016.3.1
20	労働組合	損害保険業	2 万 7144 名	約 1 万 5000 名	合併	委員長、副委員長	2016.03.22
21	労働組合	損害保険業	1 万 4859 名	約 2 万名	合併	副書記長	2016.03.30
22	労働組合	食品製造業	約 1 万 7000 名（連結）	約 7000 名	分社化	前書記長	2016.04.26

　ちなみに、補論では、基幹労連加盟の 2 労組、運輸労連加盟の 2 労組、そして UA ゼンセン加盟の 1 労組と 1 県支部についてヒアリング調査を行い、企業組織再編への労働組合の対応と課題について分析した。ヒアリング調査の対象組合および調査日は当該事例部分の脚注に記されている。

【参考文献】

呉学殊（2013）『労使関係のフロンティア―労働組合の羅針盤【増補版】』労働政策研究・研修機構。

呉学殊（2015）「企業組織再編への労働組合の対応と課題」（本書補論）仁田道夫・連合編著『これからの集団的労使関係を問う―現場と研究者の対話―』エイデル研究所。

厚生労働省（2014）『2013 年労働組合活動等に関する実態調査の概況』。

厚生労働省（2018）『2017 年労使間の交渉等に関する実態調査の概況』。

坂幸夫編著（2015）『現代日本の企業組織再編と労働組合の課題』学文社。

菅野和夫・落合誠一編（2001）『会社分割をめぐる商法と労働法』商事法務研究会。

徳住堅治（2009）『企業組織再編と労働契約』旬報社。

日本労働法学会編（2016）『企業変動における労使関係の法的課題』法律文化社。

久本憲夫・電機総研編（2005）『企業が割れる！電機産業に何がおこった

か～事業再編と労使関係～』日本評論社。

毛塚勝利編（2013）『事業再構築における労働法の役割』中央経済社。

毛利勝利・連合総研編（2010）『企業組織再編における労働者保護～企業買収・企業グループ再編と労使関係システム～』中央経済社。

第2部　企業組織再編と労使関係
（7事例）

第1章

A社の企業組織再編と労使関係（「A事例」、分割）[18]

第1節 会社および労働組合の概要

A社は、1915年に創業し、制御事業や計測事業等を展開してきた大手電機メーカーである。2014年度売上高4058億円、営業利益298億円を記録した。従業員数は2871名である。同社は、2011年度中期経営計画を策定し、制御事業グローバルNo.1カンパニーを中長期目標に掲げ、制御事業を中心とする成長戦略の推進による収益性の向上と財務体質の健全化に取組み、売上目標の前倒し達成と営業利益の過去最高値を更新する成果をあげた。

[図表2-1-1] A社の経営実績の推移

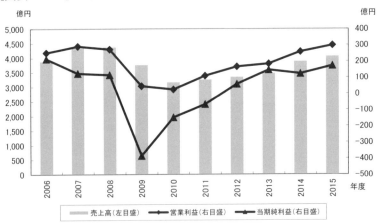

出所：同社ホームページ。

18　同社の事例研究のために、2015年11月27日、2016年1月19日にA社労働組合の委員長に、また、2016年2月9日に新会社AC社労働組合の委員長と書記長にヒアリング調査を行った。ご多忙のところ、多くの資料を交えて貴重なお話をしてくださった諸氏にこの場を借りて心よりお礼を申し上げる。

同社の連結会計基準の業績をみてみると、[図表2-1-1] のとおりである。2008年のリーマン・ショックの影響により、翌年度売上高、営業利益、純利益とも急減した。純利益は2010年から増加に転じたが、売上高と営業利益は、2010年まで減少し、翌年度から回復に向かった。

同社の労働組合（以下、「労組」または「組合」ともいう。）は企業別労働組合であり、組合員数は、2015年現在約1900人弱である。2010年頃は約4500人であったが、後述する組織の変動等に伴い、組合員数は急減した。産別組織としてはJAMに加入している。

第2節　企業組織変動の背景と内容

A社は、同社の制御事業の国内販売を担当するソリューション・サービス営業統括本部の事業を分割して、情報と制御に関するトータルソリューション展開およびエンジニアリングの子会社（AA社）[19]、保守サービス・電気計装工事部門の子会社（AB社）2つの100％子会社と統合し、2013年4月Aソリューション・サービス（以下、「AC社」という）を設立した。100％企業グループ内の組織変動である。

企業組織の変動によるAC社設立の背景は[20]次のとおりである。第1に、日本市場の既存事業分野において、付加価値の高い製品や新分野の生産にリソースを集中するために既設プラントの統廃合が加速しており、今後の需要は、既存設備の更新や高効率化、延命等の最適化に移っていき、グローバル競争の激化の中、中長期的に制御事業の売上が減少していくことが確実であること、第2に、日本市場でのビジネスを拡大・発展させるためには、これまでの「製品製造文化」を脱却し、「ソリューション・サービス・ビジネス」への転換をスピーディーに実現しなければならないこと、第3に、同ビジネスに従事する全ての社員の意識改革[21]と目標の共有、組織一体での人財リ

19　簡単に同社の業務をみると、AA社は、A社の製品を購入した顧客の要求に合わせてカスタマイズするためのソフトをつくり、それをメンテナンスする会社である。
20　A社は、AB社を吸収分割承継会社とし、営業統括本部を吸収分割するとともに、AA社を消滅会社とし、吸収合併する形で、AC社を設立した。
21　モノづくりから顧客への価値提供にもっとシフトしていくという意味の意識改革であり、また、社員の所属、例えばある人は本社からの出向者、ある人はプロパーという

ソースの資質転換への取組み、ビジネスに相応しいマネジメントの仕組みの構築や重複業務の排除によるコスト構造の徹底的な見直しなどが必須であること、が挙げられる。

　上記の組織変動背景を敷衍すると、制御装置の国内市場が縮小する中で[22]、既存設備を持っている顧客のニーズに効率よく対応し解決していくためには、従来、営業、エンジニアリング、保守にそれぞれ分かれていた事業部門を1つに統合することが望ましいと判断した結果であるといえる。事業部門の統合は、今後、制御装置の需要が縮小していく海外市場においても顧客のニーズに応えていくソリューション・サービスが必要とみられる中、国内でそれをまず実現するという意味もある。同社は、2015年からの中期経営計画の中に「人財戦略としてソリューション型人財への変革を進める。顧客視点で課題と向き合い、課題解決に全力を尽くす高い意識とスキルを持った人財を育成することで、顧客のビジネス全体を俯瞰した提案と価値を共創する」ことを掲げているが、AC社の設立は同戦略の実現に向けた典型的な組織変動であるといえる。

　会社は、2012年7月24日の取締役会で上記の組織変動を決議し、2013年1月22日の取締役会において承継・分割契約を決議し、同契約を締結した。

　新会社AC社は、営業統括本部1335人、AB社781人、そしてAA社735人の合計2851人の従業員数で2013年4月にスタートした。

　組織変動後のA社の役割は、研究開発や新事業育成を含むコーポレート機能と制御事業のマーケティング機能と製品企画・開発機能、航空宇宙・特機事業にしぼられることになった。

　　壁をつくらずに一体となるという意味の意識改革も含まれる。出向者は、同じ会社の中で違う観点で評価されるので一体感を持ちにくいという側面があり、それを避けるために転籍を伴う分割・労働契約承継にしたとみられる。

22　制御事業の国内販売売上高は、2005年度1316億円からほぼ一貫して減少し、統合直前の2012年度は1005億円になった（同社、2015、『アニュアルレポート2015』）。

第3節　組織変動をめぐる労使の協議

1. 労働組合との協議

　会社は、2012年7月24日、同組織変動をプレスリリースする前に「臨時経営協議会」を開き、公式に労働組合に同組織変動の申し入れ（「国内制御事業における販売・エンジニアリング・サービス体制の再編について」）を行い、変動の背景・内容を説明した。なお、組合三役には、臨時経営協議会開催の1週間前に連絡があった。申し入れ文には、組織変動の背景や労働契約承継法による労働協約・労使協定・就業規則などの承継だけではなく、統合方式、吸収分割[23]・合併契約日、新会社の概要（社名、資本金（30億円、A社の100％出資）、代表者、社員数、本社住所、事業内容、発足日、経営目標）、そして移籍対象者（2013年1月22日時点で営業統括本部に在籍する全組合員）も示されていた。それに対し、労働組合は、組織変動の目的・背景の詳細、営業部門を事業譲渡ではなく分割にする理由、新会社の社員数および変動のスケジュール、移籍に伴う労働条件の承継等について質問した。特に、対象者が移籍を拒否した場合どうなるかと質問したが、会社は、「法律の趣旨からも移籍頂くことになる」と表現するに留まった。また、今回の施策が会社の永続的な発展を目指すものであり、最終的に雇用の確保につながるものかと質問したが、それに対し、会社は同意した。

　労使は、8月21日、2回目の「臨時経営協議会」を開き、組合は、申し入れ内容について疑問点・不明点を確認した。主要内容は次のとおりである。第1に、組織変動が、人員削減や人件費の削減が目的ではないことを確認した。第2に、A社に集約せずにむしろ営業部門を分割することとした理由を質した。会社は、回答の中で、「会社分割は、事業再編がスピーディーに行えるように整備された法律であり」、「雇用契約や労働条件が元の会社から承継先に引き継がれる。また、個別の同意をとらなくても行えるものである」

23　事業譲渡ではなく分割を採用した理由の1つとしては、前者の場合、顧客との契約を結び直す必要があるが、後者は契約がそのまま新会社に承継されるので、結び直す必要がないことが挙げられる。

と、分割法の利点について説明した。第3に、出向ではなく移籍にする理由を聞き、会社は、従業員の一体感を図ることがその目的であると答えた。第4に、労働条件は原則変わらないこと、組織変動した1年の後に労働条件を統一することの意味を確認した。

　労働組合は、9月10日、会社との協議体である拡大常任委員会を開き、2回目の「臨時経営協議会」で確認した疑問点・不明点を再度確認したが、対象者の組合員からの次のような声も紹介された。すなわち、「なぜ移籍となるのか理解できない」、「生活への影響が不安」、「将来、労働条件が下がると思っている」、「拠点の統廃合や重複業務の排除により自分の働く場がなくなるのではないかという不安がある」等である[24]。労働組合は、以上のような声を紹介しながら、同委員会に参加した会社側に組織変動に対する意思を確認した。また、組合は、承継法の内容、すなわち、分割対象者への通知、会社との個別協議、異議申出の期間、異議申出者に対する不利益取扱いの可能

---

[24] もちろん「再編の方向性は理解できる」、「施策そのものは仕方がないと感じている」等、会社の方針に理解を示す発言も紹介された。そのほか、再編、再編後のビジネス、再編後の不安の声として次のようなものが寄せられた。
＜再編について＞
・なぜ今回移籍となるのか理解できない。
・現在の状況をふまえると、再編の方向性は理解できる。
・施策そのものは仕方がないと感じている。
・A社に入社したということから、心情的には、子会社へ移籍となることへの抵抗感・不安感がある。
・経営側の覚悟を知りたい。新会社では、社長や役員の方を含め、同じ籍となってほしい。
＜再編後のビジネスについて＞
・ソリューション・サービス・ビジネスにおける再編後の具体的な戦略がイメージできない。
・新会社を発展させることは容易ではないと感じている。
・子会社となることで、入札参加資格に変化があるのではないかという不安がある。
・AA社、AB社とは労働条件も働き方も異なることから、今回の再編は大きな困難を伴うものと考える。
＜再編後の不安について＞
・会社を移ることによる生活への影響が不安である。
・将来、労働条件が下がると思っている。
・拠点の統廃合や重複業務の排除により、自分の働く場がなくなるのではないかという不安がある。
・人材交流やキャリア形成の幅が狭くなると感じている。
こういう組合員からの声は質問も含めて、2012年7月第1回目の臨時経営協議会の後に約250件、8月第2回目の臨時経営協議会の後に82件が寄せられた。労使の協議を進めて、組合が情報発信することにより、組織変動への組合員理解が進んだとみられる。

性についても会社に確認をとった。そして、組合は、会社に対し、対象者に対する説明をしっかり行うように要請した。

組合は、10月9日、中央委員会を開催し、申し入れに関する組合の基本的な考え方と今後の進め方を提示した後、後述の組合要求を会社が受け入れれば、本申し入れを受け入れたいとの執行部の方針を示した。10月30日、再度中央委員会を開き、基本的な考え方と今後の進め方に対する承認を得た。11月5日は、中央臨時大会を開き、同様の内容を決定した。

11月7日、「臨時経営協議会」で、組合は、会社の組織変動が国内市場の盤石化にその目的があり、人員削減や人件費の削減が目的ではないこと等をふまえて理解を示すとともに、分割に伴う移籍については、会社法などの法律に従い行われるものであること、新会社発足時の労働条件が基本的に承継されること、対象者に異議申出の機会が与えられるとともに、異議を申し出ても不利益な取扱いがないことを考慮し、次のような会社への要求が受け入れられれば、組織変動の申し入れを受け入れると回答した。会社への要求は、次の4つであった。第1に、新会社における労使協議の運営などについては協議すること、第2に、新会社に移籍する組合員は引き続きA社労組の組合員であるので、移籍後同組合員の労働条件等について組合と協議すること、第3に、移籍後の組合員に関する新会社との労働協約・労使協定の締結当事者はA社労組であること、そして第4に、良好な労使関係が会社の発展につながっていくと考えることから、新会社において良好な労使関係を構築し、その発展に努めること、であった。会社は、以上の組合要求を受け入れて、組織変動をめぐる組合との協議を終了した。

協議の終了は、「基本的には組合執行部として（承継対象の：呉）皆さんに移籍してもらいたいという判断をした」ことを意味する。「労使のお互いが分割・労働契約承継に納得できているんだったら手続きは楽なんだろう」という意味で、組合は、分割・承継法の利用に理解を示した。

以上のように、会社からの分割申し入れは2012年7月24日、その後、11月7日までに労使が4回協議を行い、組合は了承の見解を出した。早く見解を出せたのは、会社のスピーディーな結論の要求もあったが、承継法は、あまり交渉の余地がなく、労働条件が完全に引き継がれるということもあって

早く見解を出すことができたという。

2. 労働者個人との協議

　会社は、組織変動をプレスリリースした日の翌日である 2012 年 7 月 25 日から 27 日にかけて、分割の対象者に対し拠点ごとに対象者を集めて説明会を開催し、組織変動の目的・背景について説明した。

　会社は、労使協議の議事録を作成し、社内向けのイントラネットの中で公開しているので、関心のある従業員は、その内容を確認することができる。いっぽう、労働組合も労使協議の内容をニュースとし、組合員に配るので、組合員は組合ニュースを通じても協議の内容を確認することができたとみられる。

　主たる従事者ではないが、承継先の企業に行ってほしい人あるいは行きたい人に対しては、企業が本人との個別同意を経て移籍条件を決める。その際、労働組合が直接関わることはないが、承継でいく者と差はつけないことを会社との協議の中で確認した。個別同意で移籍したのは数人に過ぎなかった。

　2013 年 1 月 22 日、会社は、契約締結を行った後、説明会を開き、移籍対象者に対し、分割・統合について組合に申し入れした内容を中心に説明をした。質疑応答して議論するほどのものではなかったとみられる。その後、法に則った内容の通知をし、その後 2 週間を異議申出の期間とした。具体的に協議・異議申出の流れについてみてみることにする。会社は、2013 年 1 月 22 日、分割に伴う労働契約承継該当者に対し、「会社分割に伴う労働契約の承継に関する通知書」を送った。同通知書には次の内容が書かれていた。まず、取締役会で会社分割と 3 社統合を決議したこと、それに伴い労働契約承継法に基づき次のことを通知するというものである。具体的に通知の内容は、1．新会社に承継される事業の概要、2．分割効力発生日以降の新会社および会社の商号、住所、事業内容および雇用予定労働者数、3．効力発生日、4．効力発生日以後における債務履行の見込みに関する事項、5．分割契約における労働契約承継の定めの有無、6．主として従事する者であるかどうか、7．効力発生日以後において従事する業務の内容、就業場所、その他の就業形態、

8. 異議申出先、最後に、9. 異議申出期限（2013年2月18日）[25]である。

　営業部門の従業員が子会社である AC 社に移籍することは、国内の受注が減るなどの実態をみてみると理解を示さざるを得ない側面があるが、「本社から子会社の人間になることの自分の身分についてはまた別問題とそんなに望んでいる人はほとんどなく、そういった状況をふまえてご自身で整理をつけた方のほうが多い。もろ手を挙げて賛成はそんなにない」と、組合はみている。

　結果的に異議申出をした人は一人もいなかったという。それには、組織の変更に伴い、就労場所が変わるわけではなく、また、労働条件、労働組合、労働協約、労働契約も承継されるからであった。しかし、「自分のいる会社が変わるということに対する抵抗感をもつ人は結構いた」[26]という。その中には、「A 社で製品の設計をやっていた人が会社の人事でたまたま統合前の子会社に出向していたが、その子会社が新しい会社に統合するに伴い、新会社に転籍し自分のやりたいことができなくなる」という人の声もあった。

　ちなみに、組織の変動をきっかけに「辞めた人はほとんどいなかった」という。

3. 他の組織変動—移籍を中心に—

　A 社は、「グループ全体最適化の戦略」において、意思決定の迅速化、専門性の深化、事業・機能・地域の特性に合った労働条件・人事管理の実現を目的として、子会社の労働者がさらなる専門性を磨き、一体感を高めていくために、子会社に出向している者の移籍（＝転籍）を進めている。労働組合は、臨時経営協議会において、今回の移籍が「会社が発展するための施策であり、人員削減や人件費の削減ではない」こと、また、移籍に伴う不利益が基本的にないことを確認した。その上で、次の組合の要求を会社が受け入れるのであれば、転籍という会社の提案を受諾すると表明した。すなわち、第1に、

25　異議申出書には、「私は、承継される事業に主として従事していないものと考えていますので、労働契約が新会社に承継されることについて、異議を申し出ます」という文言が書いてある。

26　極めて現実的な心配として、「住宅ローンを組む際に会社の信用」に不利が発生するのではないかという声があったという。

部分的に発生する不利益（差額）に対する補償、移籍についての個人同意を得ること、第2に、その拒否者に対する不利益取扱いをしないこと、第3に、さらには移籍先の子会社において万が一雇用の確保が困難になった場合、親会社であるA社はA社労組と協議すること等であった。会社は、上記の組合要求を受け入れた。その結果、2013年と14年、次の3つの子会社に出向しているA社の従業員が子会社に転籍することになった。なお、転籍の際に、上記のような労使の協議の後に、会社が個人と折衝し、転籍に対する個別同意を得ることを労使が確認した。それは、会社との協議を行う組合の存在意義を認めるものである。子会社への転籍をめぐる労使協議を簡単に記すと次のとおりである。

　第1に、Aメータ＆インスツルメンツ（以下、AD社）の場合、会社は、2013年2月8日、臨時経営協議会を開き、転籍の申し入れを組合に行った。その後、2月20日、常任委員会、3月15日と4月12日、拡大常任委員会、そして、組合の中央委員会を経て、6月18日の臨時経営協議会において、労使の合意が成立した。その結果、2013年10月1日、出向者の約120人が子会社に転籍することになった。転籍者は子会社の従業員数の約8割であった。

　第2に、Aマニュファクチャリング（以下、AE社）の場合、会社は、2013年9月24日、臨時経営協議会を開き、組合に転籍の申し入れを行った。10月23日と12月19日、拡大常任委員会において、労使は疑問点・不明点を中心に質疑応答を進めた。組合は、2014年2月24日、中央委員会を開き、同申し入れに対する組合の見解を提示し、3月24日の中央委員会において見解の可決にいたった。3月26日、労使は、臨時経営協議会を開き、同意に達した。移籍日は2014年7月1日、移籍対象者の組合員数は約660人であったが、その内、十数人は、移籍に同意せず、A社の中で再配置された。

　第3に、A医療ソリューションサービス（以下、AF社）の場合、会社は、2013年10月15日、臨時経営協議会を開き、組合に対し、転籍の申し入れを行った。11月28日、拡大常任委員会において、組合は疑問点・不明点等を確認した。2014年1月16日、組合執行部は、中央委員会において執行部の見解を提示し、2月5日の中央委員会において同見解に対する可決を得る

ことができた。それに伴い、転籍対象者の 67 人は、2014 年 4 月 1 日、子会社に転籍した。なお、転籍後、組合のない AF 社に 9 月 1 日、労働組合が立ち上げられた。

なお、転籍先となった上記の子会社 3 社の経営は 2016 年 1 月現在まで好調である。

3 つの移籍は、分割による包括的承継ではなく、個人同意の形で進められた。それは、設備などは既に移籍先にあり、分割するものがなかったからである。

いっぽう、A 社は、2000 年代に入り、2 回の希望退職者の募集を行った。1 回目は、2011 年、撤退する事業部門に勤めていた人々を対象に 150 人の希望退職を募ったが、最終的に 185 人が応募した。会社は、希望退職のことを組合に通知しなかったが、それは、希望退職の実施にあたり、組合の同意が要らないと判断した結果であったとみられる。組合は、それに反発したものの、会社の実施を食い止めることができず、「強要はしない」という約束を取付けるに留まった。

会社は、2015 年も A 社、子会社の AC 社および AE 社の従業員を対象に希望退職者の募集を実施した。グローバル競争力をさらに強化し、国内の人財リソースの適正化を実現するためであった。2011 年とは違って組合に「申し入れ」を行い、協議を経て[27] 希望退職者の募集を実施した。A 社、AC 社、AE 社の 3 社従業員を対象に 600 人募集したが、最終的に 1000 名くらいが応募した。そのうち、約 800 人が組合員であった。会社は希望退職の責任をとる形で経営陣の報酬カットを行ったとみられる[28]。

AC 社の設立、また、その他の組織変動、そして希望退職という会社の施策は、上記したそれぞれの背景のほかに、国内売上高や利益の縮減、制御に加えて情報、計測の 3 本柱の経営が IT バブルの崩壊、国内半導体企業の業績落ち込みにより減速したこと、またリーマン・ショックによる経営悪化に

27　労働組合は、「大枠は理解は示しながらも個別のやり方のところは最終的には『いいよ』とはいっていない」という。但し、「本人の自由意思に基づくものじゃなきゃだめですよ」とくぎを刺した。

28　組合員からも「経営責任という言葉が多く」聞こえている。組合員の声が多いのは、「ちゃんとレビューできているのか。過去の失敗とかをちゃんとみて判断、それをみて改善していってやっているのか」であるという。

より固定費を減らさなければならない状況から進められたとみられる。

労働組合が、こうした会社の施策を真っ正面から拒否できない、あるいは理解を示さざるを得ないのは、海外を含めた連結では利益があっても、国内では「稼げていない」という会社の主張に反論することが難しかったからであるとみられる。

第4節　組織変動後の労使関係の形成と進展および労働条件の統一

2013年4月、分割・統合により設立されたAC社では、労働契約承継法に基づき、労働条件も労働協約もそのまま承継されていた。統合前の3社の賃金等労働条件は異なっていたので、その統一に向けた取組みが進められたが、この点を中心に労使関係の形成と進展をみることにする。

分割・統合されたA社の営業部門とAB社には労働組合があったが、AA社には労働組合がなく、社員会があった。社員会は、厳格な規定に基づいて代表が選ばれるのではなく、順番でなり、また、特定の人が引き続き代表を務めることもあったという。

新会社発足後、旧3社の労働条件の統一に向けて、A社労組とAB社労組、そしてAA社社員会との間に「新人事制度の協議の進め方に関する覚書」が交わされた。同覚書では、第1に、会社との協議は、3者が同席の上、互いに連携し行う。第2に、協議内容は、必要に応じて他組織に対しても説明を行うこともある。第3に、協議に必要な情報については3者で共有する等である。労使の間に「AC社新人事制度委員会」がつくられて、2013年10月2日、第1回目の協議が開催された。会社側は人財総務本部長ら7名、労働者側は、A社労組副委員長ら13名、AB社労組委員長ら3名、AA社社員会代表幹事と幹事長2名が参加した。

同委員会は、10月2日の第1回、10月30日の第2回、11月27日の第3回の会議を経て、新人事制度の全般について労使の意見交換を深めた。会社は、新人事制度について組合の疑問点等がほぼ解消したと判断し、12月18日、2つの組合と1つの社員会代表宛に「給与協定書改定等に関するお申し入れ」を行うとともに、「臨時経営協議会」を開催し、改定の内容を説明して組合

からの質疑に答えた。なお、この新人事制度の実施時期を 2014 年 7 月 1 日と示した。

労使は、2014 年 1 月 31 日、4 回目になる同委員会を開き、質疑応答を行ったが、同委員会は、経営協議会と同等の権限を有するものと位置づけられた。

組合は、4 回目の委員会の内容を各組合員に説明するとともに、機関決定をしていった[29]。AB 社労組の場合、2014 年 4 月 4 日、臨時の中央委員会、大会を開き、中央委員会では満場一致、大会では 86.8%の賛成で、会社の申し入れを受け入れるという判断を下した。

労使は、2014 年 4 月 18 日、「臨時経営協議会」を開いた。組合は、新人事制度の導入を受け入れると回答するとともに、組合員の声をふまえて、住宅・社宅関連制度、家族手当、次世代育成支援金制度等に関連する要求を会社に出し、それをめぐる交渉を行った。これらの組合要求については、2 年後に改めて協議することにし、事実上、新人事制度の導入に関する労使の協議は終了した。なお、労使は、6 月 3 日、第 6 回目の新人事制度委員会を開催したが、その場で会社は、職種別知識・スキル記述書、目標管理および人事制度導入スケジュールについて説明し、組合側と協議した。

以上、新会社における労働条件の統一が果たされ、2014 年 7 月 1 日から導入された。この具体的な導入時期は、会社が 2013 年 12 月 18 日の「臨時経営協議会」において示し、組合に協力を要請したものであった。また、A 社労組と AB 社労組が、統合会社設立後、1 年ぐらいで労働条件を統一したいという方針を決めたことが会社統合後約 1 年後に労働条件の統一に至らしめたことも見逃すことができない。但し、労働基準監督署に出す 36 協定や就業時間は、労働条件の統一を待たずに、先に統一した。

なお、家賃補助等の福利厚生は、「3 社のうちのどこかの制度を選んでそこに近づけるというやり方をした」が、それに伴い「よくなる人と悪くなる人」がいた。しかし全体的には損得が基本的にないようにした。損になる人には 2 年前後の移行措置[30]をとって激変を緩和した。

---

29 A 社労組は、4 月 11 日、中央臨時大会を開き、会社の申し入れに対して、91.3%の賛成で受け入れを可決した。
30 例えば、家族手当が廃止となったが、激変緩和措置として、子ども対象の手当は 1 年、配偶者対象の手当は 2 年、移行措置をとって支払った。

賃金は基本的に現在の賃金水準を新しい人事制度にスライドさせた。その
ため、賃金をめぐる不満はなく、その結果、もめることもなかった[31]。

統合後の労使関係の面では、枠組みは統合前のA社のものを多く引き継
いだが、事業分野が同じなので、お互いが伝えやすくまた相手も理解しやす
くなった[32]。そういう意味で労使のコミュニケーションの円滑化がいっそう
進展したといえよう。

組織変動後の労使関係は、分割・労働契約承継に該当する営業部門の労
働組合員がそのままA社の組合員であったので、分割会社でありグループ
中核企業A社の労組が子会社組合であったAB社労組と連携を取りながら、
組合ではないAA社社員会も労使協議の場にオブザーバーとして参加でき
るようにする形で形成された。その労使関係の下で、組織変動後約1年のう
ちに労働条件の統一が実現された。

なお、後述の労働組合組織統合とともに、2014年9月1日、会社との間
に「労働協約書」が締結された。この協約書では「経営協議会」、「団体交渉」
等の労使関係に関する規定が定められており、統合前のA社における労働
協約と大きな違いがないとみられる。そういう意味では分割・労働契約承継
の対象になった労働者は、分割前の労使関係の枠組みを分割後に引き継いだ
といって過言ではなく、分割を機に労使関係の枠組みに大きな変化が起きて
いないといえよう。

第5節　労働組合の組織化と組織統合

A社（営業統括本部を含む）とAB社には組合があり、会社とのユニオ
ン・ショップ協定により、基本的に従業員の全員が組合員であった。しかし、
AA社には労働組合がなかった。したがって、新会社では、分割吸収された
営業統括本部の従業員とAB社の従業員は組合員であったが、AA社の従業
員は組合員ではないという状況であり、また、分割吸収された組合員はまだ

31　新人事制度では、4つの職能資格が設けられて、資格ごとに賃金の上限が設けられて
　　いる。統合前の賃金が上限を超える人も少数いたが、減給補償を2年間行った。
32　統合前のA社の場合、さまざまな事業があって、労使交渉に出る主体者の経験が違
　　い、また、協議の内容が広範囲におよび、理解しづらい側面があった。

A 社労組に属していた。A 社労組では、1980 年代から「一企業一組合という大原則」[33] があったが、それを受け継いで、統合した会社でも組合の統合を目指した。AC 社での労働組合のあり方を検討するために、A 社労組に「AC 社組合組織検討委員会」を設置した。同委員会は、AC 社支部委員会の 5 名と中央執行委員会 6 名で構成された。

A 社労組は、2014 年 6 月 13 日の中央執行委員会、7 月 2 日の臨時大会において AC 社における労働組合の設立について、次のような方針を決定した。

第 1 に、一企業一組合の原則に基づき、2014 年 9 月 1 日付で、AC 社の社員による企業別組合を設立する。組合の名称は、統合組合の 1 つである AB 社労組の名称を「AC 社労組」に変更し、それにあわせて、A 社からの移籍者組合員は、A 社労組を 8 月 31 日付で脱退し、9 月 1 日付で AC 社労組へ加入する。9 月 1 日に設立大会を開催し、AC 社労組の組合規約および役員体制を決定する。

第 2 に、設立に向けて、組合組織体制や組合規約等の検討は、AB 社労組と連携して検討していくこととし、AC 社組合組織検討委員会に一任する。

第 3 に、非組合員の組織化については、2014 年 9 月 1 日の加入を目指して、AA 社社員会と連携を図り、AB 社労組とともに組織化に向けて取組んでいく。

第 4 に、A 社労組から AC 社労組への財産分与は、組合員数に応じて行う。

AC 社組合組織検討委員会は、2014 年 5 月 13 日、中央委員会において、その設置が承認された。同委員会は 9 回会議を開催し、組合執行部がつくった組織体制や組合規約等について検討していったが、7 月 22 日、組合員全員投票で検討案が承認された。

また、AB 社労組では、2012 年秋から、A 社労組、AA 社社員会幹事らと話合いを進めていく中で、組合三役で会社統合後の組合のあり方として、1 つの組合に統合したほうがよいと考えていた。同労組は、会社統合後、2014 年 5 月 30 日の中央委員会において、「『一企業一組合』の原則をふまえて取

33　組合は、会社に対して組合員の総意としてものを言うが、一部の組合員が別の組合に入って、片や違うことを言うと、組合としての力が弱まるので、対会社交渉力を持つためには 1 つの組合になったほうがいいという体験を過去したとみられる。

組んでいくこと」を決定し、6月3日の臨時大会においても同様の内容およびAC社組合組織検討委員会の設置も決定した。

いっぽう、AA社には、社員会があり、それぞれの拠点ごとに幹事が1人いた。社員会代表幹事の人に、労働条件の統一の協議等の場を用いて、組織化を持ちかけて、了解を得たが、組織化の具体的なプロセスをみると次のとおりである。

A社労組とAB社労組は、上記のA社労組中央執行委員会の方針を決定する前に、AA社の組織化に向けた次のような取組みを行った。新人事制度の制定段階から会社との協議の場にAA社社員会幹事を入れたこと、また、AA社各拠点に出向き労使協議の内容を説明したことが挙げられる。AA社社員会の代表は、会社との協議の場で、「これまでは、このような協議の場がなかったため、決定された制度を受け入れるいっぽうであったが、決定のプロセスをみることができ、非常によかった」と発言し、労働組合と会社との協議の重要性、特に組合の存在意義を高く評価した。また、協議の場に参加し、傍聴するだけではなく、会社への要望を出すことも両労組は認めた。もちろん、こうしたAA社社員会の活動は、会社の了承がなければできないものであり、会社はAA社の組織化を暗黙的に了承していたといって過言ではない。AA社社員会の代表は、2014年4月18日に開かれた新人事制度の回答・要求に関する「臨時経営協議会」において、「要求を出せる体制が必要だと感じている」と発言し、組織化への考えを滲ませた。

両労組は、2014年7月からAA社の各職場に出向き、本格的に組織化に取組んでいった。そのための資料として、労働組合に関する基礎知識（ユニオン・ショップ、組合員の権利・義務）や組織と運営、1年間の活動の流れ、また、現在会社との労使関係図を示す資料と、労働組合のメリット・デメリット、会社との労使協議の現在と今後、AC社労組の設立、組合加入という項目を入れたパワーポイント資料を用意した。それに両労組の新会社における組合組織のあり方等を示す機関決定内容の資料も用意した。7月14日、就業時間後、広島で行われた集会では、構成人員数の71名の内、10名が参加

した[34]が、説明を聞き、「加入したほうがよいと理解した」、「加入に反対する理由はない」等、組合加入に前向きな声が多かった。

こうした職場説明会を通じて、参加者の約7割が組合加入書を提出したという。その後、加入書を電子メールで流し、社内便で回収する等の取組みを進めていった結果、退職が決まっていた1人を除き、9月1日まで、約700人全員の組合加入を達成した。

このように、2014年9月1日、組合がなかったAA社従業員の組織化が果たされたが、それができた要因としては、組織変動の際に、①労働条件を誰が守るのか気になっており、組合の必要性を感じていた。②組合員と非組合員が一緒の職場で働くのは「よくない」という意識があり、思った以上組織化に賛同して頂いた。③新人事制度へのAA社社員会代表の参加や協議内容の開示等を通じて、社員会の幹事および社員は、組合の役割を具体的に認識でき、組合の存在意義を自覚したことが挙げられる[35]。また、④社員会が存在して組合加入の説明会の際に社員を集めてくれたことも組織化がスムーズにいった1つの要因といえる[36]。それに社員会の代表幹事が以前の職場で組合のことを経験したことがあり、話がしやすかったこともあった。

2015年現在、AC社労組の組合員数は1700人ぐらいである。また、専従者は6人であり、組合費は賃金の1% + 300円である。

A社関連労組協議会（関連協）

関連協は、グループ企業の労働組合がお互いに情報交換を行う場である。2016年1月現在、11労組が関連協に加入している。以前、事業の売却等により当該企業がグループから離れているところもあるが、上記の新労組は関連協に加入しそのまま残っている。情報交換のために、1年に2回くらいの

34　7月16日、福岡集会では、職場構成員の27名の内、16名が出席した。職場ごとに参加率はかなりばらついている。

35　以前の社員会の時は、「言いたいことが言えなかった」こともあり、「組合に入ると言える」と考えて、組合に加入した人もいる。また、組合が加入説明会の際に「皆さん、今まで決まっていたものしか出てこなかったのが、協議（例えば新人事制度の労使協議：呉）の内容とかを聞いて、少しですけどそういうメリットありましたよね」という形で、組合の活動とその意義をアピールした。

36　「やっぱり社員会があったことは、こちらとしてはすごいありがたかった」と、組織化に社員会の存在が有効に働いたと組合はみている。

総会や集まりがあり、会費も年間組合員1人当たり200円にすぎない。

第6節 まとめ

　A社の営業部門分割および子会社との統合、並びに子会社への転籍を中心に同社の組織変動について考察した。組織変動に伴う労働関係上の問題は発生しなかったが、いくつかの文脈でその要因をみることができる。

　第1に、会社は分割に対応できる時間を労働組合に十分与えたことである。会社は、分割契約を締結する6か月前に、分割に関する申し入れを組合に行うとともに、プレスリリースの1週間前にその情報を伝えた。

　第2に、労使は同分割に関する協議を尽くした。2012年7月から11月までに4回の協議を経て、労働組合は、組合員の声に基づく疑問点・不明点等を会社側に質し、会社は、それに答えた。

　第3に、会社が分割了承に伴う組合の要求を受け入れた。組合は、分割後の組合員の労働条件等や良好な労使関係の構築等の要求を会社に提示し、会社側はそれを受け入れた結果、分割に対する組合の了承を取付けることができた。子会社への転籍の際にも、会社側は、組合の要求を受け入れた。

　第4に、会社は、分割対象者に対して集団的な説明会と個人面談を行ったが、大きな問題提起がなかったとみられる。それは、「業務命令上の協議」[37]であり、従業員が個別に問題提起することが事実上難しいからである。

　次に分割・労働契約承継法に照らし合わせてこの事例から得られるインプリケーションを考えてみると次のとおりである。

　第1に、組合は、会社法と労働契約承継法に基づく分割・労働契約承継を受け入れざるを得ないという認識の下、会社との協議を進めた。そのために、分割の阻止等の組合方針を打ち出すことは元々あり得ず、協議の中で、会社の真意や分割に伴う組合員の労働条件変化等を質すことに留まった。その意味では、分割は、団交事項となっておらず、団体行動権をバックに会社と対等に話し合うのには限界があった[38]。分割は、労使対等原則に基づいて労使

37　AC社労組の委員長。
38　「やっぱり承継法があるので基本的には逆らえないが、その真意やAC社の今後につ

が話し合って決める会社組織変動ではない[39]。

　第2に、分割が団交事項ではないものの、会社は、分割受諾につき出された組合の要求を受け入れた。そういう意味では限りなく労使関係上団交に近い取扱いであったといえよう。それができたのは良好な労使関係があったからである[40]。

　第3に、労働契約承継法の7条措置（労働者の理解と協力）は、4回の労使協議においてとられた。組合は、執行部だけではなく組合員からの声（1回目の労使協議の後は約250件、2回目の後は82件）を基に協議にあたり、また、その内容を組合員に説明するとともにさらなる疑問点・不明点を会社に質し、その結果を組合員にフィードバックしながら、かつ、組合決議機関で決議を経ながら協議を尽くした。その結果、組合は、「基本的には組合執行部として（承継対象の：呉）皆さんに移籍してもらいたいという判断をし」、労働契約承継に理解と協力を示した[41]。

　第4に、5条協議[42]（個別労働者との協議）は、分割対象者に対し、集団的にまた個別的に行ったが、事実上の協議にならなかった。それは、「業務命令上の協議」と受け止められたからである。5条協議は、7条措置がなかっ

　いて組合員の理解が進まなければ、今後の会社の発展はないことを、きちんと確認しておくべき」という思いがあったという。

39　組合幹部は、次のように言及している。「個人的には、会社分割制度と労働契約承継法は、会社側が国に働きかけてつくった法律だなという感覚は正直ある。」また、労働契約承継法は、「うちの会社に関しては問題なかったんですけど、やっぱり悪用できるものなのだなというふうには常々感じます。正直言って。それは悪用できないようにしなくちゃいけないなというのと、簡単にできるものであってほしくはないな。」そして承継法であっても7条措置の際に、「代表者（過半数組合、それがなければ従業員の過半数代表者：呉）と同意は必ずしなくちゃいけない、また、（承継後：呉）2年なり3年以内に人を削減するような施策をやってはならないというのがやっぱり必要なのかなと思います。」

40　同社では、歴代の社長から伝えられる次のような言葉があり、労使の信頼関係の深さが込められているといえよう。「経営と組合は役割・立場は違うんだけれども、同じ船に乗ったメンバーである。」また、歴代委員長により、「春闘は、組合員の気持ちを、会社は経営状況をきちんとお互いに本音で話し合って意識をあわせるものであり、お互いの状況を理解し合うものである」と言われ続けている。

41　組合としては、分割・統合は、「（国内の：呉）利益が出ないから仕方ないというよりは、国内での生き残りをかけて、会社が変わっていかなければ今後の国内でのビジネスの発展はない」という考え方に基づき、理解と協力の姿勢を示した。

42　商法等の一部を改正する法律第5条「会社法の規定に基づく会社分割に伴う労働契約の承継に関しては、会社分割をする会社は、会社分割に伴う労働契約の承継等に関する法律第二条第一項の規定による通知をすべき日まで、労働者と協議をするものとする。」

た場合、実効的なものではない可能性が高い。

　第5に、分割対象者からの異議申出はなかった。主たる従事者は、労働契約が承継される場合、その権利が与えられていない。今回、従たる従事者であったが、海外駐在や休職などの事情により申し入れ時に対象者となっていなかった組合員は、帰任や復職のタイミングで数人が移籍に個別同意した。個別同意が当事者の素直な自由意思から出たものかどうかまでは分からないが、組合が協議の中で、「異議を申し出ても不利益取扱いをしない」という会社の方針を確認した。それを見る限り、個別同意は限りなく素直な自由意思に基づいて示されたものではないかと解釈できる。

　第6に、以上のように、7条措置と5条協議の実効性は、対等な労使関係と信頼・良好な集団的労使関係が成立しているところで担保される可能性が高い。民法625条の個別同意も同様であるように思える。

　最後に労働組合の存在意義について考えてみることにする。まず、第1に、労働組合は、分割・労働契約承継の円滑化に大きく貢献した。4回の労使協議において、分割・労働契約承継の真意を質して組織変動がどのような背景や意味を持っているのかを明らかにした[43]。また、組合が会社の申し入れを受け入れたことは、組合員に分割・労働契約承継への協力姿勢を促したとみられる。その結果、対象者全員が分割・労働契約承継に応じ、異議申出が出ず、分割・労働契約承継は予定通りスムーズに進められた。「会社が求めているものと組合員が考えているものをきちんとつなげる」ことに組合の存在意義が発揮された[44]。当初分割に対する組合員の「反発が凄かった」が、組合の活動により、理解できるようになったとみられる。

　第2に、遵法性の確保である。分割・労働契約承継につき、会社は関連法

43　「会社が何を伝えたいのかということを、一般社員が分かるような言葉で伝えさせる」、「会社が言いたいことを会社の頭の中での説明だけじゃ足りない部分を引き出すことをやる」のも組合の重要な役割だったという。そのためにも「社員だったらどういうふうに言ったらわかりやすく伝わるのかというのを引き出すために質問をする」という組合の考え方も重要である。さらには、「組合は、職場に職場委員や中央委員をおいていて、日々のコミュニケーションでつながっている」ので、「2つの組合が手をとって動けて」、「（組織変動を：呉）いい方向にもっていけた」し、また、「社員会さんを救えた」と、組織変動における組合の存在意義を語った。

44　組合は、会社と組合員の「橋渡し」、あるいは、「会社の発展がなきゃ、経営も会社も我々も労働者も成り立たないというのがあるので、やっぱりそのための潤滑油」の役割を果たしているとも言われる。

律を守らなければならない。例えば、7条措置、5条協議である。労働組合が7条措置の担い手であり、また、5条協議がスムーズに行われるための役割を果たしている。そういう意味で、労働組合は、分割・労働契約承継における会社の遵法性の確保に意義のある存在である。

第3に、集団的労使関係の拡大である。労働組合は、組織の変動に伴い、元々組合のない会社の従業員を組織化するのに成功し、組合によって担われる集団的労使関係を拡大した。組織の変動を組織化のチャンスに活かすために、組織化方針を決定し、また、労働条件の統一協議に無組合企業の社員代表を参加させて組合の存在意義を感じる機会を与えた。社員会の代表だけではなく、一般社員も協議の内容に接し、組合の役割を認識し組合加入に肯定的になったとみられる。また、社員会の幹事が、組合の説明会に社員を集める等の役割を果たした結果、よりスムーズに組織化ができたとみられる。そういう意味では、社員会の存在が間接的に組織化を実現する梯子的な役割をしたといって過言ではない。

今回の組織の変動が所期の目的を達成したのかどうかを判断するのは時期尚早であるが、従来の親会社と子会社間の壁がなくなって仕事がスムーズに流れていること、また、従来の親会社（A社）の受注後、子会社（AB社、AA社）へ発注するという形態から社内業務処理のみとなることで業務処理が簡素化されたこと、各拠点では営業・エンジニアリング・サービスが一体となり、顧客の近くで仕事をすることで顧客への提案などのスピードが上がっていること[45]、さらには自由度が広がった[46]ことといったメリットもあるという。

他方、会社は、組織変動後、労働組合との協議を経て、2015年希望退職者の募集を実施した。希望退職の実施背景としてグローバル競争力をさらに強化し、国内の人財リソースの適正化を実現するためであると示しているが、なぜ、組織変動の直後にそれを行ったのかは定かではない。今後、分割・会

---

45 統合前は、各社が発注と受注処理をそれぞれ行っていたが、統合後はそれがなくなりスピードが上がった。
46 統合前は必ず親会社の製品のみを販売していたが、現在は、他社のものも販売できているという自由度がある。その結果、仕事がとりやすくなったり、やりやすくなったりする効果もあると言われる。

社統合等の組織変動に労働者の理解と協力を得るためにも組織の変動と希望退職実施との相関性がないことを明らかにすることが課題である。その課題が解決されるならば、企業組織変動がいっそう労働者に理解されると思われる。

　行政・承継法への要望としては、7条措置の中に理解と協力だけではなく、労働者の代表者の同意を得ること[47]、また、分割・承継の後、2～3年は人員削減を制限する規定も盛り込むことである[48]。

【参考資料】

（労働組合提供資料）

A 社労組

(2012)「組合機関紙」（No.1723：2012年7月25日、No.1727：8月22日、No.1730：9月11日、No.1736：10月10日、No.1744：11月8日）

(2013)「2013年度活動方針（案）：1. 会社との協議」

(2013)「組合機関紙」（No.1757：2013年2月12日、No.1780：5月21日、No.1804：9月25日、No.1809：10月16日）

(2013)「AC社における新人事制度の協議の進め方に関する覚書」（2013年10月31日）

(2014)「組合機関紙」（No.1825：2014年1月17日、No.1836：2月25日、No.1858：5月14日、No.1866：6月16日）

AB 社労組

(2013)「会社分割に伴う労働協約の承継に関する通知書」（2013年1月22日）

(2013)「第2回新人事制度委員会協議内容」（2013年10月30日）

(2013)「組合機関紙」（No.489：2013年10月7日、No.495：11月6日、No.502：12月5日、No.504：12月19日、No.506：12月24日）

47　「まずは代表者と同意は必ずしなくちゃいけないというのは1つありますね。」
48　「例えば2年なり3年以内に人を削減するような施策をやってはならないとかいうのはやっぱり必要なのかなと思います。」

（2014）「組合機関紙」（No.512：2014 年 2 月 6 日、No.521：3 月 11 日、
　　　No.525：4 月 7 日、No.526：4 月 10 日、No.528：4 月 14 日、No.529：
　　　4 月 18 日、No.531：4 月 22 日、No.540：6 月 2 日、No.542：6 月 4 日、
　　　No.544：6 月 10 日）
（2014）「職場集会議事録」（2014 年 7 月 14 日、16 日）
（2014）「労働組合の設立説明会資料」（2014 年 7 月）
（2014）「労働協約書」（2014 年 9 月 1 日）

第2章

B社の企業組織再編と労使関係 （「B事例」、譲渡） [49]

第1節　会社および労働組合の概要

　B社（譲渡先企業）は、1970年設立された半導体製造の後工程専門会社であり、LSIの組立と試験を行っている。同社は、事業譲受を通じて、積極的に事業を拡大している。特に、2009年S社および米国BA社と資本提携を行い、同年S社の一部設備を譲り受けた。その時、同社株式保有率は、創業系等の既存株主60％、米国BA社30％、S社10％であった。2012年、JS社の子会社の後工程事業の3製造拠点を譲り受けた。その後も譲渡や吸収合併で事業を拡大していき、2015年11月現在、全国に14拠点を有している国内半導体後工程最大受託会社である。2015年度売上高約980億円[50]、従業員数は約4700人にのぼる。同業界で世界5位の規模となった。同社株の100％をアメリカ企業が所有している[51]。

　同社にはユニオン・ショップ協定により1つの企業別労働組合があり2015年6月末2681人の組合員がいる。S工場には支部がある。同支部には、

49　同社事例研究のため、2015年11月26日、2016年1月26日に同社S工場の支部委員長と書記長にヒアリング調査を行った。大変な状況の中でも調査に応じ、長時間にわたって貴重なお話と資料の提供をしてくださった両氏にこの場を借りて心より感謝の意を表する。

50　2014年3月期は900億円弱であった。同社の主要顧客は、S社、J社、N社である。同社は、2020年までに、売上高2000億円をめざし、現在売上高を上回る約1000億円の半分は既存のビジネスの延長線で稼ぎ、残りの半分はM&Aを国内外で行使して稼ぐとしており、M&Aに積極的である（「電子デバイス産業新聞」2014年9月19日インターネット版。同社社長の発言。）

51　同社社長は、2015年8月、「アメリカ企業が2016年3月末頃をめどに最大80％まで引き上げるオプションを持っている」と語ったが、それを上回る株式所有となった（「電子デバイス産業新聞」2015年8月21日インターネット版。同社社長の発言。）同社がアメリカ企業と投資提携をしたことになったのは、国内半導体大手企業の提案によるものであったという（経済産業省、2014、『海外事業者との投資提携事例集～協業で未来を拓く～』）。

2015 年 11 月現在、約 520 人の組合員がいる。本稿では主に S 工場の譲渡を中心に企業組織変動に伴う労働関係の実態を記す。B 社 S 工場は、1982 年半導体大手企業の子会社として設立された。2003 年 4 月、その大手企業は、S 工場を含む 4 つの子会社を統合して JI 社を設立したが、同社は大手企業の子会社（JS 社）[52] の子会社、すなわち孫会社となった。

　同工場では、後述の通り、2012 年 12 月に譲渡される際、従業員数は約 720 人、組合員数は 670 人であった[53]。

第 2 節　企業組織変動の内容

　2012 年 8 月 31 日、JS 社と B 社は、JI 社（JS 社の子会社）の S 工場[54] が B 社に譲渡される基本契約を締結し、同年 12 月 21 日譲渡された。譲渡の背景には、世界的な半導体市況の低迷、競争激化によるコスト競争力の低下および利益率の悪化で事業継続が困難な状況の中、JS 社[55] の赤字が続き[56]、事業の存続と雇用継続をはかるという意図があったとみられる。

　譲渡の背景を歴史的に整理すると次のとおりである。JS 社の親企業は、半導体大手企業の不採算事業である半導体製造 4 つの子会社を統合して、上記の通り、2003 年 4 月に JI 社を設立した。しかし、同社の経営が厳しく 2005 年から次のような対策が講じられた。すなわち、2005 年 K 工場の閉鎖、2007 年 G 工場の閉鎖、2008 年から外注の取込み、派遣労働者の契約解除、一時休業、グループ内外企業への長期応援派遣、残業抑制、小集団活動の全社的展開、マルチスキル化等である。しかし、こうした対策にもかかわらず、存続が難しい中、譲渡による規模の縮小および譲渡元・譲渡先の得意製品分

52　2008 年、関連グループ中核企業の 100% 子会社として設立された。

53　JI 社全社員数は、譲渡契約締結日の 2012 年 8 月 31 日、約 1900 人であった。

54　そのほか、F 工場（従業員数約 500 人）と K 工場（従業員数約 700 人）も譲渡された。

55　2012 年度 JI 社の親会社は、706 億円の当期純損失を計上した。また、同社のグループ中核企業は、同年度の半導体事業で前年度に比べて 5% 減、営業損益で 100 億円の赤字を記録したという（「日本経済新聞」2012 年 9 月 1 日インターネット版）。同中核企業は、2010 年以降、関連の製造会社である子会社・孫会社を譲渡していくといった生産拠点の切り離しで固定費削減を図った。

56　JI 社は、技術力を高めて高付加価値のものをつくってきたが、需要が少ないがゆえに、技術力の低い製品の製造でコスト競争力を落としてきたとみられる。

野や生産技術のシナジー効果を上げて、海外競合他社と同等以上のコスト競争力を確保できると判断し、今回の譲渡に結びついた。それには、「半導体製造子会社を早く切りたい」、「体力があるうちに」譲渡しようという大元の中核企業の意図が働いたとみられる。

　譲渡契約によると、S工場の全従業員は、譲渡先に転籍することになっていた。JS社は、譲渡後3年間譲渡先における転籍者の雇用や処遇を守るローディング（付加）補償を行う契約を締結したとみられる。譲渡直前、JI社労働組合の組合員数は約1780人であった。

　ちなみに、譲受会社のB社は1970年に設立されたが、既述のとおり、2009年S社および米国BA社と資本提携し、2012年1月現在、米国BA社が同社株の60％を保有していた。同社は、2012年、上記のS工場を譲り受けるが、その後も他社から多くの事業を譲り受けて規模を拡大していった。その資金を米国BA社から調達した。その結果、米国BA社の同社に対する株保有率が上がり、2016年1月現在、100％となり、完全子会社となった。なお、米国BA社は、半導体の後工程世界第2位の会社である。

第3節　組織変動をめぐる労使の協議および団交

1．非公式労使会合

　労働組合[57] が、会社より今回の譲渡[58] について話を聞いたのは、プレスリリースの3日前である2012年8月28日であった。社長らは、事前説明（非公式折衝）という形式をとって、同日組合三役と会い、譲渡によって、譲渡先との統合によるスケールメリットを最大限享受し、また両社の得意製品分野や生産技術のシナジーによる競争力強化を果たすためにも譲渡[59] を決定したことを非公式に告げた。海外競合他社と同等以上の価格競争力を達成しよ

57　ここで労働組合とは、特別な断りがない限り、JI社S工場に組織されている労働組合を指す。
58　譲渡や売却等の企業組織変動については、2011年から動きがあり、組合にも伝えられた。2012年3月アメリカA社とST社の2社からオファーがあったが、条件面で厳しいこともあって契約成立までに至らなかった。そして、自前再建検討が必要であるとの話も組合に入った5か月後に、今回の譲渡の話が飛び込んできたのである。
59　譲渡日も2012年12月21日と示された。

うとする譲受会社は、今回の譲渡によりセミコンダクター分野で「世界9位から6位以上」となるとみられ、最大限雇用の確保ができるなどから判断したと語った。さらに譲渡に伴う転籍については、「業績が非常に厳しい状況が続いており、本来であれば退職金加算をできる状況にはないが、会社としてできる限りの配慮をしたいとのことで退職金加算を検討している」[60] ことが示された。また、8月29日は同社の親会社の取締役会、30日は親会社企業グループの中核企業取締役会で譲渡を決議するとともに、31日に譲渡の基本合意締結をしたいという予定も示された。ちなみに、同社社長は、譲渡後、同工場の半導体後工程製造を譲渡先に委託することも明らかにした。

組合は、「事前説明といいながらも退職金特別加算ゼロ、労働条件面の不明のままの会社提案に憤りを感じた」という。しかし、譲渡は残念であるものの、「経営判断での事業継続と雇用確保を最優先とした譲渡に対してその内容は理解した」と発言するとともに、「競争力強化を目指して会社に協力してきた従業員にできる限りの誠意ある対応をしてほしい」と促し、また、「まず労働条件の提示、譲渡先との比較」を要求した。そして、組合は、親会社の社長からも話を聞く場を設けてほしいと依頼した。

組合は、29日、中核企業グループ労連の会長に会い、会社から受けた説明を伝えた。翌30日には、親会社の社長に会い、「事業譲渡の前に本来のやるべきリストラ施策等やるべきことをやってからの事業譲渡ではないのか」との思いを伝えるとともに、「最終的に組合員を納得させるのは退職金加算などの数字しかない」と決断を促した。親会社の社長は、企業グループ中核企業の経営陣に組合の声を届けると約束するとともに、「どうしたら期待に応えられるかを検討したい」と表明した。

8月31日13時に組合は会社より正式に譲渡提案文書を手渡された。同日、15時より会社側により従業員説明会が行われた。組合は、その日のうちに組合員への相談体制を整えた。

60　後述するが、組合が特別加算のことを促した結果、検討すると回答したものとみられる。

2. 労働協議会

9月4日に第1回目の労働協議会が開かれて、組合が労使協議の申し入れを文書[61]にて行って労使の協議がスタートした。会社は、転籍先企業の人事処遇制度、転籍後の交代勤務、経過措置などの説明を行うとともに、「退職金および加算について最大限の誠意を示したい」[62]との意思表明を行った。しかし組合は、「不利益変更に対する退職金加算など一定の配慮がなければ、雇用を重視した再編ではなく、人減らしのために譲渡先を選んだと思われる」と、労働条件の低い譲渡先に転籍するためその不利益を退職金加算などでカバーしてほしい、と会社の決断を迫った。また、「合意できない場合は、団交や必要に応じて上部団体の支援を受ける等やるべきことは全てやりたい」という思いも披瀝した。そして、「組合の優先順位の考え方は、雇用維持→労働条件維持・向上→退職金確保と機会損失に伴う加算金の確保」であることを示した。会社は、「この譲渡は、雇用を重視した今現在で最良の選択と考えている。B社との基本契約にある全体スケジュールが守れないと譲渡契約自体が無くなる」と言い、組合に協力を求めた。なお、転籍する労働者個人から同意を得るのは、労使の交渉が終結してから行うことで労使が合意していた。

9月5日第2回目の労働協議会では、会社より譲渡元と譲渡先の労働条件の比較説明を聞き、退職金加算案が提示された。しかし、労組にとっては「飲めるものではない」ので、組合の案を提示した。労働組合は、「加算金の水準は中核企業も含めたグループ全体で考えてほしい」と、会社側の迅速かつ誠意ある対応を要請した。しかし、会社からの具体的な条件提示がなく、話合いは膠着状態となった。そのため、組合は、次回協議より団体交渉へ切り替える旨を会社側に伝えた。と同時に、職場の組合員を全員集めてスト権移譲をさせ、「やるぞ」という体制を整えることにした。

---

61 申込書には、労働協議会の議題として、「後工程事業の再編に関して、譲渡の経緯、労働条件、機会損失に対する補償など」と書いてあった。

62 最初、会社は、特別加算はゼロと考えていたようで、組合が「ゼロ、ふざけんな、帰れ」と言った結果、示した意思表明であったとみられる。

3. 団体交渉

　労働組合は、会社の示した退職金加算案が組合の考える水準に達しておらず、また、交渉の一層の進展を図るためにも労働協議会を打ち切り、団交の申し入れを行った。それに先立ち、組合は、スト権移譲投票を行い、100％の賛成を得て、スト権を確立した。団交に切り替えなければならなかった理由は、そのほかに、組合が会社から入手した譲渡先の労働条件が、今の会社に比べマイナス面が非常に大きいため組合員に「早急に開示をしないと問題になるんじゃないかという危惧」があった反面、「会社から開示の許可が出なくて」交渉が膠着状態となったからである[63]。そのため、組合は、9月6日付で団交の「申入書」[64] を会社側に提出したのである。

　9月12日に開かれた第1回目の団交では、組合が、組合員の声をふまえて、「突然譲渡との説明だが順番が違うと感じる。役員・幹部社員の報酬カット・希望退職などやるべき施策をやっていない」ことの問題点を指摘した。会社は、今回の譲渡を選択した背景を説明するとともに、「譲渡先での労働条件等の情報開示を早く提供できるようにしていきたい」と意思表明を行った。

　同日午後に第2回目の団交が行われた。会社は、退職金加算について「次回交渉時に再度提案させて頂きたい」との発言をし、組合は、譲渡先での労働条件を早く組合員に提示し説明できるようにしてほしいと、譲渡先労働条件の組合員への開示に対する了承を求めた。ちなみに、このとき、会社が出した特別加算金は3か月であった。

　13日に第3回目の団交が開かれたが、組合は、「退職金加算の月数がプラスされたことは評価する」としながらも、「組合が考えている水準にはまだ達していない」、「生活補償給として生活が安定するまでの期間分、その他手当減額分・労働時間増加分も含めて勘案できないか」と再考を促した。

　18日に開かれた第4回目の団交では、組合は、譲渡益が少ない、新たな借り入れが困難であり、また、赤字であるという会社の困難な状況に理解を示しながらも、「譲渡による事業再編という難局に力強く取組むのは組合員

63　「最初はだめの一点張りで」あったが、交渉が終わって9月20日、組合の事務室に掲示し組合員がみることを認めてもらった。
64　事業譲渡に伴う「労働条件の機会損失に対する補償に関しては、具体的な提案がなされていない」ことが団交の申し入れの要因であると示されていた。

であり、モチベーションという意識の問題が最も大切であり、やり遂げるためにも大きな要素である」と訴え、「会社からの再提案に対して上積み回答であるべき」と主張するとともに、会社の提案がより誠意あるものにつながるように、組合員からよせられた生の声を報告しながら、会社に迫った。会社が、組合の求める水準（24か月）に大幅に及ばぬ回答しか出していなかったので、組合の委員長は、「もうこれで譲渡話はなくなりましたね。それでいいですね」と言い、席を立ったという。その後、会社は、退職金加算を平均で10か月[65]にすることを提案した。組合は、「ゼロベースから交渉が始まり数回の再提案を引き出し、今回の合意できる提案まで至ったこと」について、「会社側のご尽力と誠意を示して頂いた結果」であると評価し、受け入れを決定した。組合は、職場委員会を通して、会社提案内容を組合員に伝えた。また、会社側には「組合員個人ごとの説明・面談を丁寧に行うように」依頼して団交は終了した。9月24日、組合は、緊急中央委員会を開き、会社回答に対する機関決定を行った。

　組合は、団交結果を組合員に説明した後、次のような質問を受けた。すなわち、「転籍後の早期退職、人員削減はあり得るのか」という質問であるが、組合は次のように回答した。「B社は、国内最大の独立系半導体後工程受託会社として更なる事業成長を目指していく上で、海外競合他社と同等以上のコスト競争力を達成することが必要不可欠であり、事業規模の拡大が最も重要であると考えている企業です。更なる成長を目指している企業で、転籍後の早期退職、人員削減は無いと考えます。B社にはない技術をS工場では持っています。自分たちの頑張りによって、今後、より成長していけると思います。」後述するが、同工場は2017年に閉鎖することになり、この組合回答は、事実上、無意味と化す可能性が出てくるものであった。

　会社は、25日から全従業員説明会を開催したが、以降10月1日から個人面談を実施していった。その際、事業譲渡先会社の労働時間や人事・給与制度や賞与、資格、手当などの説明が行われ、退職金特別加算も個人ごとに割

65　S工場の転籍者に適用される水準である。工場が閉鎖されるK工場の組合員は、譲渡に伴い受ける不利益はより大きいので特別加算金がS工場より高い。閉鎖に従うB社への転籍者（ほとんど転居を伴う）に対しては特別加算金は組合員1人当たり平均で14.5か月、退職者に対しては最大で24か月であった。

り当てたものが説明された。同時に譲渡先へ労働契約関係の移転の了解など個人ごとに数回にわたり確認が行われた。

　以上の譲渡により、1240人の組合員（F工場含む）は譲渡先企業の組合員となり、出向扱いであった約700人（K地域）は、閉鎖まで勤務し、閉鎖の際には退職またはグループの他事業所に転籍された。退職者には、24か月分の特別加算を支給し、転籍者には14.5か月分の特別加算を支給した。S工場の転籍者に支給された10か月分の特別加算に比べて多いが、それは、工場閉鎖に伴う退職・転籍を考慮しての決定であった。組合が他工場の特別加算水準を考慮し増額を強く要求して実現したものである。

　譲渡交渉に当たり、労働組合が上部団体とどのような連絡をとったのかについてみてみたい。労働組合は、2012年8月29日、譲渡の話があった翌日から適宜数回程度、グループ労連に説明や今後の取組み、交渉状況や組合員への対応等を報告や相談したものの、「あまりいい顔しなく」アドバイス等もなく進展がなかったという。

　譲渡先の労働組合にも会社との交渉が終わった頃より数回会合し、労組間の状況、課題を協議した。組合が問題点などを提起したものの、譲渡先企業の組合からは1か月以上回答がない状況であったという。また、譲渡先労組との組合間の話が全て譲渡先の経営層に流れて、会社を通じて、再三圧力がかかってきたこともあり、正直に相談できる相手ではなかったという。

第4節　組織変動後の労働条件低下と労使関係

　S工場では、譲渡を機に解雇等の雇用削減は行われなかったものの、譲渡後、ほぼ全ての面で処遇が下がった。何よりも組合員の月例賃金は譲渡に伴う転籍で平均16％下がり、人によっては44.7％も下がった人がいて「死活問題」となったという[66]。また、年間労働時間も譲渡前は1800時間ほどであったが、譲渡後は2000時間に近かった。そして「転籍後、当面転勤はない」と言われたが、「3か月目に」転勤命令が出された。

66　30％を超える減額となった人は83人で、組合員の12.4％にのぼった。

譲渡後の譲渡先会社へ移ってから3か月目には競争力強化、人的リソースの更なる有効活用、広域事業展開による人員の適正配置の名の下、「有期異動」がなされたのだ。それは、譲渡先の活動であるSQE（Safety, Quality & Environment）活動を通じた人的生産性に着目したコスト改善活動であり、S工場、F工場の地区から、1000km以上離れている九州地区への転勤命令であった。異動に合わせ別居手当規程見直しでの減額（7万7500円から5万3000円へ[67]）なども並行して一方的に行われた。また、間接部門から直接部門への職務転換等も行われたが、それらの一方的な措置に伴い、退職者が増加した。結局、転勤等に関連した退職者は、譲渡から3年間、少なくとも160人ぐらいに達し、組合員数の約24％にのぼった。

　転勤の際に、面接も転勤又は退職のような二者択一の様な感じで[68]、今までの会社には無い譲渡先労使の対応があり、対応に苦慮したと組合は言う。転勤により生活が更に厳しくなることから転勤候補者の7割程度が退職した。また最後まで拒否した人（3人）は上司の指示に従わないとの理由で懲戒扱いとなり減給辞令、他に口頭では3年間昇給・賞与評価の引き下げが言いわたされたという。

　上記のとおり、譲渡後、多くの組合員が退職した。特に、転籍3か月目からは遠隔地への転勤命令がなされたことに伴う退職がメインであったが、譲渡先の組合本部には、「転勤は譲渡先会社のスキームであり、従わない者は辞めるべきである」ような雰囲気が醸成されていたという。退職理由は転勤命令の他に処遇面や職場雰囲気の変化など様々であった。その後、労働組合が問題提起[69]をし、その結果、有期異動（遠距離転勤）はなくなったという。

　労使関係についてみることにする。譲渡元企業の組合員は、12月21日、転籍とともにB社労組の組合員となった。そのため、譲渡元での労働協約が譲渡先に引き継がれることはなかった[70]。しかし、譲渡先企業の労働組合

67　譲渡前の2010年4月21日改定の別居手当は、1000km以上の場合、9万4500円であった。
68　「二者択一であんたの場所はここにはもうないですよと言われてしまうんです。じゃあ、行くだけ行って、あっちでやめる。そんな感じなんですね。酷い会社でしょう。目標もあるみたいですから。」
69　「あんなにやめさせるために譲渡したわけではない」と「騒いだ」という。
70　「労働協約は（譲渡先に：呉）持っていけないから、あっちの労働協約」の適用となっ

は、端的にいって「当時、組織的に機能していない」といって過言ではなかったという。組合の考え方や活動は、会社側の考え方の域を出ていなく、また、物事の決定も一部の人が行っていたという。そういう状態の中、譲渡元企業の組合が当たり前だと考えていることが通らなかった。譲渡先の労働協約では、「労使協議会でやった（協議した：呉）やつを組合員に見せてはいけない」という規定もあったほどだ[71]。

　会社の経営情報、特に数字的なものは開示されておらず、組合が会社の状況を正確に理解することは難しい面があった。また、上記のとおり、労使が「労働協議会を行ってもその内容を組合員に知らせちゃいけない協約」もあったくらいである。譲渡元企業グループの資本が譲渡先企業に全く入っていなかったので、特に転籍した幹部社員はかわいそうという有り様であったという。

　懲戒だらけ、減給は遣りすぎ、さらに転勤しなければ給与を減額する仕組みにも受け取れなくもないが、譲渡先企業の組合本部は、上記のとおり、「転勤は社長の言うスキームであり、転勤しないなら、何故、転籍したのだと言う始末」であったという。また、直近になり、転勤拒否による懲戒対象予定者が数十名という規模を知り、他所では聞かない異常事態でありＳ工場組合支部は本部に対し再度、見直しを指摘した。賃下げ行為、コストダウンともとれなくない会社側の意図が理解できない。処遇に関わる問題でありながら組合本部の動きが感じられない。会社のワンマンに物が言えない組織になっていたという。

　なお、譲渡先企業の労働組合は、2010年頃結成されて某産別組合に加入した。組合を結成し初代委員長であった者がそのままこの時点で人事部長となっており、また、会社側の製造長が組合委員長となっていた。組合本部の考え方は、「会社の考えそのまま」だったという。そのため、団交も労使協議もあまり意味のあるものになっていないと、次のような言及があった。「あれ、団交になっていないもん、いつも。あれは労使協議、最初に読み上げて、

　たという。
71　労働協約第90条は次のとおりである。「労使協議会において知り得た機密については、これを他に漏らしてはならない。」

あとは終わりだからね。前の委員長さんが人事部長さん、無礼講ですけれど
も、そういう話ばかり。」

　S工場の組合員は、前記のとおり、転籍とともに、ユニオン・ショップの
協定により、譲渡先企業別労働組合の組合員になった。譲渡元組合をそのま
ま維持するという選択肢もあったが、「後からなんだかんだというのは面倒
だな」という思いもあり、また、「会社側が２つの組合と交渉するのは大変
だろう」という思い、そして、譲渡で同じ会社になったから「組合も一体感
を持たせるために一緒になったほうがいいよね」という思いもあって、譲渡
先企業別組合に入ったという。と同時に、「自分のところの組合のサービス
低下にならなければいい」という思いもあり、当初、サービス低下はなかっ
たので、組合を解散し譲渡先企業別労働組合の組合員になったという。

　組合は、譲渡先企業別労働組合について、譲渡の前はよく分からず、「最
初から分かっていたら多分一緒にならないですね」と、述懐する。

　ちなみに最近、B社労組に変化がみられる。ブロック体制から支部体制に
変更されて、支部にも執行権が与えられるようになり、支部の影響力が高まっ
た。N社から半導体後工程を譲り受け、2015年夏、同譲渡に伴う転籍者が
組合員となったので、組合活動の変化が期待できるのである。譲渡に伴う転
籍者組合幹部は、2015年11月現在、組合組織体制の変更に向けて活動中で
あり、今後の動向が注目される。

　譲渡元企業のS工場労働組合委員長は、今回の譲渡を通じて一番残念な
ことを次のように述べている。すなわち、「譲渡後に譲渡先で受ける仕打ち
の方が大変である。慣れるまでの時間や労働条件や人事処遇なども含め戸惑
いがある。また譲渡先の経営側、組合側の立ち位置など、職場環境や根本的
な企業体質などは、交渉時には見えない部分であり、不明で理解されていな
い部分があり、転籍した組合員には諦め感があり、モチベーションが上がら
ない原因となっている。」

　譲渡後、転籍した労働者がモチベーションを保って能力を発揮していける
人事労務管理、労使関係のあり方をどう構築していくかが大きな課題として
残っている。

B社の労使は、上記の通り、譲渡後、転籍した組合員の不利益につながることを進めてきた。その要因としては、次のことが考えられる。1970年設立した同社は、中小企業であり、特定の企業の協力会社であった。そのため、大手企業でみられる信頼に基づく労使関係よりも会社が物事を一方的に決めて、それを組合が追認する形が多い。2009年から急速に規模を拡大して中小企業から一気に大企業となったものの、労使関係は従来の「中小企業の域を出ていない」[72]といえよう。労働組合も2010年前後に結成されたようで、組合を立ち上げた者が、前記の通り、この時点で人事部長、会社側の製造長が組合委員長となっている。また、外資系企業の資本割合がますます高くなり、今や発行株式の100％をアメリカ企業が持つようになっている。資本効率を高めるために、相手を尊重する労使関係が置き去りにされているのではないかと疑問視されても仕方がない。

現在の社長は、創業者の2代目に当たるとみられる。創業系の中小企業と外資系企業という2つの面を併せ持っているので、上記のような労使関係ができているといえよう。

第5節　工場閉鎖をめぐる動き

会社は、2016年1月19日、S工場とF工場の再編計画を発表した。その理由を「受注継続および競争力のある事業としての発展」としている。同再編計画によれば、両工場で生産しているものを北海道と九州にある工場に移管し、従業員については、「雇用維持を前提として順次、勤務地を変更する」とし、同計画は2017年6月末に完了するという。工場閉鎖の発表時期は、2012年譲渡の際に、譲渡元が転籍者の雇用や処遇を守るためのローディング補償期間が終わる直後に当たる。

会社は、前日である2016年1月18日、従業員に対し、10分ぐらいの説明会をしただけで、従業員から質問を受け付けなかったという。

72　組合幹部は、また、次のように同社の労使関係上において、会社の組合軽視の側面について語った。「町工場で大きくなってワンマンでいろいろやってきたから、それをずっと通してきたというのが今まであったんじゃないですか。」そして、企業情報については、「出さない、出さない。今まで春闘も労使協議会も何も出さないですよ。」

労働組合[73] は、工場閉鎖について 2016 年 1 月現在、「会社も何かやり方が
まずいんだよな。まずいんです」と言い、理解しがたいと言う。その理解し
がたさの理由についてみてみることにする。第 1 に、コストダウンという会
社の真意が分からないのである。「顧客のコストダウンで、それについてい
けないので閉鎖するみたいにしかとれないんですよ。」コストダウンを図る
ためには、まず、S 工場と F 工場を統合することが先であると組合は考える。
S 工場は半導体後工程製品の生産を行い、F 工場は主に製品の試験を行って
いるが、2 つの工程を統合すると、コスト削減につながる。そうしない会社
に対し、「コストダウン以外の何かの目的があるんじゃないですか」と、組
合は思わざるを得なくなるのだ。

　第 2 に、S 工場の方が、移管先よりも高い技術力を持ち、よい製品を作っ
ていると考えるからである。移管先の「北海道は今こうでしょう、うちらが
食わせてきたんでしょう、と技術連中にしてみれば。うちらの技術が欲しい
だけなんでしょう。そんなところに行っていられますかみたいな感じになっ
ちゃっているから。」

　第 3 に、雇用維持という会社の発言には実効性が乏しいのである。会社は、
「北海道と九州に（労働者を：呉）移して雇用を守るという言い分なんだろ
うけれども、実際は行けない人がほとんど」であると、組合は考えている。
それは、住居の移転を伴うからである。そのため、組合は「人員整理だろう
みたいな感じ」を抱いているのである。「1 回やっていますから、またこれ
かよっていう感じでね。[74]」結局、北海道と九州に「行くか（転勤に応じるか：
呉）やめるか、二者択一、そういう言い方をされたから、みんな頭にきちゃっ
たんです」と、組合幹部は、組合員の気持ちを語った。組合員の中で「行け
ない人がいっぱい出るだろうから、無理して解雇する必要がないよね」とい
うように、会社の雇用維持は言葉だけで実際は退職を促す工場閉鎖であり、
会社は、希望退職や整理解雇の費用を負わずに人員を削減することになると、
組合はみているのである。

73　ここで労働組合とは、S 工場の支部を指す。B 社労働組合は本部という。
74　譲渡後、「3 か月目」以降から早くも遠距離転勤を命じられて多くの組合員が会社を
　　辞めたことを指す。

第4に、二重の意味で会社に裏切られたという思いがある。1つは譲渡元企業とその企業グループ中核企業に裏切られたという思いがある。2012年、譲渡の際に、組合は、雇用維持を最優先に、組合の期待に大きく及ばぬ退職金加算金であってもそれを受け入れた経緯がある。しかし、工場閉鎖に伴う事実上の雇用削減は、「3年後、苦しみを後にとっておいただけで、その3年後にしたことによって、お金を払わないで済んだみたいな感じ」を、組合員が持つことになった。譲渡の際に、他工場の退職者には最大24か月の特別加算金を支払ったが、S工場の転籍者には10か月しか支払われなかった。今回の工場閉鎖が事実上の雇用削減につながれば、譲渡元企業やその企業グループの中核企業にとっては結果的に特別加算金を低くするための譲渡ともなり、組合は裏切られたと感じても過言ではない。もう1つは今の会社に裏切られたという思いがある。「今まで3年間頑張ってきて、雇用を守ったという気持ちがすごい強いんで、従業員も裏切られたという気持ちのほうが強いんです」というように、組合員は会社の発展と雇用の維持のために頑張ってきたと考えていたが、それに応えない会社に裏切られたという思いが強い。既述のとおり、譲渡交渉後、組合員の「転籍後の早期退職、人員削減はあり得るのか」という質問に、「（譲渡先の企業は：呉）更なる成長を目指している企業で、転籍後の早期退職、人員削減は無いと考えます」と回答をした組合は特に裏切られた思いを強く持っているのである。さらに、譲渡時の契約であった3年間ローディング補償期間が終わった直後の工場閉鎖の発表であったことも、裏切られた思いを強めたのである。

　以上のように、同社は、2012年の譲受工場を、2017年に閉鎖することを決めている。閉鎖する工場をなぜ譲り受けたのか。組合は次のようにみて、会社は十分利益を上げたという。「3年間は間違いなくローディング補償されていますから、それ以外に人を150人とか、すぐ減らしてコストダウンしてきていますから、ほんとうはその従業員を雇うためにローディング補償しているわけだから、ところが、やめさせる施策をいっぱいしていますから、それで人数は670人ぐらいが520～530人に減っているわけですし。それと、いろいろな材料とかいろいろものを全部変えていってコストダウン、このローディング補償されている分がなくなっても、コストダウンに耐えられる

ぐらいされてくるから、これプラス下がった分で結構利益が上がっていますよ。」組合によると、ローディング補償期間中、譲渡元が雇用維持を前提に補償しているから、従業員減少は会社の利益につながるという。組合は譲渡契約を見たことがないので、上記の組合の見方はどのくらい譲渡契約にあっているのかは確かではない。

2016年1月現在、組合幹部は、以上のように工場閉鎖に理解しがたい組合員に追い詰められている。「団体で来られちゃうから、俺もびびっちゃうんだけど」、「危うく殴られるんじゃないかと。いや、本当に冗談じゃなくて本当なんですよ」というように、組合員の憤怒は極めて強い。そう思うのは、上記の理解しがたい要因だけではなく、東日本大震災の被害地で、心の傷[75]を負いながら、地域の復旧・復興のためにも頑張ってきたその努力が虚しく感じられているからだと推測される。

第6節　まとめ

まず、この譲渡事例の主な内容を摘記すると次のとおりである。国内大手企業の半導体後工程を担っている孫会社のS工場が半導体後工程専門会社に譲渡された。不採算部門の切り離しといえよう。譲渡に伴い労働関係上、次のことが起きた。まず、第1に、賃金等の労働条件の大幅低下が発生した。譲渡に伴い、賃金は組合員平均で16%も下がり、人によっては40%以上も減り、「死活問題」となるほど労働条件が低下した。労働時間も年間約200時間増加した。

第2に、譲渡後、遠距離転勤に伴い多くの労働者が退職した。譲渡後3年間で約24%の組合員が退職した。その要因には、地元採用であり、遠距離転勤が難しいこともあったが、会社が一方的な命令を行い、また、別居手当を減額したことも挙げられる。

第3に、譲渡に伴う労働問題の解決は団交で図られた。労使協議では会社

75　組合員の中で、大震災で人的にも物質的にも被害を受けた人がいるという。ある組合幹部は震災でご両親と義理のお母さんを失ったという。

が組合の求める要求に応えておらず、結局、労働争議が伴いうる団交まで進んだ。その主要因は、特別加算金が組合要求水準にいたっていなかったことであるが、譲渡先の労働条件を組合員に示すことを拒まれたことも副要因であるといえる。

第4に、譲渡に伴い譲渡元の労働組合は解散し、組合員は譲渡先の組合に加入した。しかし、譲渡先の組合は、いわゆる企業寄りの考え方が強く、譲渡元における労使関係がその姿を消し、譲渡前の組合活動ができていない。組合の弱体化が発生したといえよう。

第5に、2017年予定のS工場の閉鎖に伴う事実上の雇用削減をふまえてみると、銘柄企業から距離があるほど組織再編は労働者に不利な内容をもたらすとみられる。2012年の譲渡は国内大手企業の孫会社に関わるもので、同大手企業が雇用保障や特別加算金の措置を支援したとみられる。対して譲渡先の企業は、外国企業の支援を得て、中小企業から急に企業規模を大きくし、今や100％外資系企業となった。また、知名度も低い同企業だからこそ、当該従業員の不理解の中、東日本大震災地工場の閉鎖を決断し実行していくのではないかと疑われても仕方ないのである。銘柄企業ではない企業による組織変動が労働者にどのような不利益を与えるのかを注視する必要がある。

政策的インプリケーションとしては、譲渡が円満に進むためには、譲渡先企業が自社の経営や労働条件等の情報を事前に譲渡元の企業、組合、さらには従業員に開示するようにすることが重要である。

次に、労働組合の存在意義をみてみると、次のとおりである。第1に、スムーズな譲渡契約の実行を支えた。会社は、労働組合に事前に譲渡契約を知らせた後、労使交渉を経て組合との合意の下、従業員に譲渡先の労働条件等について説明し、また、個別同意を取付けて、予定通り譲渡契約を実行することができた。労働組合の譲渡了承がなければ、こうした個別同意が順調に得られたのか不明である。組合の存在によって、譲渡契約の実行がスムーズに進んだといえよう。

第2に、労働条件の向上である。会社は譲渡協議の当初、退職特別加算を考えていなかったとみられる。労働組合は、それを強く求める労使協議を進めたが、膠着状態に陥った。それを打開するために、労使協議から団交に切

り替えた。4回の団交を経て、組合の求めている水準には達していなかったが、受け入れられる特別加算が提示された。特別加算は、労働組合の団交によって勝ち取られたといって過言ではない。

第3に、組合員の譲渡に対する納得感の向上である。上記の2つに関連するが、特別加算が支給されることで、組合員は譲渡に理解を示し、ほぼ全員譲渡に伴う転籍に同意した。特別加算だけではなく、組合が会社との協議・交渉を速報にて組合員に示したことも、会社の実態と譲渡への理解を高めたとみられる。

譲渡に伴う転籍の後、組合・組合員は大きな困難を抱えることになった。それは、遠隔地への転勤、別居手当の引き下げにより、転勤を受け入れられず、結局、多くの退職者を出すことになったからである。こうした問題点を事前に防ぐために次のような取組みが求められる。第1に、会社は、譲渡の際に、譲渡後の労働条件をより詳細に伝えておくべきである。会社が譲渡先の労働条件を開示することになぜ後ろ向きであったのか定かではないが、組合・組合員は、譲渡後遠隔地の転勤を予想できなかったので、戸惑いを抱くことになった。それだけではなく、別居手当の引き下げは、転勤そのものを拒否するような状況を作り出し、結局、低い人事評価とそれに伴う経済的な損失、さらには退職を導くように機能した。譲渡先企業は、退職に追い込むために遠隔地転勤や別居手当の引き下げを行ったといわれてもおかしくない。譲渡前に譲渡先の労働条件を正確かつ詳細に伝えて、組合員が的確な選択をするようにすべきである。また、一方的な労働条件の引き下げ（別居手当の引き下げ）の防止につながるような措置も必要ではないかと思われる。

第2に、譲渡元の企業として「本来やるべきリストラ施策等やるべきことをやってからの譲渡が筋ではないか」という組合の不信を今回のケースでは招いていた。譲渡後の大量の退職を鑑みると、人員削減はやむを得ないという状況だったのではないかと思われるが、そうであれば譲渡前に希望退職を募る等、組合・組合員がもっと納得できる形で退職を選ぶ選択肢を設けた方がよいのではないかとみられる。譲渡後の大量退職、また、それに対する組合・組合員の不信を招かないためにも、譲渡前に執るべき措置を執ることが重要であるとみられる。

譲渡に伴う転籍労働者の中では、転籍後、労働条件の引き下げ、転居を伴う転勤等により多くの人が退職した。譲渡時全員の転籍による雇用保障は、一瞬の措置であり、実態的に続いていない。その大きな要因は、転籍先企業が短期的な利益を追求するとみられる外資系企業であり、労働者・労働組合を尊重する姿勢を持たない同族企業であり、さらには、対等な労使関係が実現されていないことだといえよう。

労働者の雇用保障や処遇の維持・改善を図るためには、譲渡元のグループ中核企業が譲渡によって不採算部門を切り離すより[76]は、採算のとれる事業再生や組織変動をもっと真剣に検討すべきである。また、仮に譲渡の必要性があれば、譲渡先企業の選択をより慎重に行うべきであろう。Ｓ工場の閉鎖による事実上の雇用削減を考慮すると特にそうである。

産業政策の観点から日本の半導体産業全体を考えてみよう。日本の大手半導体企業３社は、譲渡を通じて、製造の後工程をＢ社に引き渡し、同社に後工程を委託している。Ｂ社が日本の他の半導体大手から後工程を譲り受け続ければ、いずれ独占化を果たすことになる。その時、100％外資系企業となった同社は委託料を引き上げることも考えられる。それにより、短期的には譲渡によって不採算部門の切り離しを行った措置が、特定企業の独占化を許し、結果的に工場閉鎖等に従い自社関係の雇用を失うとともに、委託料の引き上げ等による経営負担となることもあり得る。日本企業が長期的に雇用の保障と事業の発展の両立を図る戦略を他社とともに模索していくことが求められる。その模索の１つは、特定の企業が、自社で再編したい部門を他社が同様に持っている場合、その部門を引き受けて規模を拡大し、規模の経済性を発揮して競争力を高めていくことであろう。切り捨て縮小均衡ではなく集約拡大路線も積極的に模索すべきである。

---

76 組合は、「譲渡元の企業グループ中核企業がＢ社を買えばよかったんですよ」と指摘した。

【参考資料】

（労働組合提供資料）
　（2010）『議案書：第6回定期代議員大会』（2010年8月6日）
　（2010）『第6回定期代議員大会議案書別冊：大会総合資料』（2010年8月6日）
　（2011）『議案書：第7回定期代議員大会』（2011年8月5日）
　（2011）『第7回定期代議員大会議案書別冊：大会総合資料』（2011年8月5日）
　（2012）『議案書：第8回定期代議員大会』（2012年8月3日）
　（2012）『第8回定期代議員大会議案書別冊：大会総合資料』（2012年8月3日）
　（2012）「申入書：後工程事業の再編に関する件（譲渡の経緯、労働条件、機会損失に対する補償など）」（2012年8月31日）
　（2012）「組合機関紙：譲渡に関する会社との交渉について」（2012年9月10日）
　（2012）「組合機関紙交渉速報No.2：労働協議会から団体交渉へ」（2012年9月14日）
　（2012）「組合機関紙交渉速報No.3：第3回団体交渉経過」（2012年9月15日）
　（2012）「組合機関紙交渉速報No.4：会社提案は最低限の合意できる水準であり交渉団は集約方向を確認」（2012年9月21日）
　（2012）「譲渡に関する意見・要望・質問事項について」（2012年10月3日）
　（2013）『B労組第4回定期大会議案書』（2013年8月31日）
　（2014）『B労組第5回定期大会議案書』（2014年8月31日）
　（2014）「労働協約書」（2014年4月1日）
　（2015）『B労組第6回定期大会議案書』（2015年8月29日）
　（2016）「再編について（質問・要望事項）」（2016年1月25日）

第3章

C社の企業組織再編と労使関係（「C事例」、分割）[77]

第1節　会社および労働組合の概要

　C社は、日本の電機メーカーである。1940年代の創業以来、多数の製品を次々と生み出してきたが、2008年リーマン・ショック以降、製品の価格競争激化や円高の影響等により厳しい経営環境に直面しており、そこからの再生が最優先課題とされている。その中で、「何とか会社として企業活動を継続し、存続し続け、そしてしっかりと発展していくために、経営資源をあるときには集中させる必要性が数年間続いた」といえる。

　同社は、2012年に発表した経営方針において、コア事業の強化や新規事業の創出、事業ポートフォリオの見直しなどを挙げ、経営のさらなる健全化を目指した。その中で、事業ポートフォリオの見直しでは、「事業の集中と選択を加速し、重点・新規領域に向けた投資を強化することにより、高収益体質への構造改革を継続していくこと」とし、「投資強化領域を特定する」と同時に、「それ以外の事業領域においては、事業の継続性・発展性を判断し、他社との提携や譲渡などの可能性も含めて検討し、ポートフォリオの組み換えを実施して」いくことを決めた。

　このような方針に従い、後述のような企業組織再編が進められている。

　ちなみに、同社の業績は、リーマン・ショック以降、東日本大震災等により、厳しい状況が続いた。売上高は2010年度からほぼ一貫して減少しており、また、経常利益も純利益も3～4年間赤字が続いたが、14年度は両方とも黒字を記録した。従業員数は、一貫して減少している。

77　同社の事例研究のため、2016年1月19日に労政グループ総括課長ら3人、また2016年2月16日に同社労働組合の委員長と書記長にヒアリング調査を行った。誠意を尽くして貴重なお話と資料の提供をしてくださった諸氏にこの場を借りて心より感謝の意を表する。

C社は、ユニオン・ショップ協定を有しておらず、社内に2つの労働組合が存在している。一つは組合員数千人規模であり、もう一つは数十名規模の組合である。会社は、企業組織再編に関する情報を、両方に通知しているが、ここでは多数組合である前者との労使協議、組合としての対応をみることにする。

この組合は、2016年現在、「働きがいを感じる労働環境の構築」と「エンプロイアビリティ（雇用される能力）向上サポート」を軸に、活動を行っている。「働きがいを感じる労働環境の構築」は、利用し易い会社制度（両立支援など）の構築と運用の適正化、労働対価（月額給与、賞与など）の維持・向上や労働環境（働きがい、人間関係など）の充実、会社経営の重要課題に対する解決案の策定に分けられる。また、「エンプロイアビリティ（雇用される能力）向上サポート」は、大きくビジネスパーソンとしての役割を果たすために必要なリソース（アビリティ、スキル、知識、人的ネットワークなど）の取得・向上サポートと会社生活やプライベートな時間での充実感（健康の維持／増進、人間関係の調和、自己成長、余暇充実など）の維持・向上サポートに分けられる。組合が近年力を入れているのは、エンプロイアビリティ向上サポートである。同活動では、組合員の知識・スキル向上につながるセミナー、研修会を多く開いている。それを通じて、「組合員が優秀になってほしい」と期待している。もちろん、会社も社員教育に力を入れているが、組合は、特定の分野あるいは会社以上の教育を組合員に提供して、メンバーが組合員たる特典を享受してもらうようにしている。

同組合の組合員は、全従業員の20〜30％を占めるだけで[78]、過半数組合ではない。組合は、効果的に勤務面や安全衛生面などに取組むために、毎年自ら各事業所の社員代表を推薦し、署名活動を行っている。つまり、この労働組合は、社員代表の推薦母体となっている。社員代表の任期は1年である。社員代表は、36協定の締結、就業規則の変更の際、意見聴取等を中心に過半数代表者に与えられている法的な役割を果たしている。

組合は、毎年1月にそれぞれの事業所で社員代表候補を選び、ビラなどで

---

78 労働組合員は、同社だけではなく、子会社などに出向している人もいるので、正確に従業員の何％であるかは分からない。

社員に告知して、社員の署名を集める方法で社員代表を選んでいる。最終的に8割以上の署名が集められる。代表候補は組合員であり、中には支部長の場合もある。

なお、組合専従者は、完全専従、部分専従、それぞれ1人ずつである。組合費は賃金の1%、上限5000円である。

第2節　最近の企業組織再編の動向と再編の雇用原則

2008年リーマン・ショック以降数年間、前記のとおり、選択と集中という大きな方針の下、組織再編をC社は展開した。再編の主な形態は、事業譲渡、会社分割である。

会社は再編時の労働契約の円滑移行および再編後の雇用安定という大原則は大変に重要な考慮要素であるとして次のように語った。「再編した先での将来が危ないような形の再編をやってしまうと、社員の不幸ということになるとともに、現実上、再編に向けての社員の自主退職者が増えるというリスクを抱える。その場合、契約の成立の前提となる社員の充分な移籍者が確保できない、という問題が発生するため、再編後の事業継続性が重要な判断ポイントである」。すなわち、再編後、雇用不安や労働条件の引き下げ等が予想されれば、従業員は再編を機に退職する可能性があり、さらに退職者が多く出て労働契約が円滑に移行されなければ、再編そのものが成り立たないおそれがある。そういう意味で、この大原則が極めて重要視されている。

他社との再編であると、「再編後の労働条件の行く末といったところを自社で決めることができない」ので、慎重を期す必要がある。したがって、再編を検討する際には、給与や労働条件が再編時点で劇的に下がるということのない会社分割および労働契約承継というスキームは、大きな選択肢となる。

再編の類型は、企業間の再編交渉の中で決まるもので、特定の傾向があるとは限らない。具体的に再編の形態別にみてみると、まず事業譲渡の場合は、従業員に個別同意を得て、転籍させることになる。この場合、基本的に譲渡先が欲しい人材はハイ・パフォーマーに限定されることが多いが、同社としては、対象事業に従事している社員は等しく転籍いただくことを想定してい

る。そのため、「人材の選別」という観点から譲渡元と譲渡先の合意を図ることが必ずしも容易ではない。その場合、会社分割・労働契約承継法がとられることがあるが、場合によっては、Ｃ社側従業員の給与が高く、労働契約承継法の適用を嫌った相手先企業との交渉で事業譲渡に落ち着いたという事案も過去に存在した。

会社分割は、事業譲渡で起こるような「人材の選別」といった問題を解決して、分割対象の全員が再編先に転籍するという利点がある。また、分割対象事業に主として勤めている労働者が転籍しないとその事業の継続が困難になるが、そのような問題を解決するのにも会社分割は有効である。いっぽうで、「Ｃ社の看板を背負って今まで生きてきたんだと。それに誇りを持ってきたのに、別の会社に行けなんてどういうことだ」という従業員の戸惑いや怒りが生じる可能性があるため、当事者の理解と協力を得るように慎重に分割のプロセスを進める必要があるという。

とはいえ、あくまでも事業再編というビジネス上の目的が優先であって、単に「労働契約をどうしよう」という動機から会社再編が行われることはない。ただ、「労働契約がどうなるか」、という観点は重要な側面の一つなので、事業譲渡か、会社分割かということ自体、後々労働契約の取扱いに大きく影響を及ぼす。ゆえに人事部門も再編検討の初期段階からメンバーに入っていって交渉に当たる。分割は、労働条件がそのまま承継会社に引き継がれるので、転籍にあたり労働条件の変更をめぐる問題がないため、交渉上の課題を解決・縮小する意味で大きな意義を感じているという。

第３節　会社分割の３事例と労使協議

ここでは、最近、行った分割の３つの事例について具体的に考察することにする。その前に、分割時に行われる労使協議の共通原則についてみてみることにする。

1. 分割および労使協議の共通原則

会社は、分割の際にプレスリリースするが、その前後、もしくは同時に、

2つの労働組合に通知し、協議を行う。組合は、原則、会社からの通知内容について労使協議を実施する。その中で、個別対応の方が効果的と判断したものは、労使協議ではなく個別確認を実施している。

とはいえ、分割の規模や従業員への影響が大きいと判断した事案については、基本的には労使協議を行っている。協議後、議事録を作成して、組合員に対してそれを配布するというところでもって労使協議は終了する。

労使協議は、1つの分割事案につき、必要に応じて2回以上行うこともある。それは、組合員が個別協議で納得できない場合や、追加の確認事項が生じた場合である。

会社は、社内に存在する2つの労働組合との協議の前後に、事業所ごとの社員代表に対しても分割に関する[79]説明会を行う。これが、組合との協議も含めて7条措置に当たるとみられる。説明会では、社員代表は、疑義があれば適宜会社側と質疑応答を行う。社員代表は、基本的に組合員であるので、説明会に行く前に分割・労働契約承継の内容について、プレスリリース当日[80]に出される組合の速報を読んで、「既に知っている」状態である。そういう意味で、組合は、説明会をより意味のあるものにしているといえよう。社員代表に対する説明会は、組合側では議事録にとりまとめることがなく(会社側は議事録を残している)、また、社員代表が自分の事業所に戻って、説明会の内容を社員に知らせることもない。したがって、一般の従業員は「7条措置」である説明会の内容詳細を知ることは原則ない。

組合員であれば、組合がプレスリリース当日に行う会社との協議内容を速報を通じて知ることができるが、非組合員の場合、会社からの対象社員に対する職場説明会や個人面談[81]でしか再編の状況を知ることができない。しか

79　社員代表の選出や役割は前記したが、もう少し詳しく記すと次のとおりである。組合が毎年1月頃事業所ごとに代表の候補者を選定してその推薦理由を書き、代議員会で承認を受ける。候補者の名前と顔写真入りの署名用紙を用意して各事業所で署名を集めるが、署名した者の割合は概ね8割にのぼる。そして2月に選出する。その後、社員代表を集めた勉強会を開き、組合の執行委員が社員代表として必要な労働法などの知識を伝える。また、社員代表の役割は、36協定をはじめとする各種協定の締結、安全衛生委員の推薦、労使委員の指名、超勤申請の審査と承認等である。内容によっては、その職場のマネジメントと直接コミュニケーションをとって協議を行うが、主に長時間労働の抑制のための協議である。
80　都合により何日間か後になることもある。
81　具体的には各事業所の人事が行っている。

し、分割自体は社内イントラネットなどで公開され、対象事業や目的、時期などの大枠は知り得る状況である。

　また、プレスリリースの後、分割対象者全員を集めて行われる職場説明会では、経営層から再編の意図等が説明される。基本的には、組合に説明した内容とほぼ同じであるが、これらの対象者向け説明会では、他社との統合の場合、新会社のトップが新会社のビジョンを示して、C社社員には是非新会社に来てもらいたい、といった期待感を示してモチベーションの維持向上が図られることが多い。

　個人面談では、上司が時間をとって、承継の対象者であるかどうか等を説明する。分割先会社が労働条件を合わせていくために承継後の労働条件変更の意志を明らかにしている場合には、一定期間後、承継先の労使協議を経て労働条件は変更される可能性があることも伝える。その際、納得しない労働者には何回も説明する。場合によっては上司の格を上げるか、人事部門も入って説明を行う。多くの場合、個別面談1回で対象者は納得し終わるが、数回行う場合もある。組合員の場合、具体的な相談は各職場にある執行委員があたっているが、執行委員は、場合によっては、会社から関連内容を確認し、当事者にその内容を伝えることもある。

　会社は承継対象者と少なくとも4回はコミュニケーションをとる機会を設けている。基本合意書の締結、確定契約の締結に行われる2つの職場説明会、個別面談、そして分割時の労働契約の通知である。

　会社は、再編にあたり、以上の協議のほかに、専用のホームページをつくり、5条協議の社員面談の中で出てきた代表的な質問とその回答（Q & A）を掲載し、追加のものも随時アップデートすることもある。

　分割では、労働契約が自動的に承継されるとともに、労働条件もそうである。同社では、過半数組合ではない組合と締結したものであっても、承継先にそれが引き継がれることになる（同社では、就業規則の大きな変更の際には、必ず、労働組合との協議を行なっている）。つまり、承継先会社では、承継前の就業規則がそのままで適用される。ちなみに、同社では、労働協約の内容がイコール就業規則になっている。もし、就業規則の不利益変更の場合は、組合の同意を得ること、すなわち労働協約を締結することが必要とな

る。

　労働条件の承継は、分割後概ね1年まで継続させるケースがほとんどである。それは、労働条件を変えていくためには、承継後1年間かけて労使協議をしてくことが必要ではないかという思いからそれを相手先企業へ希望し、その希望が受け入れられているからである。

　また、労働組合は、組合員が分割・労働契約承継で再編先に転籍し、その先で労働組合を立ち上げる場合は、規約作成サポートや資金提供といった支援を行っている。

2. 分割と労使協議の実態
（1）A事業

　会社は、2011年夏、「A事業の事業統合に関する基本合意書」の締結について複数社との事業統合を発表した。その後、同年初冬に、上記事業統合の正式契約の締結についてプレスリリースした。これは、この事業に関して今後さらなる成長を目指すためには一定の投資が必要であり、一企業だけではそれが難しいと判断した結果といえよう。

　会社は、基本合意書と正式契約締結それぞれのプレスリリースにあたり、組合と2回の協議を実施した。なお、協議には、労働組合側からは、主に書記長が参加している。主な協議の内容は次のとおりである。

　第1に、基本合意書締結に至った趣旨・背景・目的についての詳細な説明を求める組合の質問に対して、会社は、事業の成長見込みを示しながら、C社単独では旺盛な顧客の要請に対応できないこと、統合により規模の利益を享受できること、新規生産ラインの新設等の成長戦略を展開することができること、そして、複数社の統合による技術的優位性の強化、営業ネットワークの拡大が見込まれること、と答えた。

　第2に、分割部門と転籍者の人数、また、勤務地等の確認を行った。

　第3に、承継法を適用した理由を問う組合に対し、会社は、「対象部門の在籍者が競争優位性を強化していくために大変重要であり、契約上の重要な条件となっているため」であると回答した。

　第4に、労働契約や労働条件の承継の有無に関する組合の問いに対し、会

社は、「包括的に労働契約が承継されるので、基本的に労働条件も現状のまま引き継がれること、すなわち、移籍時に就業規則を始めとする諸規則や賃金等は現在のまま移籍先に承継される。ただし、1年後に各社の人事制度を統合する予定であり、その際には新会社において必要な労使間のプロセスを経て決定される」と回答した。

　第5に、今後のスケジュールについての組合の問いには、基本合意書締結の際には、プレスリリース後、各事業所での説明を経た上、約1か月後から個別面談を行う予定であること、また、正式契約締結の際には、直後に人事部門による説明会の開催、その後、承継者との協議および労働契約に関する協議を進めていき、2か月後には移籍対象者や組合への正式通知、さらには一定の要件を満たす人からの異議申出の機会を経て移籍対象者を確定し、その後、春に向けて移籍の手続きを行う予定であると回答した。

　分割・統合は、C社本体は会社分割で、同時に再編される子会社についてはそのまま株式を譲渡するという形で行われた。上記の職場説明会では、C社も子会社も移籍対象者をそれぞれの事業所に集めて、オンラインで同時中継で結び、それぞれの現地のトップがその場に同席しながら、一番上の役員の声が同時に複数拠点でも聞けるような形で趣旨の説明が行われた。

　労働組合は、今回の分割が労働契約承継法を使う初めての再編であったので、「組合メンバーの不安や不満の声が大変多かった」という。そのため、執行部が再編対象職場に行き、「メンバーとリアルコミュニケーションをとって、そこで集めた声をふまえて、会社に申し入れて労使協議をした。また、普段は対象職場に行かない委員長までが現地にいって、何度か相当な人数のメンバーを集めて説明した。」

（2）B事業

　同社は、2012年に「B事業の譲渡[82]に向けた基本合意書の締結について」と題するプレスリリースを出した。これは、同社のB事業について別法人

82　同社では、「譲渡」という用語を使っているが、内容は分割である。

に譲渡するというものであった。「事業ポートフォリオの見直し」を推進する中で、今回の譲渡が同事業の更なる成長と高収益体質の持続を図る上で最適であるという判断の結果である。同事業は、「一定の利益を生み、いまのままでも十分やっていけるくらいの事業であった」が、譲渡益を他の注力事業に投与していくために譲渡を決断した色彩が強い。

　その4か月後に正式契約の締結、さらに3か月後に譲渡完了のプレスリリースがあった。組合は、プレスリリースごとに会社と協議を行った。ここでは主に、正式契約の締結の際に行った協議内容を中心に見ることにする。

　組合は、2012年、基本合意書の締結の通知を受けて、会社との協議を行った。主な協議内容は次のとおりである。まず、第1に、基本合意締結に至った趣旨・背景・目的に関する組合の問いに対し、会社は、同事業が「新製品の開発およびプロセス技術の高さを強みとし、事業拡大の大きな潜在力を有しているが、更なる成長を目指すにあたっては継続的な投資が必須であること」、「中長期的な成長と高収益体質の持続を図るのに最適な」譲渡先であることを挙げた。

　第2に、譲渡の詳細についての組合の問いについては、会社は、子会社の事業の中で、B事業を分割して譲渡するとともに、譲渡の対象は、子会社のほかに、C社本体の関連事業を含むことを明らかにした。

　第3に、譲渡対象数および勤務地に変更がないことを組合に説明した。

　第4に、譲渡事業に従事する従業員の転籍は契約上の重要な条件であることも組合に示すとともに、労働契約承継法に基づいて、C社から当該子会社に出向している社員は、当該子会社に転籍・承継されると説明した。

　第5に、C社からの出向者には、労働契約承継に伴い、出向先の子会社ではなくC社の就業規則が承継されるので、基本的な労働条件が引き継がれることも明らかにした。

　第6に、なぜ、出向のままにしないのかという組合の質問に対して、「対象事業に主として従事する社員の皆さんの参画が大変重要である」こと等を総合的に判断した結果であると答えた。

　第7に、今後のスケジュールについては、対象者との個別協議の実施期間を明示し、その数か月後には個人宛に正式な通知を行う予定であることを示

した。

　この時、主たる従事者は全員承継されたが、「主たる従事者という形で構成できない、あるいは、従たる従事者（間接部門）であるが、承継先にどうしても行って頂きたい社員」については、個別同意を取って移籍させた。「従たる従事者」を無理に分割対象に含めた場合、異議申出提出のリスクがあったため、個々にコミュニケーションを深めて移籍を実現させたわけである。

　B事業では、「事業譲渡を前向きにとらえている社員も多かった」という。

　なお、承継先の企業についてみてみると、2015年3月末現在、従業員数は約2000人強であり、ここ2年間の業績としては、売上高が2年連続で600億円台、営業利益率も10％超と極めて高い。

（3）C事業

　会社は、2014年夏にC事業の分割と複数会社による新会社の設立について、プレスリリースした。

　会社は、プレスリリース以降、7条措置（労働者の理解と協力）を行い、晩夏から5条協議（マネジメント・社員説明）を進めて、10月には2条通知を行う予定を立てた。11月からは新会社移籍に向けての準備を行い、2015年初頭には移籍を完了するとした。

　労使協議は、プレスリリース当日に行われたが、主な内容をみてみると次のとおりである。まず、第1に、分割・統合の背景についての組合質疑に対し、会社は、自社と他社の優れた技術・人財・ノウハウを結集・融合して開発スピードを加速するとともに、同事業では量産技術の確立と製品化には技術的な難易度も高く、1社で独自に開発および事業化を進めるのは困難であると説明した。

　第2に、新会社に分割・承継される範囲に関する組合の質問に対し、会社は、同分野の基盤技術とそれに関わる人材、知的財産、開発設備等であり、それ以外の分野は会社に残ると説明した。

　第3に、労働契約や労働条件の承継、そして適用従業員数についての組合の問いに、会社は、分割対象部門に在籍する社員の労働契約は新会社に引き継がれること、また、移籍時点で処遇等の基本的労働条件は維持されること、

また、対象人員数を示した。同分野に在籍している者の承継が契約上でも大切な要件となっているので、対象者全員の承継が規定される承継法を使うことも合わせて説明した。

第4に、今後のスケジュールについては、上記した内容を示した。

組合は、また、労働契約の承継にあたり、労働者の理解と協力を得られるように、個別の事情を認識した上で、対象者に対して「面談等を通じてしっかりとした趣旨・背景および今後の展望を説明するなど真摯な対応をお願いする」とともに、今後も組合員の声を集め会社と協議を行いたいという考えがあることを告げた。

再編先企業には、統合後に数百億円程度の投資が見込まれているという。

上記の3つの事例は、「既に利益のあるものが将来的にＣ社を離れて、もっと大きな投資を呼ぶところで集まったほうが成長が望めるもの」であると判断され、分割されたものである。分割は、主たる従事者の場合、個人の同意がなくても再編先に転籍となるが、「Ｃ社の従業員であることに誇りをもっている」ので、これを機に退職する人もあり得る。それを最大限回避するためにも、労働組合や社員の納得を得る形で進める必要がある。特に、同社では、「人事異動にはモチベーションを高くもって参加することがビジネス上にもプラスになるという判断も含めて、本人の意思を尊重するという社内文化」がある中で、逆に「分割」は本人の同意なしに進めることができてしまうだけに、なおさら本人の理解と協力を得るための最善の努力を尽くしている。

異議申出権のある従たる従事者については、分割契約書に労働契約承継を明記せずに、個別同意をとって転籍を行うことがある。そのほうが、より社員の意思が尊重され、結果としてスムーズな移籍が実現できると考えているためだ。

分割にあたり、会社が「最もあって欲しくないことと考えられること」は、行った先で程なく早期退職、希望退職募集が行われてしまうことである。これまで会社は、行った先で事業の発展があるからということを社員に説明し、納得感を高めた上で会社分割を進めてきたのに、直後に早期退職や希望退職

募集が行われると「その趣旨に反したものになってしまう」からである[83]。そういう事例があると、「会社分割という手法自体への不信感につながりかねない。」

第4節　まとめ

　同社は、事業の集中と選択を加速させている中、事業ポートフォリオの組み換えを進めている。その一環が、事業譲渡、分割（統合）等の企業組織再編である。労働契約の円滑移行および再編後の雇用安定という大原則の下、再編対象者にマイナスの影響がないように、むしろ再編事業の成長可能性を見込んで、再編を進めている。また、人事異動の際にモチベーションを高く持つように本人の意思を尊重するという社内文化もある。

　3つの分割事例についてみてみたが、その主要内容は次のとおりである。まず、第1に、分割対象事業はいずれも成長可能性があるが、1社だけでは今後も競争力を持ち続けていくことは困難であり、同事業の他社との統合が望ましいと判断された結果行われた再編であった。1つの事例（B事業）では、事業譲渡対価を他の集中事業の投資に回した。

　第2に、分割は、同社だけではなく、子会社も含めて進められた。特に、A事業とB事業では、分割対象者数の面で子会社が同社の数倍に及んだ。また、対象子会社に出向している同社の社員は、まず、子会社に転籍し、その後、再編先の企業に雇用が引き継がれた。

　第3に、再編後、再編先企業の業績は好調であり、そのうち、B事業の再編先は利益率が極めて高い。C事業の再編先は発足したばかりなので業績の情報はまだ発表されていないが、近い将来に多額の投資が見込まれている。いずれの再編先も成長可能性が高いと言えるが、外国の競合他社に比べてどのくらいの競争力を維持・向上させるかが課題である。

　第4に、再編に伴う労働契約の承継は、主たる従事者の場合、分割契約書に記載したが、従たる従事者は同書に記載せずに個別同意を得て再編先に転

83　人事部門担当者は、「私見であるが、分割後の希望退職ぐらいは規制してもいいんじゃないか」という。

籍した。しかし、該当者は極めて少ない。再編を機に退職する者も少数いたが、その中に、同社社員であることに誇りを高く持っていた人も含まれていたと見られる。会社は、労働契約の承継が分割・統合契約上、極めて重要な条件となっているので、対象者全員が再編先に転籍することを重視しており、退職者が出ることを望んでいない。労働条件は、そのまま、承継されている。

労働契約承継法に照らし合わせた上で、同社の分割事例を考察すると次のとおりである。まず、第1に、7条措置（労働者の理解と協力）であるが、同社は、再編のプレスリリースの前に、組合に再編の内容を通知した。組合は、会社との協議を持ち、議事録の速報を作成して、プレスリリース当日に組合員に発信した。同労組は過半数組合ではない。そのため、会社は、プレスリリースの後、各事業所の社員代表を集めて、プレスリリースの内容を説明した。概ね、社員代表は、会社との協議を行うことはないが、疑義があれば適宜会社側と質疑応答を行うことはあった。

第2に、5条協議では、会社は、基本合意や正式合意に関するプレスリリースと同時か直後に、再編対象者の職場で全員を集めて、プレスリリース内容を説明した。その後、個別面談（これも5条協議）を行い、最後に正式通知をした。以上、少なくとも4回にわたって再編対象者に再編内容を伝える機会を持った。理解が進まない場合、説明者の格を上げたり、人事部門が入ったりすることもあり、場合によっては何回も個別面談をすることもあった。また、再編の規模によっては、社内専用のホームページを設けて、個別面談の中で起きてきた代表的な質問とその回答を掲載することもあった。

第3に、2条通知である。通知は分割契約の承認2週間前に行うが、今まで労働契約の承継または不承継について異議申出があったことはない。それは、上記の再編の内容や労使の慎重な対応のほかに、主たる従事者の承継を契約書に記載しないこともなければ、従たる従事者を記載することもないからである。従たる従事者に対しては、個別同意を得て再編先に転籍するようにした。労働者の同意がどこまで自由意思によるものかは確認できていないが、日々、人事異動の際に、労働者のモチベーションを重視して個人の意見を尊重するという同社の社内文化からみる限り、かなり自由意思が反映されていたといって過言ではないだろう。主たる従事者か従たる従事者かは分か

らないが、再編を機に退職する者もいるのも、自由意思の1つの表現といえよう。

　次に、再編における労働組合の存在意義についてみることにする。同社では、前記のとおり、2つの労働組合があるが、多数組合でさえも過半数組合ではない。しかし、その組合は、再編につき、次のような役割・存在意義を発揮していた。第1に、7条措置の担い手としてである。組合は、再編のプレスリリースごとに会社と協議を持ち、その内容を速報にとりまとめて組合員に発信した。また、会社は社員代表を集めてプレスリリースの内容を伝えたが、組合は社員代表の選出を主導した。同社員代表は基本的に組合員である。社員代表は、事業所ごとに、組合が候補者を立てて、従業員8割以上の署名を集めて選ばれている。社員代表は、説明会参加の際、既に組合の速報を入手し労使の再編協議内容を知っており、説明の理解度が高い状態にあった。組合は、社員代表の説明会をより意義あるものにしたと言えよう。こういう組合の存在に対し、会社は、「労働組合との交渉なくしては社員のスムーズな移籍も含めて実現しない」と、高く評価している。

　第2に、5条協議においても組合は重要な役割を果たした。再編の対象者の中には、上司や人事部門との個別面談で、「会社には直接言いにくく、納得していない」と思われる者もいた。その際、「対象者からすると会社に質問するより組合に質問したほうがいろいろ聞ける、言いやすく」、組合が5条協議の実質性をいっそう担保していたと言える。もちろん、そういう組合の活動は組合員に限られる。

　第3に、労働条件決定の実質的な担い手としてである。同社では、労働協約の内容がイコール就業規則になっている。組合は就業規則の大きな変更部分に関与し、その就業規則がそのまま再編先にも承継された。同組合は、少数組合であるが、多数の非組合員の労働条件も決定していたと言えよう。なお、労働条件はそのまま承継されるが、他社との統合の際には、約1年後には労働条件も統合・変更されることが多い。これは、譲渡先、分割先の会社の意向によって、労働条件の変更を希望されることによる。労働条件が維持される期間は特に定められているわけではなく、労働条件の変更にはそのくらいの労使協議の時間がかかるからだという。

以上、労働組合の存在意義は大きいが、組合員数は減り続けている。その要因の1つにも企業組織再編がある。最近の分社化・子会社化に伴い、組合員も分散している。組合が同社の本体だけではなく、子会社にも組織化をすすめ、個別企業での過半数組合、さらには企業グループの組合を束ねることで、グループ経営を進めている企業に対応できる体制をどう整えていくのかが重要課題である。

　分割について会社の課題としては、7条措置で組合と社員代表との協議をしていたものの、それがどのくらい実質的なものであったのかを検証すべき点が挙げられる。繰り返し言うが、組合は過半数組合ではないので、全従業員を代表しているわけではない。また、社員代表は、過半数以上の社員を代表しているが、再編内容を社員に伝えたり、また、それに関する意見を吸い上げたりした上で意思決定をするわけではない。すなわち、組合や社員代表が理解と協力をしてもそれが完全に実効性を担保しているとは言い切れない。しかしながら、同社で分割に伴い問題が発生したことはない。その主因は「会社の人事が優しい」ことにあると考える。その延長線上に、「一番やっちゃいけないのは、（分割で労働者が：呉）行った先で早期退職、希望退職」[84]であるという会社の発言がある。現行の労働契約承継法は、同社のようにいわゆる性善説に立つ企業に典型的に適用されるべきではないか。その性善説に立つ企業は、どちらかといえば、銘柄の企業ほどその可能性が高いだろう。そうではない企業には、労働契約承継法の持続的な利用および企業組織再編の円滑化に対し労働者からの理解と協力がいっそう得られやすくするために、一定の規制を加えることも必要ではないかと考えられる。

【参考資料】

（会社提供資料）

　「社員代表・労働組合との協議（7条措置）」

84　人事部門担当者は、「会社分割後の短期間での希望退職とか、そういうところはちょっと控えるべきだと思う」という。

（労働組合提供資料）

（2011）「組合機関紙」（2011 年 8 月 31 日、11 月 15 日）

（2012）「組合機関紙」（2012 年 3 月 22 日、6 月 28 日）

（2014）「組合機関紙」（2014 年 8 月 4 日）

第4章

D社の企業組織再編と労使関係（「D事例」、分割）[85]

第1節　会社および労働組合の概要

　D社は、「人々に感動を与えるような技術と、ものづくりへの情熱によって、安心・安全で豊かな生活を営むことができるたしかな未来を提供していく」という強い意志をもって経営を推進している。また、同社は、2015年事業計画において、目指す企業像として、「たゆみない技術力の強化と研磨、経営の革新および変化と多様性への適応により、世界の発展に貢献し、ともに成長を続ける」ものであると示し、目標として、「差別化可能な事業領域への集中と多様な外力取込みによる、強い競争力と世界水準の顧客満足度、高い市場シェアの実現」を挙げている。「M&Aやアライアンスを駆使し、技術の先進性と信頼性、ライフサイクル・サービスの品質、ならびにコスト面において継続的に競争力を高めていく」ことは、この目標の実現のためである。

　同社の企業組織再編も、以上の企業像と目標を達成するため約10年前から進められた「選択と集中」の経営戦略の下、展開されてきたといえよう。

　下の［図表2-4-1］は、2000年度から同社の企業グループ連結業績を表している。2004年と2009年、業績が大きく下がったことがあるが、その後、特に、2010年度以降、急速に業績を伸ばしている。

85　同社の事例研究のために、2016年1月20日、会社の人事労務担当者、4月13日、同社労働組合の書記長にヒアリング調査を行った。貴重なお話とともに大切な資料をご提供頂いた両氏にこの場をかりて厚くお礼申し上げる。

[図表 2-4-1] D社の経営実績の推移（単位：億円）

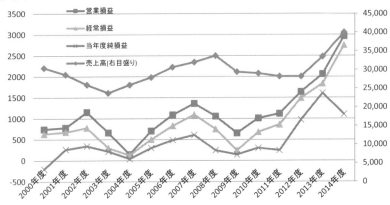

出所：同社のホームページ

　同社は、2016年1月現在、全国に13の工場を有しており、作っている製品数は約600にのぼる。また、2016年3月31日現在、従業員数は単独では約2万人であるが、企業グループの連結では約8万4000人である。従業員数は、単独ベースでは減り、連結ベースでは増加しつつあるが、過去10年間、約33％増加した。

　同社には企業別労働組合がある。2004年、組合員数は約3万6000人に達したが、その後、若干の増減をしながら、2012年から減り、2015年は3万人を割り込んだ。全国に13の支部を有しており、産別としては基幹労連に加盟している。

第2節　直近の企業組織再編の流れとその原則

1．再編の流れと原則

　同社では、企業組織再編は、基本的に「自前主義・メジャー出資」を指向してきた。その典型的な姿が、分社化・子会社化の際に100％の出資にこだわっている点にみられる。同社の再編は、大きく3つのシーズンに分けることが出来る（再編の推移は［図表 2-4-2］）。

　まず、第1シーズンは、2005年前後までであるが、業績が低迷する事業

を立て直すために本体から同事業を引き出して子会社化した。費用削減を狙って行った事業再編であった。事業運営上の理由としては、「意思決定の迅速化」と「機動的な事業運営」、そして「間接部門の削減」が挙げられる。

分社化に伴う人員措置はすべて出向であり、雇用と労働条件は基本的に出向前と変わらない。出向は、定年退職するまで続くもので、いわゆる在籍出向である。分社化しても出向によって雇用を保障しているが、結果的に100人くらいの退職者が出たことがある。それは、1000人くらいが勤めている工場が3つの会社に分割され、その際に100人の従業員が依願退職した結果である。分社化に伴って人員が減ったのはこれが唯一といってよい。このように、同社では従業員の雇用は守られているが、それは、「歴代の経営トップが『雇用は守る』ということをはっきりと明言して」きた結果[86]という。

第2シーズンは、前向きかつ他社との提携を行なった2013年までの時期である。数的には、引き続き、赤字対策で100%出資の子会社化が多かったものの、例外的な再編が行われた。それは、DH輸送機への出資比率を高めてフォークリフト事業をさらに拡大し、グローバルマーケットの中で勝ち抜ける体制をつくっていこうという前向きな再編であり、他社と手を組んだ初めてのケースである。このケースでも同社はメジャー出資を目指していたが、相手企業は上場しており、株式の持ち分を50%以上持つと上場廃止となるので、49%に留めている[87]。

第3シーズンは、2013年以降の時期に当たり、世界水準の競争力確保をめざし、差別化可能な事業領域への集中、そして多様な外力取込みを行っている。その典型的な再編が、火力発電部門を分割しDH社の火力発電部門と統合して設立した火力発電システム事業である（詳細は後述）。

86　2016年、労働組合との新年の挨拶会において、社長は、「今後事業が厳しくなる中で、いろんな手を打つけれども、雇用は絶対守ります」と明言したという。
87　しかし、議決権を持たない株をもっており、議決権を持っている株とあわせると約65%にのぼる。そういう意味ではメジャー出資原則に合致している。

[図表 2-4-2] 分社化・子会社化等の企業組織再編の推移

実施時期	対象事業（所在地等）	相手先	異動人員	人員取扱い	その他
① 2005	立体駐車場（新設）事業（神奈川：横浜製作所）	Dパーキング（株）（100％子会社）	42名	出向	
② 2010/4	コンプレッサ事業（広島：広島製作所）	Dコンプレッサ（株）（100％子会社）	226名	出向	
③ 2012/4	搬送システム事業およびゴム・タイヤ事業（広島：広島製作所）	Dマシナリーテクノロジー（株）（100％子会社）	208名	出向	
④ 2012/7	メイキエンジン事業（神奈川：相模原製作所）	Dエンジンシステム（株）（100％子会社）	132名	出向	
⑤ 2013/1	カーエアコン事業（愛知：名古屋冷熱製作所）	Dオートモービルサーマルシステムズ（株）（100％子会社）	171名	出向	
⑥ 2013/4	フォークリフト事業（神奈川：相模原製作所）	DH輸送機（株）（ニチユDフォークリフト（株）を設立）	93名	出向	当社議決権比率：49％（筆頭株主）
⑦ 2013/10	舶用機械・エンジン事業（長崎・長崎造船所 他）	D舶用機械エンジン（株）（100％子会社）	217名	出向	
⑧ 2013/10	国内産業用火力事業（神奈川：横浜製作所 他）	MHIプラントエンジニアリング（株）（100％子会社）	183名	出向	
⑨ 2014/2	火力発電システム事業（兵庫：高砂製作所 他）	DH社（DHパワーシステムズ（株）を設立）	8,471名	承継転籍	出資：D社65％
⑩ 2014/10	民間航空機用エンジン事業（愛知：名古屋誘導推進システム製作所）	D航空エンジン（株）（100％子会社）	272名	出向	
⑪ 2015/10	長崎地区商船事業（長崎：長崎造船所）	D船体（株）／D船舶海洋（株）（100％子会社）	2社計867名	出向	
⑫ 2015/10	〔子会社〕搬送システム事業（広島：広島製作所）	DS重機械搬送システム（株）	140名	出向	出資：D社マイナー所在地：愛媛県
⑬ 2015/10・11	油圧機械・加速器・ITS事業（兵庫：神戸造船所 他）	Dメカトロシステムズ（株）（100％子会社）	485名	出向	
⑭ 2015/10	工作機械事業（滋賀：工作機械事業部）	D工作機械（株）（100％子会社）	876名	出向	

注：太線の⑨が後述の分割事業である。
出所：同社提供資料

　この時期、再編原則から外れる事実上初めての事例は搬送システム事業の分社化であり、マイナー出資である。また、この搬送システム事業の再編で

は、住居の変更[88]を伴う出向人事を行った。それは、提携相手先の所在している地域が遠く離れていたからである。住居の変更を伴う出向も初めてのことであったので、労働組合との交渉上、かなりハードルの高い難しいケースであったという。

同社では、以上のように、企業組織再編においては、自前主義・メジャー出資を原則としているが、最近は例外事例が発生し、また、在籍出向という人事も、分割化に伴う転籍によって変化がみられるようになった。

分社化・子会社化は、場合によっては、既に販売やアフターサービスを行っている子会社と統合する形（いわゆる製販一体化）で行われることもあるが、その時は、再編のメリットをいっそう高めることができる。

過去約10年間行ってきた分社化・子会社化（[図表2-4-2]参照）は、事業として全て「上向きになってきつつある」という。そういう意味では、同社の再編は成功であるといってよかろう。

2. 再編時の雇用と労働条件のあり方および労使関係

再編時の雇用と労働条件のあり方について、より具体的にみていくことにする。分社化・子会社化に伴って同社の従業員がそこに人事異動するが、それは、原則、在籍出向の形である。労働組合員の場合、定年退職するまで出向し続ける在籍出向である。ただし、出向者の労務費は基本的に出向先が全部支払い、出向元の同社が補填することはない。出向者の処遇は出向先のプロパー従業員にくらべて高いことが多い[89]。出向に伴うモチベーション低下が懸念されるケースもあるが、最大限そうならないようにメンタリティーの部分で訴えている。例えば、「最後の経営改善策として分社化・子会社化したが、それでも業績がよくならなければ最後の最後の対策は、もう事業を止めるしかない」、そうならないように「事業を盛り立てていくことで頑張りましょう」という形で、モチベーションを保つように促しているのだ。

現業部門のブルーカラーに対しては、居住地変更を伴うような配置転換を

---

88 広島県から愛媛県へ。
89 管理職の場合、出向者は、概ね52歳〜55.5歳で出向先に転籍することになるが、その際、出向先と出向元との賃金の定年までの差額が補填される。

極力回避してきたが、2013年、低操業の工場から名古屋の高操業の事業所に約300名を段階的に配置転換したことがある。その際、できるだけ同一職種間での配置転換をするように心がけていたものの、同じ職種でも製品が異なると求められる仕事の精度の違いもあり、難しいこともあった。また、2015年、前記のとおり、マイナー出資の際に、提携相手先の職場に転居を伴う異動を行うこともあった。

　これまでの雇用保障は、「生まれた土地で、なおかつ同社の社員として雇用を守るというのが労働組合の大原則」であった。しかし、企業組織再編等の状況変化に伴い、「場所が変わる」、同社だけではなく「グループとしての雇用を守るというふうに舵をきろうとしつつある」というふうに変化の兆しが現れている。その変化の1つとして住居の移転を伴う出向もあったが、それは前記のとおり、マイナー出資の場合である。これは組合交渉上かなりハードルの高い案件であったものの、「他社と手を組まないと、あるいは、マイナー出資をしてでもやっていかないと、もう勝ち残れない」時代であるということを組合に理解してもらい、認めてもらったものである。

　これまで分社化・子会社化をやらなかったら、当該事業は「会社としてもうやめるしかない。」雇用を守るとしても、その事業に勤めている従業員は、まとまってどこかの他事業所に異動することが難しく、別々の事業所に分散して配置転換することになったり、あるいは、「長年身につけた職種というのも活かせない職種に転換していただくしかなくな」ったりすることになる。しかし、労働組合の理解・協力もあって、そういう事例はあまりない。

　例外は、既述のとおり、DS重機械搬送システムとの提携である。再編部門の従業員は、統合後の事業の先行きに対して強い不安を抱いていたので、そのメンタリティーを変えることに「相当苦労した」という。そのため、万一、その新会社が「だめになるときは、企業グループとして雇用はきちんと守る」と明言した[90]。その結果、在籍出向に応じてもらったという。しかし、転居を伴う出向であったので、労働組合は、会社からの正式な提案を受ける

---

[90]　明言しなくても雇用保障は、「長年の労使の信頼関係という中で、ある意味、暗黙の保障はなされている」のである。しかし、出向先では、「いつまでD社にしがみついているんだ」という声もある。

前に、出向先に行き、職場の確認だけではなく、生活拠点、福利厚生等を事前に調査したという。

ただし、管理職の場合、組合員とは違って、子会社化に伴う転籍がある。その際は転籍先で将来的に下がる賃金を退職金に上積みするという対処がなされている。

全体的に企業組織再編を行っても絶対雇用を保障することを貫くことで、最終的には「組合員さんにも、ああ、（再編を：呉）やってよかったね」という評価を得ている、と会社は認識している。

同社の労使関係では、分社化、後述の分割等を含めて、会社がそれを「労働組合に正式に提案した時点で、組合はもう会社と一心同体になってくれる」関係になっており、会社の「提案したことについて、基本的には労働組合のノーはない[91]。」そのため、会社は、組合に正式な提案をする前に、相当時間をかけて事前説明をする。「組合の了承なしでは会社はやれない」という認識を会社は持っているためだ。そして組合は、了承を示すために、3か月なり、半年なりの時間をかけながら、会社からの提案を正式なテーブルにもっていくのである。

会社が組織再編の提案を組合にして以降は、「組合が逆に会社になりかわって組合員を説得してくれるという慣行ができあがっている」[92]。そういう意味で、会社の人事労政関係者は、「組合の意見を代弁して経営陣にもの申すこともあれば、経営陣の言葉を代弁して組合に押し込む」こともある。

同社の組合は、「会社の役職者が批判されるということは、イコール組合も批判されていることだ。会社側の経営力が足りないとなると、組合のチェック機能が悪いということになるし、組合の発展がないときには会社の労務屋

---

91 「（提案を：呉）テーブルにのっけて、テーブルをひっくり返すことは、我々（＝組合：呉）の中ではまずない」と、組合は言う。組合は、正式なテーブルにのせる前に、関係する支部等に事前に確認をとり、組合内部、また、会社との間で色々なキャッチボールをしながら、どのように正式テーブルにもっていくかと考えることになる。事案によって幅はあるが、それにかかる期間は3か月～半年である。テーブルにのせるまでは、関係支部レベルでの確認、本部レベルでの確認がとられる。支部レベルの確認をとるのは、支部も労働組合の法人格をもっているからである。基本的に再編等に関係支部の抵抗が強かったら無理だという。

92 「会社から提案を受けるということは、組合としても理解をするということなんで、逆に組合が責任を持たんといかん。会社任せにするよりも、やっぱり受けた以上は組合としても責任を持たないといかん」という考え方を組合は持っている。

も体力がない」ことを意味しており、「労使は背中合わせだ」あるいは「労使は車の両輪[93]、相互信頼だ」と、表現している。

労使は背中合わせであるがゆえに、お互いに厳しいことも言うが、それによって労使の信頼関係が崩れることはなく、もっと深まることになるのである。

第3節　会社分割・統合の事例：DHパワーシステムズ

同社では、上記のとおり、主に分社化を中心に企業組織再編を展開してきたが、会社分割法に基づいて初めての会社分割を行った。その事例を具体的に考察することにする。

1.分割・統合の趣旨

DHパワーシステムズは、D社が65％、DH社が35％出資して2014年2月に発足した会社であり、両社の火力発電分野が分割・統合される形で作られた。具体的な事業の内容は、火力発電、地熱発電システム事業、環境装置、燃料電池事業、その他付随事業である。この分割・統合は、「GE、シーメンス、アルストムという世界の強豪と伍していける体制をつくるという唯一無二の目的」を達成するために行われた。

同社の分割・統合プロセスをみてみると、次のとおりである。2012年11月29日、D社とDH社がそれぞれの取締役会において、火力発電システム事業を統合して共同で運営することを決議し、基本合意した。火力発電分野のガスタービンについては、D社が高効率の大型機種に注力する一方、DH

93　これは、「片方のタイヤだけで動くと、ぐるぐる回ったり、違う方向に行ったりするんで、両輪が同じ回転をしないと、車は真っ直ぐに進まない」ことを意味している。こうした考え方は、次のような歴史的な教訓から生まれてきたものである。すなわち、「我々は、階級至上主義じゃないのと同時に、さっき言った、こっちでかなり会社がやられてきたんです。会社の施策に対して何でも反対、何でも反対で、労働者が旗振ってストライキばかりやっていると会社は利益が出ないんです。やっぱり民主主義的な労働組合を立ち上げたとき（概ね1960年代：呉）に、会社の方針に対して建設的な組合としての意見を言う。生活の糧はやっぱり会社なんで、会社の経営なくして組合員の生活はないものですから、経営に対しても組合として責任を持つ。だから、施策に対して意見は言うけれども、意見を言った以上は対応していく。」「テーブルにのっけて、テーブルをひっくり返すことは、我々の中では、まずないんです。」

社は中小型機種に注力しており、また、地域的にも、前者が東南アジアや中東などで強みを持つ一方、後者は欧州やアフリカなどの市場で強みを発揮するなど、両社は製品や地域において異なる強みを持つがゆえに、統合効果が大きく期待できるとみられたためである。両社は、この統合により、「効率的で安定した経営基盤の構築をすすめ、事業統合によるシナジーを追求しグローバルな展開を加速するとともに、両社の総合力と技術・製品事業面の相乗・補完効果を最大限引き出すことで、火力発電システム分野におけるグローバルトップのリーディングカンパニーを目指」したのである。

両社は、2013年6月、統合契約書を締結し、同年7月、分割契約書を締結するとともに取締役会において同契約の承認を決議した。同分割契約書には次の内容が含まれている。D社が両社の火力発電分野を承継するための承継会社をつくること、分割部門事業の明記、同事業に関する資産・負債その他の権利義務並びに契約上の地位を承継すること、債務履行の見込みがあること、分割部門の経営成績および資産、統合後の統合会社の概要等である。

また、両社は、2014年1月、契約の効力発行[94]を目指して手続きを進めていくことにした。

2．分割をめぐる労使協議
（1）中央労使協議の展開

D社は、分割をめぐって後述の正式な労使協議を行ったが、その前に、分割・統合の内容をプレス発表直前に対象の労働組合（本部、支部）の幹部に知らせた。会社担当者は、再編に直接関わる4つの支部と本部に行き、説明を行い、今後のプレス発表予定についても知らせた。その際に、これはインサイダー情報であるので、「守秘義務の誓約書に判子を押してもらった」[95]という。誓約書には次のことが記載されていた。①極めて機密性の高いものであることを認識する。②諸規則に従い厳に機密として管理するとともに本件に関してのみ使用する。また、指示があれば一切の情報を廃棄または返還する。③

94　実際は、諸外国での独占禁止法関係の審査の影響で予定より若干遅れ、2013年6月に最終契約書の締結、また、2014年2月、契約の効力発行となった。
95　労働組合は委員長が組織の代表として判子を押す。

退職後も社内、家族、友人その他第三者に一切漏洩しない。④インサイダー取引規制の対象となるインサイダー情報に該当する可能性が高いことを十分に認識し、関連する金融商品の取引を名義の如何を問わず一切しない。また、その取引を薦めること等もしない。⑤本誓約書に違反した場合、厳しい社内処分および法的責任を課せられうることを十分認識する[96]。

　会社は、前記のとおり、2012年11月29日、基本合意をプレス発表したが、その約3週間後の2012年12月18日、第230回「中央経営協議会」[97]を開き、プレス発表した基本合意内容を組合に公式に説明した[98]。組合は、それに対し、事業統合の背景・理由とタイミング、事業統合の範囲、分割後の会社経営のあり方、事業統合のメリット等の8項目にわたって質疑し、会社より回答をえた。会社は、回答の中で、電源入札化による価格競争のいっそうの激化、小規模自家発案件の増加等による国内原動機市場の変化も統合の要因となっていること、両社分割・統合により製品ラインナップの拡充、顧客の補完による市場カバレージの拡大、バーゲニングパワーの発揮や調達拠点の相互活用などによる調達力の強化もメリットとして期待されること、また、分割転籍者の規模は約8000人であること等を示した。

　2013年3月29日、第230回「中央経営協議会その2」では、会社が統合新会社の概要、分割範囲および転籍者の取扱いについて提案を行い、それに対して組合が質疑を行った。まず、会社は、新会社の概要として、従業員数が約1万1000人、グループ会社の従業員数が1万3000人（全従業員の約1/3の規模である）と、グループ全体で約2万4000人にのぼること、転籍者の中では個別転籍の場合もあること、また、統合会社への異動部署および異動の範囲（全部または一部）と異動人員数の詳細、労働条件・諸制度の承継可否および統合会社に引き継がれる項目の概要、さらに、承継法の概要等を説明した。組合は、新会社の事業計画とその戦略について質疑し、会社より売上高を約1.5〜約2倍に引き上げること、集中購買を進めての調達コス

96　こうした誓約書は、以前、再編がらみで相手企業の株価が少し変な値動きをしたことで、東証の調査が入ったことの影響を受けてつくられたものである。インサイダー取引の疑いは、結果的には違法性のない「シロ」であったという。
97　労使の最高の決議機関である。
98　約10年前は、労働組合に正式な提案をしてからプレス発表をしていたが、最近は組合の理解もあってプレス発表の後、正式な提案をすることになっている。

トの低減、重複排除による投資負担の軽減などの事業計画を具体的に引き出した。

組合は、組合内部で十分検討の上、後日、「組合態度」としてとりまとめる旨の発言を行った。

2013年4月23日、第230回「中央経営協議会その3」が開催されて、組合委員長より同分割・統合に対する「組合態度」が示された。組合は、分割・統合をめぐる協議を3回にわたって行った上で、正式に分割・統合を了承したのである。「組合態度」の主な内容は、次のとおりである。第1に、今回の分割・統合対象事業は、連結売上高で約30%を占める中核事業として、企業グループの発展に大きく貢献するものである。第2に、承継法に基づく転籍というこれまでに例のない施策であり、組合として非常に重く受け止めている。第3に、計画どおりの受注確保が難しい中、海外の強力な競合他社と伍し、将来にわたり事業を強化・発展させていくことが、組合員の雇用の確保、ひいては安心した生活基盤の構築につながるものであると、前向きに進もうと決断した。第4に、本施策の必要性について組合員に理解を求めていき、異動の対象者が承継転籍について正しく理解できるよう十分に説明するとともに、実際の運用にあたって課題・問題が出てきた場合、統合新会社も含めた労使間において知恵を出し合い、適切に対処していくことが重要である。第5に、新会社の事業計画・運営等の詳細部分について、組合員の不安を払拭するためにも迅速な検討、また組合に対し前広な説明が必要不可欠である。以上のような「組合態度」を表明するとともに、事業統合の詳細については別途改めて協議を行うことを前提に、次の意見・要望を付して「大綱了承するので、今後の取り組みや事業運営、詳細内容の策定時に十分反映されたい」と要請した。

その意見・要望は、大きく4つに分かれている。第1に、統合新会社の詳細・運営について労使間で情報を共有し、共通の認識の下で進めていくことが必要であるので、迅速な検討に努めるとともに前広に組合に説明・協議してほしい。第2に、統合新会社における承継転籍の運用について対象の組合員に制度の内容を十分かつ丁寧な説明を行うとともに、法令に定める個別協議および事前通知を確実に実施し、理解と納得が得られるように努めること。ま

た、承継転籍の実際の運用に際して課題・問題が発生した場合には、労使で知恵を出し合い解決していく必要があるため真摯に対応してもらいたい。第3に、今後の承継転籍の運用については労使で十分に協議した上判断すべきである。そして、第4に、労使関係・労使協議について、新会社においても、これまで築き上げてきた良好な労使関係を引き続き維持・発展させていくことが前提であり、今後の各種経営協議会のあり方の検討も含め具体的な労使協議の運営にあたっては真摯に対応してもらいたい。

　会社は、「組合態度」に対し謝意を示した。さらに、意見・要望を念頭において今後の経営に活かしていくとともに、様々な課題を労使で力を合わせて乗り越えていきたいという考えを表明した。

　労使は、第230回「中央経営協議会その3」の話合いをふまえて、2013年5月9日、第319回「中央生産委員会」を開き、分割・統合の検討状況および今後の取進めについて協議した。まず、会社は、統合の検討状況と承継法に基づく労働者との個別協議と書面による本人通知について、簡易吸収分割であること、5月中旬頃から個別協議の開始、分割契約締結日の後、2週間の本人通知と通知から約2週間異議申出というスケジュールを示した。組合は、会社の説明に対し、より詳細な説明と経緯を求めた。

　6月13日に開かれた「中央生産委員会その2」では、会社が事業統合の概要、事業統合のスキーム、新会社への移管範囲等について説明を行った。組合は、移管範囲、新会社の事業計画、事業運営体制、そして今後のスケジュールについて質し、会社からより詳細な説明をもらった。

　7月29日は、「中央生産委員会その3」が開かれて、組合は「組合建議」を示した。建議事項は次の3つである。第1に、統合新会社の立ち上げについて、円滑な立ち上げとその進捗状況を逐次組合に説明すること、第2に、個別転籍取扱いの制度化について、検討を加速化し早期に組合に提示すること、そして、第3に、承継法関連手続きについて、法規制に則り適切に運用するとともに、それぞれの対象者に意を尽くして対応することであった。

　会社は、「組合建議」に謝意を示すとともに、今後の事業運営に活かしていくこと、また、労使で力を合わせて、新会社立ち上げの課題を乗り越えていく上で、組合・組合員の理解と協力を依頼した。

労使は、2013年9月26日、第347回「中央労務委員会その1」を開催した。会社は、個別転籍について、承継転籍と取扱い上の差異が生じない形で個別同意を取得のうえ新会社に転籍すること、統合後の新会社への移動も原則個別転籍とすること、転籍の際には原則として転籍前の労働条件と同一とし、転籍時点の職群等級・勤続年数・休暇残日数等を新会社に引き継ぐこと、これらを表明するとともに、転籍取扱いなどの詳細について提案した。組合は、会社の提案に対する基本的考え方、賃金・貯蓄および持株会、退職時付加ポイントの考え方、統合相手工場への転入者への対応、そして社員証・人事システムなどの取扱いについて質疑を行った。

10月24日に開催された2回目「中央労務委員会」では、組合が「組合態度」を示し、次の意見・要望を付し、会社の提案を「大綱了承するので、新会社発足に向け、万全を期して対応されること」を要請した。組合の意見・要望は4つに分けられている。第1に、転籍対象者への説明について、個別転籍の取扱いは承継転籍と同一であることから、対象者の不安払拭に向け細部にわたり十分な説明を行うこと、第2に、統合相手企業の工場への転任取扱いについて、対象者に対し勤務時間等を十分説明すること、第3に、今後のフォローについて、1社2制度の労働条件運用面で問題が生じないように、また、労働条件の統一に向けた検討において労使が一体となることが重要でもあるため、前広に情報提供を行い、実施にあたっては別途協議体を設けてほしい。そして第4に、各種取扱いについて、社員証・作業服・人事システムなどの進捗状況を適宜説明するとともに、その他細部事項についても十分協議の上、遺漏なく対応すること、であった。会社は、「組合態度」の表明に対し謝意を示すとともに、新会社での一体感醸成のための将来的な制度統合についても組合に前広に相談することにし、組合・組合員の理解・協力を要請した。

以上のように、労使は、2012年12月18日より「中央経営協議会」、2013年5月9日より「中央生産委員会」をそれぞれ3回行い、また、2013年9月26日より「中央労務委員会」を2回行ったが、各会の最後には、組合が「組合態度」または「組合建議」を示しながら分割について大綱了承することを示したのち、会社に対する意見・要望を表明した。会社は、「組合態度」に謝意とともに、意見・要望にそって分割・統合を進めていくことを表明し

た[99]。労使の話合いは、回を重ねるごとに分割・統合に関する内容が全体的なものから具体的なものに展開していった。組合は、初めての承継分割に伴う転籍という今までの在籍出向とは異なる人事であること、また、適用される承継法があることから、承継転籍の適法性の徹底化、前広な情報提供、十分な説明と協議を求めたが、会社もそれに応えた。それにより、分割・統合および承継転籍に対する組合・組合員の理解と協力を得られる形での企業組織再編が順調に進められた。

　ただ、労使協議の中で議論になったこともあった。それは、新会社の将来性について定量的に説明することが非常に難しかったこと、また新会社での雇用保障であった。前者について会社は、「売上高を約1.5倍〜2倍に引き上げること」と概略的に示すことしか出来なかった。組合は、そうした会社の方針を信頼しているが、それは日々の労務担当者の姿勢を評価しているからである。「組合の意見を代弁して経営陣にもの申すこともあれば、経営陣の言葉を代弁して組合に押し込むこともございますので、下手をすると、どっちからも嫌われる。」労務担当者は、「本当に会社の利益代弁の役割を51％、組合・労働者の利益代弁の役割を49％という割合で労務の仕事を行うという信念を持たないと、この仕事はできない」と言い表すほど、労使双方の利害を公平に考えて企業組織再編を進めたのだ。後者の雇用保障については、もし、分割・統合の結果、その会社が「だめになったときはどうしてくれるんだというのも一番難しかった」が、「その会社が倒産したときは、仮に転籍になっても、絶対（雇用：呉）保障するというのは口を酸っぱくしていっていた。」それは、労使協議の場で公式に回答したので、議事録として文書化されているのである。ただ、雇用保障には、「やっぱり長年の労使慣行というのがあり、明文化しようがしまいが、そこは変わりない」という方針が貫かれている。雇用保障について組合員を安心させたのは、幸いに分割・統合に伴う組合員の異動がないということであった。従って、「働いている人は環境（家庭環境も勤務地も）が何も変わらなかった。」「籍、作業服とヘル

99　こういう労使協議は、支部レベルでも行われている。従って、労使協議は、支部と本部「二段階方式」で進められている。

メットの色が変わるだけ」であった[100]。

（2）職場における労使協議の実際

　会社は、2013 年 4 月 23 日、「中央経営協議会その 3」において示された「組合態度」の表明の後、各職場で説明会を開き、分割法に基づき分割・承継にかかわる事柄を説明し、分割契約書が取締役会で承認されたその日から分割の影響を受ける労働者を主たる労働者と従たる労働者に分けて、それぞれ個人的に説明を行った。主たる労働者の線引きは、製品に携わる人たちは、ほぼ 100％でわかりやすい。問題になるのは経理、調達等の間接部門である。そこで、分割対象業務への従事比率が 50％以上というのを基準にして個別に人を選別した。「ただ、50％というのも多分に感覚的なものになってしまう」という。承継対象労働者を決める際に、ボーダーの人で異議を唱えた人は、1 ～ 2 人いたが、「承継ということをよく理解されていなくて、何となく行きたくないみたいな感じ」であったが、「承継ということなので労働条件も心配しなくていいですよとご説明をしたら、すぐそれはご理解を頂けましたので、従たる線引きのところで問題になったケースは基本的にない」という。

　前記のとおり、会社が職場ごと（課単位）に説明会を開き、説明を行ったが、当該の労働者と個別に協議しているわけではない。基本的に関連情報は集団的な説明という形で流れていくのみである[101]。ある面、個別協議の余地がないといっていい。それは、第 2 回目の中央経営協議会において、詳細な承継対象部門を決めて知らせており、また、該当者は、前記の労使協議内容を組合のニュースや組合または会社の職場説明会において周知され、分割・統合の情報を具体的に得ていたとみられるからである。組合の職場説明についてその仕組みを簡単にみてみると、次のとおりである。労働組合が分割・統合に関連する情報を組合員に伝えるのは、基本的には支部の役員が会社から説明を受けると、それを職場委員に伝えて、職場委員が組合員に説明を行うと

---

100 しかし、最初は「D 社から離れる、また、承継転籍といいつつも先では労働条件が変わる、低下するんじゃないか」という不安要素があったという。
101 自分の素直な意思を相手に伝えて、場合によっては、相手の方針に反することも自由にいうという意味の協議はあり得ない。実際の現場ではそれは「無理ですよ。それ（会社の方針）に盾突いたら、やめろとか、いろんなことを言われるから、多分言えない」のが実情である。

いう形で進められたが、支部の役員が直接組合員に説明することもあった。「理解を示さない人には何度でも足を運ぶ」形で承継転籍に対する理解を得るように取組んだ。このように、労働組合が分割・統合、それに伴う承継転籍に組合員の理解を得る取組みを行ったのは、「会社から提案を受けるということは、組合としても理解をするということなんで、逆に組合が責任を持たんといかん。会社任せにするよりも、やっぱり受けた以上は組合としても責任を持たないといかんので」という方針があるからである。会社に「関係者にしっかり説明してくれということは、イコール自分たちもやります」という意味で組合は今回の分割・統合にも対応したのである。

　労働契約承継法に則って、同事業部門の従業員は全員新しい会社に転籍することになった。それは、同社では初めてのことであった。しかし、労働組合は、同転籍について「思ったよりはスムーズに受け入れて頂いた」と考える。それは、上記の労使の協議・説明のほか、統合の相手が「立派な企業」であること、また、グローバル競争の中で、「単独では GE、シーメンスには勝てない」、そして、「事業を伸ばす上では最善策である」ということを従業員や組合が理解しており、さらには、「組合員の異動がない」[102] ためであった。

3. 雇用・労働条件の承継と相手企業との統合

　分割・承継に伴う人事は初めから転籍によって行われたが、それは初めてのケースであった。その分、組合との交渉はハードルが高かったが、前記の労使協議を通じて、それを乗り越えることが出来た。

　統合相手企業との関係についてみてみると、2012 年 12 月、両社がそれぞれ統合準備委員会を立ち上げた。また、人事ワーキングチームを作り、統合が佳境に入ったときは毎週定例のミーティングを行い、会社の統合、人員配置等を決めていった。雇用・労働条件は、基本的に統合の新会社に承継されることになった。労働契約承継は、事業分野がはっきりしているので主たる労働者の選定には問題がなかったが、経理などの間接分野では、線引きは明確ではなく従たる労働者と分類される。従たる労働者には、個別転籍を願い、

102「地域にお墓がある」ということも異動をしたがらないことの一要因といえよう。

それに応じてもらう形で転籍が行われた。「主たるか従たるかという線引きのところで問題になったケースは基本的になかった。」線引きが労使の間で議論になったことはない。そのくらい、承継対象となる事業に携わる者は明確にわかった。また、前記のように、分割・統合を提案する最初の段階で、移管対象を詳細に示したことも議論にならなかった理由の1つといえよう[103]。

統合会社では、両社の人事処遇制度の統合に向けて、2014年10月に「制度統合労使検討委員会」を中心に、メインの労働条件をD社の制度をベースに検討を重ね、そこで得た案をそれぞれの組合に提案した。その結果、2016年4月に人事制度、処遇制度が統合することになった。人事制度、処遇制度の統合については、最初、具体的な時期を組合に明言しておらず、「大体、2年ぐらい先を見据えて統合したい」との言及であった。したがって、「2年間は変わらない」ことになった。実際、人事・処遇制度の統合は、下準備まで半年、正式提案から統合まで半年、合わせて1年以上はかかった。

その間、処遇をめぐる問題は発生しなかったが、それは、統合の両社の従業員が同じ工場で働くことが基本的にないからである。本社の事務所では、両社の従業員が混じって勤めており、両社従業員間の賃金のでこぼこがあったものの、間もなく統合になるということで、議論になることはなかった[104]。

両社の統合に伴い、一般の組合員のレベルでは、人事の異動は基本的になかった。ただし、課長級以上（特に部長クラス）の役職者に対しては意図的に統合相手の企業に異動させることはあった。

今後、複数の工場で作られている製品を1つの工場に集約するなどより効率的な生産体制をつくっていくことに伴い、現場の労働者も統合の相手企業の工場に異動することも本格的に行われる可能性がある。それに伴い、特定地域での雇用保障という概念が薄れていく可能性がある。

なお、組合は、新設会社との間で、現在の会社と同一の内容となる労働協

---

103 もちろん、前記のとおり、組合員の中では、分割・統合に不安がなかったとはいえない。その1つが、D社に愛着をもっているのに、そこから離れること。第2に、承継転籍で将来労働条件が下がるのではないかという不安であった。
104 あったとすれば、自動車保険の団体扱いの割引率が違うくらいである。

約を、2014年4月に締結した。

4. 労働組合の再編

　労働組合の再編については、統合した部門の労働組合両者が2017年10月組織統合することにしている。同社労組は、統合新設組合と一体となった組織としての活動に向けて、グループ労働組合連合会の設立を目指している[105]。また、会社のドメイン制による事業運営が推進される中、会社の組織体制に対応する労使協議体制の構築についても検討することにしている。これらの組合組織再編は、近年、企業の事業会社化、グループ会社への事業移管、事業所制から事業部制・ドメイン制への移行など、矢継ぎ早に経営諸施策が実施されていることへの対応である。2013年の定期大会では、そのための「組織検討委員会」を設置することとした。なお、統合新設組合は、親会社労組を通じて、基幹労連に加入することが決まっている。

5. 労働政策への要望

　同社では、既述のように、長年の労使関係があるから、「いまの承継法で十分やっていける」と考えている。同社のように非常に保守的な会社でも、企業組織再編をしていかないと、国内市場がシュリンクしていく中、もはや事業は成り立って行かない。すなわち、雇用が成り立って行かない時代である。「現在の国内市場とかを見据えた、我々の企業再編活動が難しくなるような改正だけはよくお考え頂ければ」と指摘する。再編が難しくなるような法律改正はやってほしくない。例えば、「債務の履行に関する見込みを一律に定量的に何か出せ」という証明資料の提出を求められることが挙げられる。同社では、債務履行の見込みについては労使の信頼関係でカバーできるものであり、そもそも具体的な資料を出す必要はないのである。

　しかし、「若干、セーフティネットとしては、まだ弱い部分もあろうかと思っ

105　組織統合は、予定通り実現した。統合組合の組合員数は約9000名強である。同組合は、2017年10月、D社労組とともに、D社グループ労働組合連合会を結成した。同グループ労連の組合員数は約3万名である。なお、同グループ労連は、今後、関連会社の労働組合も加盟組織としていく予定である（2018年1月5日、同グループ労連書記長からのe-mail）。

ていますので、世間様を見据えたときは、私はなにがしかの補強があっても
いいんじゃないか。ただ、そこの補強が一律に適用されると、それほどセー
フティネットを張らなくてもいい労使関係においても、同じような煩瑣な部
分が出てきてしまうことは考慮していただきたい。セーフティネットが必要
であるが、そこはある程度、労使の関係によって取捨選択できたり、判断で
きたりするという余地を残してあげるとありがたい」と、改善の余地もある
とコメントした。それは、「悪いことしようと思えば、幾らでもできると思う」
からである。

　現在の分割法で主たる労働者の労働契約承継については、労働組合の総意
をとれば個別同意をとらなくてもよいことになっている。しかし、仮に規制
強化して個別に同意をとることになれば、会社だけではなく組合も困ること
が予想される。そのような規制強化は必要ないだろう。

第4節　まとめ

　同社では、歴代の経営トップが、「雇用は守る」ということを明言してきた。
企業組織再編においても、それは例外ではない。同社の企業組織再編の原則
は、「自前主義・メジャー出資」であり、企業組織再編の人事は、組合員の場合、
基本的に定年退職するまで出向扱いで、いわゆる在籍出向である。なお、同
社から出向先に補填することはない。

　そうした同社では、会社分割法・労働契約承継法を用いて、会社の火力発
電部門を分割して、他社の類似部門との統合を通じて、新会社を設立したの
は初めてのことであった。分割・統合の目的は、激しいグローバル競争の中、
「効率的で安定した経営基盤の構築をすすめ、事業統合によるシナジーを追
求しグローバルな展開を加速するとともに、両社の総合力と技術・製品事業
面の相乗・補完効果を最大限引き出すことで、火力発電システム分野におけ
るグローバルトップのリーディングカンパニーを目指」すことであった。

　今回の分割・統合は、同社の「自前主義・メジャー出資」には合致するも
のの、従来からの「在籍出向」とは異なる承継転籍という対応が求められた。
それにもかかわらず、スムーズに分割・統合が行われた背景には、次のこと

があげられる。

第1に、「背中合わせ・車の両輪」の労使関係という信頼に基づく労使関係である。会社は、プレス発表の前に、再編にかかわる組合支部の委員長と本部の委員長のもとに行き、再編の内容を説明した。同情報はインサイダー取引にかかわる内容の可能性が高いので、守秘義務の誓約書にサインしてもらった。また、再編の組合への公式提案から約1年間にわたり、会社は、再編の背景や範囲、プロセス、また、影響等について詳細な情報提供と説明を行い、組合は会社全体の経営や個別組合員の視点から質疑を行った。情報の質や量、そして認識において、労使の壁はなく、それらは共有された。前広な情報共有と共通の認識の下、再編とそれに伴う課題への共同対応を行う労使関係がスムーズな企業組織再編に大きく寄与した。労使関係の重要性を強調してもしすぎることはない。

第2に、統合の他方が立派な最良の相手であった。同社がメジャー出資であり、統合の相手はマイナー出資であったが、国内外で極めて優良企業として知られており、同企業との統合に大きな拒否感を覚える組合員はあまりいなかった。

第3に、雇用保障原則の表明である。最良の相手企業との統合とはいえ、統合会社に転籍しなければならない。転籍先企業の行く末に確信が持てないこともありうるが、会社は、万が一のことが発生した場合、最後まで雇用は守ると公言した。また、幸いに分割・統合の際、転居を伴う異動が生じず、特定地域での雇用保障が続いたことも組合員に安心感を与えた。

第4に、組合の積極的な役割である。組合は、協議の過程で、組合員から再編について理解と協力を得られるように丁寧な説明を行うよう会社に求めたが、それだけではなく、関連支部の執行部・職場委員が何回も職場に出向き、組合員に説明を行った。組合員から、会社の説明で理解できないこと、また、会社に言えないことを聞き、組合員が納得するまで説明にあたった。組合は、「会社になりかわって組合員を説得している」のである。

第5に、「背中合わせ・車の両輪」の労使関係の下、再編に関して事実上組合の同意を得た。中央経営委員会、中央生産委員会、そして中央労務委員会の最後の回で組合は、「組合態度」または「組合建議」を出し、再編に対

する事実上の同意を示した[106]。労働者個人との個別協議が事実上意味をなさなくてもよいほど、組合員の意見を代弁する組合の意思が反映される形で再編が進められたのである。

ところで、企業組織再編にかかわりいくつかの課題も浮かび上がってきている。第1に、経営の迅速な意思決定への対応である。企業を取巻く環境の変化が激しくまたグローバルに広くなり、経営のいっそうのスピーディーな対応が求められている。組合が民主的組織として組合員に情報を提供し執行部への理解を得るまでの時間的スパンをどうすれば短縮できるかが問われている。

第2に、雇用保障の原則の弛みへの対応である。組合員の場合、特定地域で定年まで働き続けることが雇用保障と受け止めている。しかし、企業組織再編は効率性を求めるものが多く、事業所の統合や製品製造の移管等の変化が常に起きており、特定地域での雇用保障には自ずと限界がある。また、個別企業の域を超える移動も頻繁に行われている中、定年までの在籍出向は、出向先の従業員や出向者本人へのモチベーションにどのような影響を及ぼしているかが問われている。従来からの雇用保障の原則に弛みが生じかねないが、労使、また、組合員がそれにどう対応するかが大きな課題である。

第3に、労使関係の再編である。企業組織再編は、本体企業の労働者数の減少とグループ会社の労働者数の増加を伴うことが多い。それとともに、企業は、企業グループ経営を強めており、特定の地域や企業よりもグループ全体の機能別管理（連結事業部制）を進めている。特定の事業所に複数の企業や異なる部門がある可能性が高まっている。同社ではドメイン制が進められている。それに対応出来る労使関係をどう構築して、「背中合わせ・車の両輪」の労使関係を企業グループレベルで再編していけるかも課題である。

第4に、企業グループレベルの統一労働条件の構築である。企業組織再編に伴い、企業グループ内の企業間移動が日常的に行われ、また、企業グループ業績が重視されている中、企業ごとの労働条件は、それを妨げる可能性がある。企業グループ内のどの企業に行っても基本的な労働条件に差が生じな

106「組合の了承なしでは会社はやれない」という考え方がそれを表している。

いようにその基盤を構築することが課題である。労働条件において、個別企業の部分最適化から企業グループの全体最適化への展開を進めていくことが求められている。

なお、同社の分割・統合は、現行の分割法・労働契約承継法に基づいてスムーズに行われており、規制のさらなる強化や緩和の必要性は感じられない。それは信頼に基づく労使関係が形成されているからである。そうではない会社では、規制を加えることも考えられるが、一律の規制にならないことを期待する。

現在、同企業と企業グループの業績は順調に伸びており、再編された企業・部門も例外ではない。そういう意味で、企業組織再編は成功していると言えよう。今後、スムーズな再編要因を活かしながら、どのように再編の課題を乗り越えて行き、強い競争力と高い雇用・労働条件の維持・向上を成し遂げていくかに注目したい。

【参考資料】

（会社提供資料）

（2012）「システム事業統合の件（第230回中経協資料）」（2012年12月18日）

（2012）「統合準備委員会運営要領」（2012年12月25日）

（2012）「統合準備委員会体制表」（2012年12月25日）

（2013）「第230回中央経営協議会（その2）：事業統合の件（冒頭社長挨拶）」（2013年3月29日）

（2013）「パワーシステム事業統合の件：第230回中央経営協議会（その2）提案資料」（2013年3月29日）

（2013）「パワーシステム事業統合の件：第230回中央経営協議会（その2）質疑応答」（2013年3月29日）

（2013）「パワーシステム事業統合に係わる件（事業統合の検討状況および今後の取り進め）：第319回中央生産委員会配布資料」（2013年5月9日）

（2013）「パワーシステム事業統合に係わる件（統合基本契約書締結について）」（2013年6月13日）

(2014)「労働協約」(2014 年 4 月 1 日)

(2015)「誓約書」

(2015)「事業集約に係わる『労働契約承継法』対応スケジュール」(2015 年 6 月 17 日)

(2015)「会社分割に伴う労働契約の承継に関する通知(従業員個人向け)」(2015 年 8 月 3 日)

(2015)「会社分割に伴う労働契約の承継に関する通知(組合委員長向け)」(2015 年 8 月 3 日)

(2016)「当社(グループ)における事業再編の事例」(2016 年 1 月 20 日)

（労働組合提供資料）

(2012)「組合機関紙」(No.2389:2012 年 11 月 29 日、No.2395:12 月 18 日)

(2013)「組合機関紙」(No.2398:2013 年 1 月 21 日、No.2412:3 月 29 日、No.2413:4 月 23 日、No.2415:5 月 9 日、No.2420:6 月 13 日、No.2427:7 月 29 日、No.2436:9 月 26 日、No.2439:10 月 24 日)

(2013)『第 55 回年次大会議案書』(2013 年 9 月 11 日)

(2014)『第 56 回年次大会議案書』(2014 年 9 月 9 日)

(2015)『第 57 回年次大会議案書』(2015 年 9 月 9 日)

(2015)「組合機関紙」(No.2523:2015 年 6 月 4 日、No.2528:6 月 25 日)

第5章

E社の企業組織再編と労使関係（「E事例」、分割）[107]

第1節　会社および労働組合の概要

　E社は、製造業のある事業分野で日本を代表している会社である。その事業の特定商品販売量は国内No.1である。同社の強みは、企業グループで商品の製造から物流、販売までの全工程を手がける垂直統合システムを持ち、ある事業の製品分野で取扱いNo.1の調達力、カテゴリーNo.1商品を生み出す商品開発力であるといわれている。2015年現在、同社の事業所は、製造拠点110か所、物流・営業拠点約370か所、研究・検査拠点数か所であり、企業グループの子会社も約110社にのぼる。以下、親会社とは同社のことをいう。

　最近10年間、同社の企業業績および従業員数をみると、売上高は2006年約7200億円から次第に増加し続けて2015年約8900億円に達した。経常利益と純利益は増減が激しいが、特に2008年リーマン・ショック、2011年東日本大震災の影響により急減した。従業員数は2006年3170人からほぼ一貫して減少し2015年2400人である。その中で、2012年は2460人と前年より約450人も急減したが、後述の会社分割・承継の影響とみられる。企業グループ従業員数は、2006年約1万6000人から増減を経て2015年約1万8000人に増加している。単純に親会社の従業員数が減り、子会社の従業員数が増加しているが、それは企業組織再編の影響が大きいと見られる。

　同社には、企業別労働組合があるが、組合員数が約2000人である。同労組が中心となって企業グループ労連を結成し企業グループ労使関係を展開し

107　この事例のヒアリング調査は、2016年3月25日、2005年から2013年まで同社組合の書記長を歴任し、2013年から産業別労働組合の労働局長を担当している方に対して行った。大変忙しい中、約4時間にわたり、資料を交えて丁寧にかつ情熱的に話して頂いた。この場を借りて心より感謝の意を表する。

ている。また、同労組は、産業別労働組合に加盟しており、同産別組合は、連合の構成組織である。

第2節　事業再編の展開と労働組合の関与

　同社は、人事の観点からみると、事業の再編を3つの段階にわたって展開してきた。歴史的にその展開をみていくことにする。

1.　在籍出向から解約型転籍

　第1段階は、「在籍出向から解約型転籍」の時代であり、2000年初頭から2007年頃までにあたる。1960年から急激な事業拡大に対応するために、販売部門（営業拠点）を中心にグループ子会社の設立が進んだが、当初はほとんどの新設子会社の人員が親会社からの在籍出向であった。その後、2000年初頭から2007年頃まで延べ21社（820人）に対して、合計7回にわたり、企業単位での全出向者に対する転籍を組合に申し入れた。転籍の必要性は、転籍先における出向社員とプロパー社員との一体感醸成であった。

　この時期、会社は、民法625条1（個別同意）[108]を根拠に出向・転籍を行った。そのため、労使の協議義務協定そのものが無く、開示義務項目や協議機関の規定等も未整備であった。その時までに締結された直販4社出向者の転籍に関する協定書を見ると、次のとおりである。1997年8月に締結された同協定書では、出向社員の内、転籍に同意した約170人の転籍条件については、身分は転籍先での正社員、業務内容は現在担当している業務、等級および役職は出向時の等級および役職を勘案して任用、規程による退職金の支給、転籍加算金は同社と転籍先との基準年収の差額の10倍、ただし、年齢別上限基準額の2倍を限度とする等であった。転籍に関する労働組合の関わりとしては、転籍者に労務管理上著しく不利益が生じた場合異議申し立てを行うことが出来るとされた。

　個別同意を根拠に行ってきた転籍について、労使が初めて制度として協定

108「使用者は、労働者の承諾を得なければ、その権利を第三者に譲り渡すことができない。」

を結んだのは、2002年であった。同年4月、次のような「転籍に関する確認書」を締結した。第1に、転籍の趣旨として、転籍元会社と転籍先会社の相互間で、将来にわたってビジョンとメリットを共有できる場合に転籍を実施する。「転籍とは同社を退職し、同社関係会社に移籍することをいう。」「転籍は、組合員の豊かな業務経験と能力・技能を有効かつ適切に活用し、関係会社の経営力を強化させ、以って同社グループ全体の事業の育成・強化を図るために行う。従って、コスト競争力強化（労働コスト削減）のみの施策では認められない[109]。」将来のビジョンとメリットは、グループ会社全体、転籍先の企業、そして労働組合・組合員という3者に認識できるものでなければならない（すなわち、「3者ウィン・ウィン」）[110]。これは、「泥船分割のような、切り離して無くしてしまうようなことは許さない」という思いを込めて、組合が求めた内容であり、その言葉の裏には、「将来の発展のためにやるわけであって、リストラのためにやるわけじゃないよ」という意味が込められている。

　第2に、労使手続きの明確化と当事者本人の「適正に選択できる環境」の整備として、会社は、実施日の5か月前までに組合に申し入れを行い、労使の基本合意に至った後、初めて「本人の適正な選択（合意可否）」手続きに移行することとする。従って、労使の基本合意がなされていない中で行う事前の根回しや、強制・勧奨は一切禁止される。必ず労使の組織合意がなされてから個人合意をするという順番を決めた。また、「適正に」という表現は、「いわゆる強制だったり、恣意的な選択だったり、指名であったり、そういうことが行われないようにしなきゃいけない」という意味を表している。「適正に選択できる」ためには、情報提示と組合関与が確保されなければならない。前者は、個人が選べるような情報、例えば転籍先の労働条件・就業規則等や個人の賃金をしっかりと提示するとともに、その場で選択させるのではなく考える時間を与えてほしいというものであり、後者は、会社と対象者個人との協議・面談に労働組合が必ず関与することを指している。これにつながるように、協議・面談の際に、会社側が言ってはいけない「NGワード集」を

---

109 組合は、「人やコストに手をつけることによって（会社を：呉）立て直すためにやるわけじゃないんだ」ということを会社側に確認させた。
110 過去、ビジョンに合理性がなくて、組合がお断りしたケースがあるという。

つくらせてそれを守るようにするとともに、組合も同席する。なお、5か月前の申し入れは、それまでの労使関係の中にはない、長い期間であった[111]。

また、個人の選択（特に、転籍の拒否）をめぐり不利益取扱いを禁止し、本意による適正な選択ができる環境を整えた。

ちなみに、原則5か月前に行う事前協議では、転籍の目的、転籍対象者の範囲および人員、転籍先企業・事業所、転籍会社での業務内容、労働条件、転籍実施日、その他の必要事項を協議することになっている。

また、転籍者の決定は、①本人が転籍を希望して、且つ関係会社が転籍を必要とした場合、または、②会社および関係会社の業務の都合により、関係会社が組合員の転籍を必要とし、会社が、当該関係会社に組合員を転籍させる目的ならびに組合員の業務経験、能力・技能、知識、意欲等を総合的に勘案の上、対象者を公正に選び、本人の同意を得た場合である。会社は、該当者に適用される前記の事前協議事項を事前に説明する。

そして、転籍の実施に当たり、会社は転籍に同意した者を転籍実施前に労組に通知し、また、当該組合員の転籍については、労組が本人の意思を確認し、労使に異議あるときは協議の上、労組の同意を得て実施することにする。

第3に、「雇用確保の考え方」の確認及び雇用確保措置の整備として、転籍元会社（親会社）と転籍先会社（子会社）双方における「雇用確保責任」を明記する。とりわけ「転籍不同意」の場合、「出向元での戻り先の整備（勤務地・職種）」、「不利益取扱い禁止」等に取組む。また、転籍者の責めに帰さない事由により、転籍先を退職せざるを得ない場合でかつ転籍者が希望するときは、会社は当該関係会社の定年年齢までの雇用確保について、誠意をもって対応するものとする。

第4に、転籍合意時条件（退職加算金等）及び転籍後労働条件の充実として、「年収格差10年分」を基本に退職加算金を設定する。また、転籍先会社の労働諸条件について直接交渉はしないものの、親会社が一定の責任を負う。転籍等の際に、労働組合は、個別組合員のために「条件闘争はしないという哲学」[112]をもっている。それは、「どんどん辞めてもらうための条件交渉に荷担

---

111 当時、組織単位の異動については、2か月前の申し入れが一番長かった。
112「組合が組合員個人の言うとおりに交渉するのがいいのか、組織としての意思をもっ

する」ことになるからである。組合はできるだけ合理的な理由を求めて1つの見解を示し、会社との協定等を締結するが、個別組合員のための条件闘争をしないという意味であり、組合員が「あくまで一定の条件の中で判断する」ことを尊重するものである。もちろん、「個別の要望を聞いて、全体の整合性とか合理性とか、組織の議論の中で必要だと思うものについては整理」をし、会社に要求する。例えば、事業所移転に伴い転勤する組合員の場合、既存の社宅入居要件にあっていない場合、特例をつくって、誰でも社宅への入居ができるようにする等、合理的な理由を見出し協定化していった。

　以上のような協定に基づき、転籍が行われていたが、この時期、一番大規模な転籍申し入れは2007年8月17日、直販4社出向者（173人）の転籍であった。同転籍に関する協定書によると、転籍日は2007年10月25日となっており、転籍対象者は出向社員の中で転籍に同意する者である。転籍条件は次のとおりである。まず、身分は直販各社の正規従業員であり、業務内容は内部管理、外勤営業等現在出向者が担当している業務である。処遇については、等級および役職は出向時のものを勘案して任用し、給与および賞与は給与規程の定めによるものとした。退職金は、退職給付規程の定めによる通常の退職金以外に、転籍加算金を①転籍基準額か②転籍先会社との基準年収（基準内給与＋賞与）の差額の10倍（58歳まで）のいずれか多い方にするが、ただし、上限基準額の2倍を限度とする。転籍加算金は、年齢が低いほど多く、また、転籍先との年収の差額が大きいほど多い。

　転籍を希望しない者は、10月25日をもって出向は解除し、製造事業本部付に一旦所属を戻すが、一部の者については出向延長し、現在勤務する職場で応援をお願いするとした。また、労働組合は、転籍者に労務管理上著しく不利益が生じた場合は異議申し立てを行うことが出来ることが協定書に含まれている。

　上記の転籍確認書を締結する前は、組合員から転籍について、「この会社に入ったのになぜグループ会社に行かなきゃいけないのか」、「もうリストラ

て交渉するのがいいのかというのは非常に難しい問題はあるんですが、我々はどちらかというと意思をもって、個人の選択をさせる前に組織として判断する」という意味であり、「個別の交渉代理人はしない」という哲学である。

なのか、用なしなのか」という感情的な声が非常に多かったという。また、会社は、転籍の際に、個別同意を得ればいいと考え、転籍に関わる情報の開示も組合にしなかったし、労使協議もしなかった。転籍に関しては組合に対し閉鎖的であったが、それは、インサイダー取引になる可能性があるとの理由があったとみられる。そのため、転籍に関する組合員への対応は、後手後手となり、組合執行部は、組合員から「お前たちは会社のリストラを担ぐのか」という批判を受けたほどであった。このような組合員からの批判にも対応して上記の協定を締結し、転籍に関するルールを敷いたのである。

　組合は、このとき、転籍者が多くなる中、2005 年から転籍先の会社で組織化を積極的にすすめていく。まず、組合は、会社との間で転籍先会社における集団的労使関係のない企業への組織化の必要性については認識を共有した。その結果、同社企業グループ労連は、2002 年 10 単組組合員約 3500 人から 2012 年 23 単組約 7000 人に規模を拡大することが出来た（詳しくは後述）。

2．事業譲渡での解約型転籍

　第 2 段階は、「事業譲渡での解約型転籍」の時代であり、2008 年から 2011 年までにあたる。2008 年、それまでの第 1 段階とは異なり、同社は、ある事業部門を既存の子会社 3 社へ事業譲渡し、その部門の対象従業員については既存の子会社への転籍を求める申し入れを組合に対し行った。また、同時に、同社の事業所であった地方の製造工場 1 か所については、新設会社として分社化し、その工場で働く全従業員に、新設会社への転籍を求める申し入れを組合に行った。第 1 段階とは異なり、在籍出向を経ずに、組織変動とともに子会社への転籍が申し入れされたのである。

　この第 2 段階では、2 つのパターンで再編が行われた。その 1 つは、「純粋事業譲渡型」として、親会社の特定事業を既存の子会社に譲渡し、労働者も譲渡先に転籍するパターンであり、もう 1 つは、「新設会社事業譲渡型」として、親会社の特定事業を譲渡する際に、譲渡先子会社を新たに設立してその事業を譲渡させるとともに、その事業に就いている労働者を転籍させるパターンである。

この段階では、前記の第1段階とは異なり、出向を経ずに転籍を行い、また、コスト削減のみでは転籍をしないという第1段階の原則・議論が成り立たなくなった。労使の議論は、事業譲渡や転籍実施がなぜ経営体制強化に繋がるのか、また、グループ全体の組織体制のビジョンや今後の事業区分の明確化等に多くの時間を割くことになった。特に、「新設会社事業譲渡型」の場合、転籍に対する労使の合意の前に、転籍先の会社が新設されることへの感情や、また、転籍対象者には地域限定契約の社員（正社員、非正規労働者とも）が多く、従来、協定で確認した「本人の適正な選択」が出来ない等の不安や意見が多数挙がったという。

労働組合は、こうした組合員の声を踏まえて、下記のEA工場の転籍に関する会社の申し入れについて協議する際に、2008年5月14日、話合いの場を既存の労使協議会から団体交渉に切り替えて、「グループ経営における目指すべき組織体制（経営形態）について（質問および申し入れ事項）」を会社に提起した。その結果、同年7月18日、労使は、「グループ経営における目指すべき組織体制（経営形態）についての団体交渉、および関連した質疑応答について」と題する協定書を締結した。締結までの団体交渉および同協定書の内容を基に、グループ経営における目指すべき組織体制についてみることにする。会社は、「真のリーディングカンパニーになるべく持続的に成長していくためには、事業の選択と集中・拡大が必要不可欠であり」、それに向けて「事業本部制の機能をより強化する目的で構造改革を進めていき、真に強い企業集団となるべく、事業持ち株会社体制のグループ経営を目指している」ことを明らかにした。

組合は、5月23日に会社のいう「事業持ち株会社体制のグループ経営を目指す」観点から今後何が変わるのかを質したが、会社は、「各事業が利益体質になることが重要である一方、親会社についてはグループ事業に横串を差す目的での最低限の事業を残しながら、極力スリムな組織体制にしていく必要があり、事業の分社化を基本とした構造改革を行っていく」と回答した。

組合は、7月8日、会社の示している「グループ全体としてのあるべき姿」について一定の理解が出来るとしながらも、「従業員に痛みを伴う改革であるのならば、当然進めていく前提として、経営としての回避努力を十分に果

たした上で、労働組合との誠実かつ真摯な話合いを基本とした中、その改革の必要性や選定の合理性、手続きの妥当性などをしっかりと協議することが重要であること」、また、グループ従業員の視点での課題としては、「グループの総合労働条件向上およびグループ間の格差是正」であり、「グループ全体の総合労働条件を継続的に底上げして行く取組みを行うとともに、グループ一体感の醸成のためにもグループ間の格差是正に向け、積極的な取組みを行うことが必要不可欠であること」を挙げて、それに対する会社の具体的な方針を質した。

　会社は、7月18日に、「グループの一体感の醸成とグループ各社の企業価値向上のためにも格差是正の必要性を認識し取組んでいく」が、「個人の価値観が多様化する中で業種の特性や業界の状況も考慮する必要があり、競争力を低下させる施策は得策ではない」とした上、「グループで働いている従業員が安心して働くことが出来る環境の整備から優先して取組んでいくが、中でもグループ共済基金の設立、また、保存有給休暇や特別休暇で親会社の水準を目指していきたい」との方針を示した。

　労働組合が、分社化等の企業組織再編が押し進められていく中、グループ企業間の格差を是正し一体感の醸成を図るために、会社にそれを求めて一定の前向きな回答を得られたのは注目に値する。

　以上のように、労働組合は、分社化の必要性や当該新設会社の将来ビジョンをしっかりと協議・確認した上、転籍拒否時の労働条件（社宅貸与等）の整備や、地域限定社員制度導入時（2008年）からの賃金減額の一定精算、そして新設会社における労働組合の設立及び労働協約（債務的部分が中心）の承継等を会社に求めて、最終的には基本合意した[113]。

　このときには、販売・サービス部門だけではなく製造部門も事業譲渡されたが、転籍対象者の雇用形態も多様であった。例えば、2008年10月に新設会社に転籍されるEA工場の転籍対象者は127人であったが、正社員31人

---

113 同社では、組合活動によって事業譲渡の際にも労働者の自由意思が発揮できるように転籍が行われたが、一般的にそうではないとみられるので、一定の法的措置が必要であると、組合幹部は次のようにコメントした。すなわち、「事業譲渡型の労働者の保護策があまりにも欠如している。事業譲渡に対して一定の法規制はしないと、労働協約がどこまでそこを拡張できるのかという問題が出てきます。」

（ナショナル社員4人＋エリア社員27人、社員区分は後述）、パートナー社員96人と、いわゆる非正規労働者であるパートナー社員が正社員よりも3倍も多い。転籍の条件は基本的に第1段階の協定内容と大きく異なることはない。ただし、転籍先での身分が「転籍前の身分を基本的に継承する」ことになり、第1段階では全員正規従業員となっていたことと異なる。それは、正社員以外のパートナー社員も転籍の対象者となっていたからであろう。なお、パートナー社員の場合、転籍の際に退職特別加算金として基準内給与の1か月分が支給された。

3. 会社分割と解約型転籍

　第3段階は、「会社分割と解約型転籍」の時代で2012年以降にあたる。2012年5月、会社（親会社）は、製造4工場を、既存のグループ製造会社（子会社）へ簡易吸収分割するという申し入れを組合に行った。しかし、この提案は「組織法上のメリット」を享受する「会社分割制度の利用」であるにもかかわらず、労働契約は承継しないというものであった。すなわち、労働契約承継法を適用せず、従来のような解約型転籍合意を基本とする人事の提案であった。そのため、会社は、転籍対象者に対し、退職金に加えて特別加算金を支給する予定であると表明した[114]。

　労働組合は、こうした提案は、労働契約承継法の立法趣旨の潜脱行為と判断し、その申し入れを拒否した。と同時に、経営協議会を団体交渉に切り替えて、経営姿勢を強く批判・責任の追及を行った[115]。その際、社長も出席していた。その後、会社から、労働契約承継法の手続きに基づいた会社分割を実施したいという再申し入れがあり、いくつかのポイントについて協議を行った結果、最終的に次のような労使合意に至り、2012年11月2日、分社化に関する包括的なものとして「分社化に関する労働協約（労使確認書）」を締結した。まず、①分社化の定義として、a. 同社の事業の一部を、会社法

---

114 同社発表資料「製造工場の会社分割による連結子会社への承継に関するお知らせ」（2012年5月14日）。
115 組合は、「これは（この申し入れは：呉）あくまで立法趣旨に潜脱する話だ。こんなことは許されない。分割法を使うならば、承継法を使え」と、厳しく指摘を行ったという。

における吸収分割または新設分割により、同社関係会社に承継させること、b. 事業譲渡等の方法で、同社の事業の一部を同社関係会社に移管することとした。

②分社化の考え方として、同社と同社関係会社との間、及び経営者と従業員の相互間に、将来にわたってビジョンとメリットが共有できる場合に分社化を実施すること。

③事前労使協議及び手続きとして、分社化の実施について、次の事項を事前に労働組合と協議した上で実施するものとする。組合への事前申し入れは、原則として会社と承継（転籍）会社間で契約書を締結する4か月前に行うこと。事項の詳細は次のとおりである。すなわち、a. 分社化の背景・趣旨・目的、b. 分社化対象事業所・承継（譲受）会社、c. 承継（転籍）会社のビジョン・労働条件、d. 承継（転籍）対象者の範囲・人員、e. 承継（転籍）対象者の処遇、f. 承継（転籍）対象者の業務内容、g. 主たる従事者における対象外人員の有無、h. 主たる従事者以外の対象者の有無、i. 分社化実施予定日・転籍実施予定日である。なお、前記の吸収分割または新設分割の場合、2000年商法改正法附則及び労働契約承継法に定められた労働組合及び労働者への通知や事前協議義務、各種手続きを遵守する。

④承継（転籍）対象者の労働契約取扱いとしては、上記①のa. による分社化の場合、承継対象者の労働契約は原則として全て承継する。退職金のほか、勤続に関わる労働条件についても承継し清算は行わない。上記①のb. による分社化の場合、転籍対象者の労働契約は原則として譲受会社との個別合意を基本とした上で、大枠については労働組合と協議にて決定する。転籍対象者の退職金は、「退職金支給規程」の定めにより取扱う。なお、転籍対象者の退職金の加算金等の取扱いは、転籍先の労働条件を総合的に踏まえ、労働組合との協議の上、決定する。

⑤労働協約の承継については、上記①のa. による分社化の場合、労働契約の規範的部分は原則として全て承継する。上記①のb. による分社化の場合、労働協約の規範的部分は譲受会社の設立経緯や経営環境等を鑑みながら労働組合との協議により決定する。また、労働契約の債務的部分については、承継（譲受）会社における労働組合の組織状況を踏まえ、原則として承継する

が、その取扱いについては、労働組合との協議により決定する。

⑥分社化実施前における労働組合通知及び不利益取扱い禁止について、上記①のa.による分社化の場合、労働契約承継法に基づく異議の申出をした者について分社化実施前に労働組合に通知する。なお、会社は、異議の申出をしたことを理由とする不利益取扱いは行わない。上記①のb.による分社化の場合、転籍に同意した者及び同意しなかった者について分社化実施前に労働組合に通知する。なお、転籍に同意しなかったことを理由に不利益取扱いは行わない。

⑦分社化後の雇用の取扱いについて、分社化実施会社は、上記①のa.及びb.のいずれによる分社化においても、承継（転籍）対象者に対して、将来に亘り企業グループでの雇用確保の義務及び責任を有していることを確認する。

労働組合は、以上の協定内容を「承継法を上回るような労使の約束を結んだ」と高く評価している。

以上が会社分割・労働契約承継に関する労使協定の内容であるが、労使協議の展開と内容をより詳細に考察するために、会社が最初に申し入れた解約型転籍提案（前段協議）と再申し入れの労働契約承継提案（本協議）に分けてみてみることにする。

第3節　分割をめぐる労使協議の展開

まず、会社分割・解約型転籍の提案をめぐり展開された前段協議についてみることにする。

1.　前段協議
（1）労使協議会1回目＝分割・転籍の労使協議会1回目

会社は、2012年5月14日、取締役会で「製造工場の会社分割による連結子会社への承継」を決議し、その内容を労働組合執行部に対して提案したのち、対外発表した。ちなみに、組合三役は、大まかな内容については、1か月前に知らされたという。

会社の提案内容は次のとおりである。まず、分社化の目的は、国内市場の縮小や価格競争の激化、更には原材料の高騰や輸入品の増加等、製造工場の製品を取巻く市場環境が厳しい中で、コスト競争力を強化し、また、機動的な事業運営体制を構築するためであるとされた。

同社は、上記の目的を果たすために、2010年11月、既存の2つの子会社を合併し、EF社という会社を設立したが、生産の効率化を更に加速化し、競争力をいっそう高めるために、今回の分社化を行うことにした。と同時に、同社は、分社化に合わせて生産体制の最適化と現場力の強化、更には、生産設備の更新や高生産性ラインの導入を行い、高い品質の維持と生産効率の向上を図ることを目指した。それに加えて、人的側面において、将来を担う若手職員の採用やパートナー社員（後述）の正社員への登用を積極的に行うことにより職員（正社員）比率[116]を高めるとともに、製造会社の特性を活かすべく人事処遇制度の再構築を行い、現場力の向上と製造プロ集団の育成を推進していくことが分社化の狙いである、と会社は表明した。

分社化の対象となっているのは同社の4つの工場であり、分社化と同時に、製造専門子会社のEF社に移管する予定であった。分社化・移管に伴い、4つの工場に勤めている労働者の人事は、エリア社員（いわゆる地域限定社員）とパートナー社員（1日6時間以上、週30時間以上の月給制の契約社員）は転籍、ナショナル社員（全国転勤）は出向で行うと説明した。転籍社員には、規程の退職金に加えて特別加算金（全体で約25億円）を支給する予定であることも明らかにした。

会社は、対象部門労働者に対し、5月17日から21日にかけて、説明会を開催したが、組合はその説明会の終了後、当該組合員に対しヒアリング調査を行った。その結果、組合員から次のような意見が寄せられた。「なぜ転籍が必要なのか」、「分社化（転籍）で何が変わるのか」、「示されたビジョンの具体性が乏しく不明確である」、「将来の危機感を煽るだけのビジョンであり、申し入れ趣旨とのつながりが見えない」、「どこまで労働条件を引き下げ

---

116 申し入れ当時、分社化対象の4つの工場の全従事者における正社員比率は15％を下回っていた。また、50歳以上の比率が36％と、高齢化が進行し、技術や知識の伝承が懸念されていた。

れば良いのか（場当たり的な対応にしか思えない）」、そして「成長戦略が見えない中で合理化施策のみを続けることで会社が衰退するのではないか」等であった。

（2）労使協議会２回目＝分割・転籍の労使協議会２回目

　労使は、5月28日に労使協議会を開き、組合は、分社化・転籍に対する組合員の上記意見等を119項目に分類し、それに対する会社の回答を得た。組合は、その会社の回答に対する主張を行い、それに対する会社の見解をもらった。その中から「適正な選択」という項目についての労使の主張をみてみる。組合は、事業再編の第1段階で、転籍の際には、「適正に選択できる環境」が重要であると主張し、会社に認めてもらったことがある。適正な選択に関連して出された組合員の声は次のとおりであった。すなわち、「転籍に同意しない場合の処遇が示されていないため、転籍を強要されているように感じる」、「断った場合の処遇を示せない転籍は、転籍の趣旨に反するのではないか（実質的賃下げと言わざるを得ない）」、「転籍拒否者が多かった場合、工場運営はどうするのか」、更に、「転籍拒否者をどの部署に配属させるのか」というものであった。これらの組合員の意見に対し、会社は、「転籍は、最終的に個人の判断であり、転籍に同意しなかった場合の処遇については、今後しっかりと話合っていきたい」、「（転籍拒否者が多くならないように）誠意をもって説明し、理解を得たいと考えている」等の回答内容に留まった。こうした会社の回答に対し、組合は、「転籍において重要なことは、『本人が適正に選択できるかどうか』であり、転籍に同意しなければいまの会社に残るという説明がないということは、従業員からみれば『同意しないという選択肢はない』と強要されているように受け取ることについては会社としては理解すべきである」と、会社の転籍の申し入れの問題点を指摘した。

　組合は、組合員の声に対する会社回答に対して、「不明確な点や過去からの労使認識においても相違点が多く、理解できるものではないため、現時点において今申し入れは納得できない」と、組合の見解を示した。

（3）労使協議会 3 回目＝分割・転籍の労使協議会 3 回目

　組合は、前回の労使協議会の後、拡大臨時中執会議を開き、組合見解（後述）をまとめて、6 月 4 日から 18 日の期間において、組合員に対し労使協議会の報告および組合見解の周知を行うとともに各支部において拡大支部執行委員会を開催し、さらに意見集約を行った。それを踏まえて、6 月 18 日、労使協議会に臨み、分社化の対象となっている 4 つの工場ごとのビジョンおよび事業計画を確認するとともに、「転籍におけるビジョン」、「本人の適正な選択」、「転籍趣旨としての職員比率向上・技術の伝承」、そして「ナショナル社員の出向」について会社の考え方を聞き、組合の主張を展開した。

　組合は、組合員の意見や労使協議を踏まえて、次のような組合見解を示した。まず、総論として、「これまでの労働組合としての転籍協議の考え方からみれば（今申し入れは：呉）到底理解できるものではなく、転籍申し入れ協議として継続することは困難であると判断した」とした上、各論の問題点を次のように示した。第 1 に、転籍協議におけるビジョンについて、「転籍先会社における『将来のあるべき姿』や『経営者の強い想いを携えた不変の夢やロマン』でなければならない。そのビジョンに対し当該対象従業員が共感し、新たに生涯を託する企業として、あくまで個人の意思が尊重される形にて、本人が適正に選択できるような環境を整備することが労働組合としての転籍協議の意義である。今申し入れは、コスト競争力強化が全面に打ち出されていることに加え、転籍という手段を安易に選択しているとさえ感じざるを得ないものである。ビジョンを実現するための最終手段としての転籍を選択したとは思えない」、と会社の申し入れにビジョンが見出されないと結論づけている。

　第 2 に、本人の適正な選択については、「今申し入れは、製造事業そのものが分割されるというものであること（不同意の際に本人の能力や経験等を活かすことが出来る職種がない）、また、不同意者が多数発生した場合における現実的な受入先を準備することが極めて難しいこと、さらには会社見解が結果として転籍以外の選択肢がないと受け取らざるを得ないものであったことから、本人の適正な選択が出来る環境にはないと判断する」と、厳しい結論を下した。

第3に、転籍趣旨としての職員比率向上・技術の伝承について、組合は、同問題の解決の1つとして非正規労働者の「契約期間の撤廃（無期化）を提案」したものの、会社はそれに応じなかった。将来を担う若手職員の採用やパートナー社員の正社員への登用を積極的に行うことにより職員（正社員）比率を高めるために分社化を行うとした会社からの当初の提案を鑑みるならば納得出来るものではない、と表明した。

第4に、ナショナル社員の出向については、出向先での職員間の「一体感の醸成」という会社の転籍趣旨からみると、その趣旨を根底から覆すものであるとみて、今回の出向申し入れ趣旨について納得出来るものではないと結論づけた。

以上のように、組合は会社の提案に対し、今までの方針に照らし合わせながら反論し、納得出来るものではないと結論づけたのである。

2. 本協議

会社は、以上のような労働組合の厳しい判断を受け、スキームの見直しを行い、再提案を行った。最も大きな見直しは、解約型転籍を取りやめて労働契約承継にするというものであった。具体的な協議内容について順を追ってみていくことにする。

(1) 労使協議会4回目＝分割・承継の労使協議会1回目

会社は、7月23日、今までの分社化・転籍から分社化・承継に変えて「製造工場の分社化」を組合に申し入れた。これは、前回の労使協議の際に、組合が「転籍協議の考え方からみれば今申し入れは到底理解できるものではなく、転籍申し入れ協議として継続することは困難であると判断した」ことを踏まえて、転籍ではなく承継に切り替えたものである。

分社化・承継の申し入れ内容は、分社化の背景と理由においては、前回の分社化・転籍の時とさほど変わっておらず、その理由をより明確にし、次のように示している。すなわち、4つの工場を分離しEF社（製造専門子会社）に承継して製造事業に特化した会社にすることによって、①経営効率を高め、スピーディーな経営判断が可能な体制とし、収益意識を高め自主・自立した

経営を推進する。②高い品質と高い生産性を実現するために老巧化工場の建て替え（移設を含む）、合理化・高生産性ラインの増強を行う。③業界において競争力のもてるフレキシブルな製造体制を構築する。また、組織運営面においては、①定期採用を積極的に行うことにより、組織の活性化を図るとともに将来を担う従業員の育成を行う。②製造会社の特性を活かすべき人事処遇制度の再構築を行い、現場力の向上と製造プロ集団の育成を推進していく。

　また、従業員の処遇については、労働契約承継法に従い、分割する事業に主として従事する従業員は転籍し、業務もそのまま引き受けることにした。現在の労働条件（労働時間、給与、賞与、退職金、福利厚生等）を原則として承継する。さらに原則、現在勤めている労働者全員が承継される。承継される従業員の内訳は［図表 2-5-1］のとおりである。2001 年に導入されたエリア社員はいわゆる地域限定正社員であるが、全労働者の 10.6％に過ぎず、従業員の 52.2％がパートナー社員、いわゆる非正規労働者である。また、他の非正規労働者である定時・契約・エルダー社員とアルバイトもそれぞれ全労働者の 28.4％、8.6％を占めている。

［図表 2-5-1］分社化に伴う承継対象者の内訳（単位：人）

従業員		EI 工場	EH 工場	ET 工場	EO 工場	計
エリア社員	管理職	1	1	2	0	4
	一般職	69	58	61	15	203
	計	70	59	63	15	207
パートナー社員		379	237	300	86	1002
定時・契約・エルダー社員		206	134	140	64	544
アルバイト		63	19	82	1	165
従業員合計		718	449	585	166	1918

注)　①エリア社員はいわゆる地域限定正社員である。
　　　②パートナー社員は、有期契約労働者として 1 日 6 時間・週 30 時間以上働く月給制の従業員である。契約社員は 4 か月以内の契約期間で 1 日 6 時間・週 30 時間以上働く月給制の従業員である。
　　　③定時とアルバイトは時給労働者であり、エルダー社員は定年退職者である。
出所：組合提供資料

他方、転宅を伴う転勤のあるナショナル社員（いわゆる無限定正社員）は、[図表2-5-2]のとおり、4つの工場で172人であるが、承継・出向の全対象者2090人の8.5%に過ぎない。ナショナル社員は、今後も地域を問わず求められる事業や任務に当たるために、籍をもったまま、分社化するEF社に出向することにした。

[図表 2-5-2] 分社化に伴う出向対象者の内訳（単位：人）

従業員	EI 工場	EH 工場	ET 工場	EO 工場	計
管理職	11	13	5	5	34
一般職	66	31	27	14	138
合計	77	44	32	19	172

出所：組合提供資料

　また、分社化に際しての選択肢の充実を図るとの意味で、エリア社員からナショナル社員、ナショナル社員からエリア社員への転換を、10月17日付で認めるとした。

　会社は、労使協議会の冒頭、「5月14日の分社化・転籍申し入れ以降、従業員の皆様に対して、不安やご心配を与えたことを大変申し訳なく思う」とお詫びした。また、労働契約承継法に基づく労使手続きを実施することも約束した。そして、雇用と労働条件の承継に伴い、「退職金は支給せずそのままEF社へ引き継ぐこと、退職加算金については支給することは考えていない」との方針をも明らかにした。

　会社は、7月30日から8月3日にかけて、各職場において、分社化・承継の申し入れ内容に関しての説明会を開催した。組合は、会社の説明会の後、組合員に対しヒアリングを実施して次の労使協議会に臨んだ。

(2) 労使協議会5回目＝分割・承継の労使協議会2回目
　労使は、8月6日、労使協議会を開催し、申し入れの趣旨をめぐって、スピード経営の推進、投資効果の最大化、コスト競争力の強化、技術や知識の伝承、

フレキシブルな製造体制の構築、ナショナル社員への対応および多重構造問題への対応について質疑応答を行った。その中、労働契約承継法に基づき、「仮にナショナル社員が異議申出により転籍となった場合の処遇は、EF社において、従来どおり転勤が可能な正社員として位置づける」との方針を明らかにした。

分社化協議におけるビジョンをめぐって、会社は、今回の申し入れが「従業員の雇用について大前提として確保するための施策」であること、また、「グループ経営を推進する中での会社分割施策であることから、分割会社においても将来にわたり雇用責任があることは十分理解している」[117]との見方を示して、分割会社の将来にわたる雇用責任を負うと宣言した。

承継（転籍）時の処遇については、「エリア社員として承継された従業員には転宅を伴う異動はないという労働契約を維持する」、「昇進・昇格、評価の各種制度や基準、および再雇用制度もEF社で継承する」、「原則として労働協約や労使協定について継承する方向性である」等の方針を、会社が示した。

組合は、労使協議会後、各支部において支部執行委員会および職場集会を開催し、組合員の意見集約を行い、次の労使協議会に臨んだ。

(3) 労使協議会6回目＝分割・承継の労使協議会3回目

組合は、8月22日に開かれた労使協議会において、分社化による承継会社の財務上の負担について組合員の不安や企業価値の低下を伝えながら会社の考え方を質したが、会社は、「事業部連結での全体最適にて経営を推進しているので、EF社単体の業績や財務状態だけで企業評価および従業員への投資が決まるものではない」と、財務上の負担の問題はないことを明らかにした。また、正社員比率向上の内訳および計画を問う組合に対し、会社は、正社員比率を30％にしていく計画であること、当面は新規採用とパートナー社員からの正社員登用をそれぞれ毎年20名程度実施していく予定であると答えた。また、労働協約の債務的部分における拡張適用について、「承継さ

---

[117] 会社に「分社化しても雇用確保の義務がある」、「承継した従業員に対しては雇用責任を負う」という一文を入れさせるのは相当大変であったと、組合幹部は回顧している。

れる従業員に分割会社での労働協約の債務的部分を基本的に承継させる方向性」であるが、プロパー社員への適用については回答が困難であるとの会社の方針が示された。組合は、パートナー社員における技術や知識の伝承および職種範囲、出向の考え方等についても会社の方針を質した。さらに、そのほか、営業との連携および管理本部の組織体制、転籍時の処遇等についても労使の質疑応答が続いた。

（4）労使協議会7回目＝分割・承継の労使協議会4回目

9月3日開催された労使協議会では、大詰めの協議が行われた。まず、労働協約の債務的部分の拡張適用について、組合は、分社化・承継が実行されれば、EF社の大半の従業員に分割会社の労働協約が適用されるので、適用されない労働者への拡張適用が出来るようにすべきであると主張したのに対し、会社は、「承継会社の発展には健全な労使関係の構築が不可欠であることは認識しており、労働組合の要請を基本として、ユニオン・ショップ協定や各種労使手続き、労働組合への便宜供与等、労働協約の債務的な部分の締結について、その旨を指示する」と答えて、労働協約の全面適用に理解を示した。また、企業年金基金（確定給付年金）の承継もすべきであるとの組合の主張に対し、会社は、「再検討を行った結果、企業年金基金を対象従業員に対し承継を行いたい」と、従来の否定的な方針を変えて、肯定的に答えた。地域雇用という労働契約で働いているパートナー社員の正社員登用時における転勤実施の際は、あくまで本人の同意を前提とすべきであるとの組合見解に対し、会社は、「本人の事情を勘案し、且つ意向を確認しながら実施する」と、回答し、組合の見解を受け入れた。分割会社で正社員登用試験の受験資格を有する者については、承継会社でもそれを認めるべきだとの組合の主張に対し、会社は、それを受け入れた。その他、会社は、正社員登用試験に受験回数制限なし、受験年齢制限なしの方針を示し、正社員登用を積極的に求めてきた組合に肯定的な対応をした。

また、組合は、今後、承継会社において、人事処遇制度統一時において、承継対象組合員の労働条件を引き下げられるのではないかという組合員の不安の声があることを踏まえて、会社の見解の表明を要請した。それに対し、

会社は改めて文書にて回答するとしたが、次のような回答があった。すなわち、第1に、承継会社における人事処遇制度の統一時において、承継者組合員の労働条件に変更が生じる場合、必要な暫定措置を講じて、個人ベースの処遇水準を担保する。第2に、承継対象となるパートナー社員については契約期間の定めを廃止する。なお、統一の時期については、文章化されておらず、交渉の際に口頭で3年以内という確認があっただけだった[118]。

(5) 労使協議会8回目＝分割・承継の労使協議会5回目 (最終回)

　組合は、9月10日に開催された労使協議会において、分割会社の労働協約と同様のものを承継会社で締結する時期の確認、企業年金基金の承継対象者の確認、パートナー社員の正社員登用制度や登用後の労働条件の適用に関する情報の周知確認等を会社に促し、応諾の回答を得た。また、承継会社における労働条件の不安という組合員の声に対し、会社は、今後、承継会社での「人事処遇制度統一が目的であり、決して承継従業員の労働条件を不利益変更することが目的ではない」と答えた。そして、承継対象となるパートナー社員における契約期間の定めの撤廃時期等の予定を質した組合に、会社は、分割効力発生日である2012年11月2日とし、対象者はパートナー社員全員であることを回答した。

　組合は、その他、社員区分の選択や異議の申出等に対する説明を求めたが、会社は、関連情報のマニュアル化をした後、該当者への説明を行う予定であると伝えた。

　また、組合は、労働契約承継法の趣旨を踏まえた労使確認書の締結を会社に確認した後、「今申し入れに対する基本合意を表明する」[119]と発言し、分社化・承継に関する労使協議は終了した。同労使確認書は、前記の労使協議内容を盛り込んで、「製造工場の分社化における協定書」という題で2012年9月30日に締結された。会社は、4つの工場の分割に関する申し入れを最初に労働組合に行ってから約6か月が経過した後に締結にいたったのである。また、分社化をめぐる一般的なルールについては、前記のとおり、同年11

118 2016年4月現在、会社より統一の申し入れが来ているという。
119 分社化に対する組合の承認は中央執行委員会で行われた。

月２日、「分社化に関する労使確認書」を締結した。

　ちなみに、組合が基本合意を表明した後、８月16日前後、労働契約承継法に基づく労働組合ならびに従業員への通知、また、同時にナショナルとエリア社員間の転換の受付およびナショナル社員における異議申出の受付を行い、９月３日あたりに締め切りをしたい、と会社は表明した。

　承継会社の従業員は元々約300人であったが、分割対象４つの工場の従業員約1900人（内、いわゆる非正規労働者は約1700人）を承継することによって、約2200人となった。

　以上、４工場の分割・承継に関する労使協議と協定内容についてみてみたが、労働契約承継法に基づく労働契約の承継のほかに、承継法を上回る次の内容が追加されたことが特記されるべきである。第１に、雇用保障である。分割会社が、将来にわたって承継会社に承継された労働者の雇用に責任を負うことにした。第２に、承継対象正規労働者が承継の際に自らの判断によりナショナル社員かエリア社員を選択できるようにした。第３に、パートナー社員の正社員転換と有期パートナー社員の無期転換を果たした。それに正社員転換後、転居を伴う転勤の際には、あくまで本人の同意を前提とする。第４に、承継後概ね３年後、承継会社における人事処遇制度の統一時には、承継された労働者の処遇水準を個人ベースで担保する[120]。第５に、承継会社の既存の労働者への労働協約の全面適用である。第６に、労働組合の理解と協力をえて、労使協定を結び、承継が認められた点である。すなわち、分割・承継は労働組合の同意を経て実行された。第７に、承継法適用ではない事業譲渡型においても「分社化に関する労使確認書」を適用させた。すなわち、事業譲渡の際の承継法手続準用である。第８に、承継法に基づく異議の申出をした者について分社化実施前に組合に通知し、また、それを理由に当該者に不利益取扱いをしない。第９に、企業年金基金の承継である。

120　労使の交渉のなかで、「こういう一文を入れさせるのはもうぎりぎりの判断」だったが、組合員の不安に対して安心感を与えるとの組合の決断に会社が応えた内容である。承継後、もし会社が労働条件を引き下げるという提案をしてくれば、不利益変更ということで、「労働契約上、組合が基本的にそれを認めなければいいだけの話なんだから、書く必要は全くなかった」とも言える。

このように承継法の内容を上回る協定を締結することができたのは、組合がそれを強く求めて、会社がそれを認めた結果である。こうした組合の要求は、会社分割でありながら転籍で人事を行おうとした会社に対し、組合がその時までの労働協約等[121]を踏まえて、その問題点を明らかにし「到底理解できるものではなく、転籍申し入れ協議として継続することは困難であるとの判断」を示し、会社が最初の申し入れ内容を見直して再提案したため可能となったと考えられる。会社が、「引くに引けない」状況で組合の要請に最大限応えた結果である。

労働組合は、転籍対象者数が既存の製造子会社従業員数よりも多く、また、製造子会社では労働協約が締結されていないことを踏まえて、転籍を機に、製造子会社に同社労働協約をベースとした債務的部分の適用を行うべきであるとの見解を示した。会社は、それに対し、製造子会社における労働協約は当該企業の課題としながらも、転籍先企業の発展には「健全な労使関係の構築が不可欠であり、労働協約の債務的な部分の締結については、当該企業にその旨を指示する」と回答した。

労使は、それまでの協約・交渉内容を踏まえて、分社化等の際の組合員の転籍について、労働協約の中に次のように定めている。前記の内容と重複するが、示すと次のとおりである。まず、①転籍は、会社施策による組織単位の転籍および分社化によるもので、会社を退職し、関係会社に移籍することであると定義し、あくまで関係会社に限るものであると規定している。②転籍後の雇用の取扱いについては、転籍者の責めに帰さない事由により転籍先を退職せざるを得ない場合で、かつ転籍者が希望したときは、会社は当該関係会社の定年年齢までの雇用確保について、誠意をもって対応することを確認する。さらに分社化について、まず、③会社の事業の一部を、会社法における分割により関係会社に承継させること、もしくは営業譲渡等の方法で関係会社に移管することと定義した上、④分社化は、会社と関係会社との間、

---

121 労働組合は、会社との話合い内容を議事録に残し、過去の会社の発言をチェックしそれを守らせている。その重要性を労働組合は次のように語っている。「会社との関係において、『点』ではなく『線』でみている。会社はそのときそのときの期間中の成果を出すためにいかにコストをどれだけ削減するか等、点で対応するが、労働組合は、以前からの延長線で対応している。」そのために労使協議・団交の内容を記事録に残すのは重要であるという。

および経営者と従業員の相互間で将来にわたってビジョンとメリットが共有できる場合に実施する。⑤会社は、分社化後の雇用の取扱いについては、承継・転籍対象者に対して、将来に亘り企業グループでの雇用確保の義務および責任を有していることを確認する、というものであった。

さて、労働組合の組織についてみると、分社化実施に伴い、組合は、暫定的に子会社に承継される承継組合員を分割会社（親会社）組合傘下の単組（支部）として組織し、各種労使協議や団体交渉にも親企業組合が関与する体制をとった。承継組合員数は約1000人であった（正規約250人、非正規約750人）。承継会社には既存の組合があったものの、労働協約（債務的部分）や労働条件が未整備であったため、まずは2つの労組（承継組合員単組と承継先既存単組）の労働協約債務的部分（ユニオン・ショップ協定等）を統一するとともに、同一専従者を両組合の書記長に併置し、連絡協議会を設立して連携を図る体制を整備したという。

組合は、以上のような経過をへて、労働契約承継法に対し、労働者保護の目的で作られた法律として、「あってよかった」と評価している一方、「会社分割制度を使いながらそれを逸脱するような解約型転籍をやる法の抜け穴は認めないような法整備」が必要であると同時に、事業譲渡の際に「労働者の保護策があまりにも欠如している」ので、「事業譲渡に対する法整備というのは何よりも求めたい」と、現状の法制についてコメントした。

第4節　企業組織再編と労働組合の組織化

同社企業グループの中核労働組合（いわゆる親会社の労働組合）は、企業組織再編に伴い企業グループ会社（子会社）が多くなり、また、親企業からの転籍により子会社の従業員数が多くなることを踏まえて、子会社への組織化活動を強めていった。その活動は非正規労働者にも及んだ。

2002年の段階で、グループ労連は、10単組組合員約3500人であったが、組織化の運動により、2012年23単組7000人に規模を拡大した。

組合は、子会社の組織化であるヨコの組織化と非正規労働者の組織化であるタテの組織化に分けて組織化をすすめたが、それぞれについてみていくこ

とにする。

　まず、同労組の組織体制についてみると、親会社・企業グループ中核企業に組織されているのがE社ユニオンである。元々同社の事業部門であったが、分社化等によって設立された子会社に組織されているいくつかの組合が、E社ユニオンとともに構成しているのが全E社労働組合（以下、「中核企業連」という）である。中核企業連は、2014年8月現在、13社7単組によって構成されて、組合員数は約6630人である。中核企業連では「人・物・金・情報・ノウハウ」を共有している。従って、組合のビジョン、組合規約を共有し、また、専従体制や基本的運動方針も同一である。組合費も基本給の2.3%と同じであり、また、専従者も複数の組合の役員を兼任している。それによって、組合員数が少ない単組でも専従者[122]をおくことができて、中核企業連の運動を維持・強化することができる。単組が中核企業連の支部という体制に近いのである。そのため、中核企業連が同企業連に入っている組合の企業および企業グループ全体をチェックすることができる。ただ、労使協議・団体交渉は、単組が個別企業を相手に行っており、中核企業連はそれを行っていない[123]。

　中核企業連の構成組合ではなく、企業グループの他の会社に組織されている労働組合があり、16単組である（以下、「グループ友好労組」）。グループ友好労組の全組合員数は約1500人である。「グループ友好労組」と上記の中核企業連を合わせて結成されているゆるやかな連合体としてグループユニオン（以下、「広義企業連」）がある。広義企業連の組合費は組合員1人当たり200円である。2か月か3か月に1回集まって情報交換をしている。広義企業連は20社23単組約8100組合員を抱えている。組合[124]は、グループ友好

122　例えば、組合員数が200人の子会社単組でも中核企業連の専従者（親会社組合出身）が同労組の書記長を担当している。中核企業連の専従者は、会社側の連結事業部単位、すなわち、製造事業本部、物流事業本部、関連事業本部、海外事業本部をそれぞれ担当しており、個別企業を超えてグループ事業部全体の状況を把握し判断できるようになっている。従業員数が少ない子会社の場合、当該企業の組合員ではない者（概ね親企業組合出身）が同社組合の書記長として労使協議・交渉に参加している。その様な体制ができるように労働協約を締結してある。
123　各単組の委員長は中核企業連の中央執行委員を兼任している。
124　組合は、いわゆる親企業でありグループの中核企業に組織されている労働組合をいう。以下、特別なことがない限り、組合は同労組をいう。

労組が中核企業連に加盟するように働きかけを強めている。

1．ヨコの組織化（子会社の組織化）

　ヨコの組織化は、同じ企業グループで働く仲間を対象に、2001 年より本格的に取組み始めて、2004 年には第 1 次組織化計画（主要 18 社）[125] を策定し、2009 年には第 2 次組織化計画を策定して実行に移された。組織化のために、再編・転籍の交渉の中で、ユニオン・ショップ協定を認めさせることができた。「分社化すれば労働組合をつくるし、また、転籍があれば、これをチャンスに、じゃ、組合つくれ」という形で組織化をすすめた。その結果、前記のとおり、23 単組 7000 人まで組織が拡大した。「現場から声を吸い上げないと、あんな事件（後述の企業不祥事のことをいう）がまた起こる。我々は我々だけじゃなくて、グループ会社も含めてみていく必要性があるんだという価値観」ができたからこそ、「ヨコの組織化をすすめていかねば」という意識ができたのである。組合としては、「一定の分社化と転籍を認めざるを得ない分、じゃ、グループの皆さんができる限り同じ仲間」となるためには、ヨコの組織化をしていくことが必要であった。

　組合がヨコの組織化に取組む直接的背景は 2002 年発生した企業不祥事であった。同不祥事によって、子会社は刑事告発されてトップが身を引くことになった。組合は、企業グループ全体のコンプライアンス経営の必要性を痛感し、現場の声を伝える力を強めることが企業の存続および健全な発展には不可欠であると判断し、そのためにヨコの組織化に取組むことになる[126]。上記のとおり、分割・転籍により、企業のグループ再編が加速化し、子会社が

125　会社もその時期に「グループ経営と言い出した」という。
126　当時、組合は、「不祥事によって我々は非正規、そして、グループ従業員も全ての声を吸い上げることが労働組合の機能じゃないか」という考え方をもったという。不祥事が起きた会社には労働組合がなかった。また、「コンプライアンスが非常に重要であり、さらに現場の声を経営に伝えなければ、経営の健全な発展はない」、そして、「会社がコロコロ変わっていく中（再編の中）、現場から声を吸い上げないと、あんな事件がまた起こるよ。となると、組合がそこ（子会社：呉）にしっかり組織をつくっていくことが重要になってくる。（労働組合が組織化して：呉）グループ会社も含めて見ていく必要性があるんだ」、と組合が判断しヨコの組織化を決意したという。こうした決意ができたのも、同業のある会社が企業不祥事で消えてしまったという衝撃の影響といえよう。また、会社側も同じ危機感を抱えていたので、組織化に一定の理解を示したといえよう。

多く設立されてきたので、組合は、子会社のコンプライアンスをはかる上で
そこを組織化するというヨコの組織化の必要性をより痛感することになる。
また、連結経営の推進もあった。2000 年 3 月期より企業会計基準が単体か
ら連結に変わり、企業の評価は個別企業よりも子会社を含む企業グループと
なった。組合も企業グループの健全な発展を求める観点から子会社のチェッ
ク機能を図るためにヨコの組織化をすすめることとなった。「一定の分社化
とか転籍を認めざるを得ない分、じゃ、グループの皆さんができる限り同じ
仲間としてつながっていくために、やらざるを得なかった」ヨコの組織化に
近かったという。ちなみに、不祥事が起こった子会社を組織化して 2014 年
8 月現在、同子会社組合の組合員数は約 1700 人に達しており、中核企業連
に加入している。

　中核企業連の専従者が個別単組の執行部に入ってもいいという労働協約を
締結しているので、組合員の少ない単組にもその専従者を置くことができる。
親会社組合出身の専従者が子会社組合の書記長を担っている。そのため、「資
本従属関係の中で苦しんでいるそれぞれの会社の問題点などを吸い上げて、
親会社の経営者に対して伝えることができる。」

　組合は、グループの再編をする中で、「社長に対し、グループの格差、こ
れが一番の課題であり、これを埋めるというのは経営課題じゃないか」と要
求し、転籍先である子会社の労働条件の引き上げに組合活動を強化してきて
いる。親会社から子会社に転籍する際に、労働条件が悪いので、行きたがら
ない。組合が、転籍の交渉はするが、「後はもう自分で選んでくださいとい
うスタンスは無責任ではないか」と考えて、子会社の労働条件を引き上げる
べく間接的な交渉を行っている。すなわち、会社が転籍の可能な状況をつく
らないと、転籍に合意できない、あるいは、個人が転籍を選ばない可能性が
あること [127] を会社に伝えて、子会社の労働条件の引き上げに取組むようにし
た。組合は、企業組織再編の第 1 段階から子会社の賃上げ、所定労働時間の
短縮を要求し実現したことがある。ヨコの組織化は結果的に転籍の円滑化、
さらには企業間処遇格差の縮小にも資するものである。

---

127 「この労働条件に不安をもっている従業員がいる」と伝え、その不安を和らげるため
　には転籍先の労働条件をあげる必要があるという間接的な交渉をしたという。

労働組合は、2005年から、組合員が転籍を通じて子会社に移っていく中、転籍先の労働条件に不安を持っている組合員がいたので、転籍先の労働条件を引き上げて、中核企業である同社との格差を縮めていくことが重要であると考え、既述のとおり、子会社の処遇改善を求めた。その結果、所定労働時間の短縮、特別休暇、忌引休暇、結婚休暇、慶弔休暇、健康保険の適用等、社会福祉的なところで改善を図ることができた。また、非正規労働者に関しても転籍先の雇用期間、雇用形態、職種、役割などの労働契約を明確にさせたこともある。

ヨコの組織化が企業グループ全体のコンプライアンス経営の強化および健全な発展、子会社の処遇改善の実現および処遇格差の縮小可能性をいっそう高めた。組合組織も企業別組合から中核企業連や広義企業連へとその活動領域を広げる形に転換していったのである。

2. タテの組織化（非正規労働者の組織化）

組合は、同じ職場に働く非正規労働者を対象に、2003年10月に組織化方針を固めて、翌年オープン・ショップにてタテの組織化に動き出した。2006年11月に、労使は、組合員の範囲を1年以上継続して勤務しているパートナー社員へ広げるユニオン・ショップを締結した。その後、関係会社に勤めている非正規労働者の組織化にも取組んできている。

組織化に取組む背景には、ヨコの組織化と同じく、2002年、企業不祥事の発生があった。組合は、コンプライアンス経営の必要性を痛感して現場の声を伝える力を強めることが企業の存続および健全な発展には必要不可欠であると考えて、組織化の必要性を確認した[128]。さらに、会社の効率化施策・グループ再編の加速化により、労務体制の見直しや出向などの労務課題が山積する中、現場の意見を吸い上げ、また落とし込む組織体制が必須であると

---

128 組合としては、連合の評価委員会でいわれたこと、すなわち、労働組合は「専従者だけの既得権、サロン化していないか。弱者に寄り添った労働運動ができているのか、そこで再編が来て、分社化等がいろいろ行われるときに、じゃあ（非正規労働者の組織化をしよう：呉）という話になったときに、ドーンと激震（＝企業不祥事：呉）が起こって」非正規労働者の組織化に踏み切ったという。その激震がなかったら、「多分、組織化もできていないし、分社化の対応も多分そこまではできていなかったと思う」と、組合幹部は述懐する。

組合が考えたことも背景として挙げられる。「会社における絶体絶命の危機と労働者・労働組合における危機が組織化の必要性を痛感させる大きなきっかけとなった」のである。

　組織化の背景についてより具体的にみてみると、タテの組織化は、3つの危機に対応するためであった。労働組合員数が全従業員の半数を割り込むという代表制の危機、集団的発言メカニズムの危機、そして社会性の危機である。まず、第1に代表制の危機についてみると、1999年4月から労働基準法の改正により、休日・残業協定を結ぶ労働者の過半数を代表するものについての資格や選出方法が明確になったが[129]、当時、同社では全従業員における組合員は約40％と、過半数組合となっておらず、代表制の危機に陥っていた。特に事業所の中で組織率が低かったのは、地方の工場部門であった[130]。代表制の危機となったのは、団塊の世代が定年退職等で減っていったが、会社は、正社員の採用を抑えて、その分、非正規労働者を増やしていった結果である。2002年、正社員約2900人、非正規労働者2000人であったので、正社員だけが組合員であっても過半数組合であったが、2011年正社員約1500人、非正規労働者2500人となると、正社員だけが組合員であれば過半数割れとなる。非正規労働者の組織化によって、非正規労働者の中で約1600人が組合員となり、過半数組合となったのである。

　第2に、労働組合が職場の全労働者の声を代弁するという集団的発言メカニズムの危機である。組合は、職場で重要な戦力であるパートナー社員の声を反映することが生産性の向上には不可欠であり、また、不祥事を二度と発生させないためにも問題が発生する現場に一番近いパートナー社員の声を吸い上げることが重要である、と組織化を決意した。パートナー社員の勤続

---

129 残業協定の締結を求めている労働基準法では、従業員過半数代表の選出・要件については規定が設けられておらず、施行規則6条や通達（平成11・3・31基発第169号）で次のように示された。すなわち、過半数代表者となる者の要件として、「労基法第41条第2号に規定する監督又は管理の地位にある者ではないこと」、「法に規定する協定等をする者を選出することを明らかにして実施される投票、挙手等の方法による手続により選出された者であること」が定められており、同通達では、「挙手等」の「等」には、「労働者の話合い、持ち回り決議等、労働者の過半数が当該者の選任を支持していることが明確になる民主的手続が該当する」という規定が設けられた。
130 企業内（事業所内）組織率が最も低いところは約10％であった。また、30％以下も6か所あった。

年数は伸び続けて、5年以上の者が全パートナー社員の54%に及び、中には20年、30年以上の人もいたという。

第3に、社会性の危機である。「すべての労働者の代表として、社会的弱者に寄り添った運動ができているのか、すなわち、正社員の既得権益のみを考えていないか。また、労働組合法上の労働者定義や労働協約の目的、さらには有期契約法制の趣旨に則った活動をする責任および存在ではないのか」という問いに応えるためにも組織化が必要であると考えた。

組合は、以上の3つの危機を乗り越えるために、上記のとおり、2003年10月パートナー社員の組織化方針を決定し、翌年3月春闘にて「ユニオン・ショップ協定締結」を会社側に要求したが、「オープン・ショップ」であれば認めるという回答をもらい締結をみたのである。組合は、同年7～8月に全国の14支部に加入説明をスタートし、9月平均約60%の加入率を上げることができた。2005年3月春闘において、「リーダー手当」、「育成・考課・契約更新面接」を要求したが、前者は継続協議、後者は翌年希望者に限って行うとの回答を引き出した。秋季交渉では「再雇用制度導入」、「雇い止め時の一時金支給」を要求し、前者は回答を引き出したが、後者は回答を得ることが出来なかった。また、2006年春闘において、「役割手当」、「社内公募制度導入」を要求したが、前者は継続協議、後者について回答をえた。10月パートナー社員人事処遇制度導入に労使が合意し、また、11月には「ユニオン・ショップ協定」を締結した。

以上の運動を通じて、組合は、非正規労働者の組織化方針を定期大会にて決定してから、3年超の期間をかけて、パートナー社員の100%加入を成し遂げることができたのである。ここまで時間がかかったのは、組織化がコスト削減にマイナスの影響を及ぼしたり、労使手続きに面倒をかけたり[131]するのではないかという会社の難色を和らげるためであった。その他、組合に入ると金銭的・時間的負担が増えるのではないかという非正規労働者の憂慮を払拭するのにも時間がかかったが、比較的に短時間で解消したという。

---

131 例えば、会社の休みをずらしたい場合、会社は1か月前に労働組合に通知しなければならないが、非正規労働者が組合員になると、対象の範囲が広がり、会社の面倒な手続きが増える。

3. 組織化の効果

　組織化の後、組合は、雇用安定と労働条件の改善を求めて運動を展開した。リーマン・ショック後の 2009 年の春闘で、組合は、会社より「企業理念に基づき、従業員の雇用を最優先に取組んできた。今後もこの精神は変わるものではない」との回答を引き出すとともに、本人の希望により、雇用契約を単年度から 2 年にすることができるようにした。組合は、2011 年と 12 年、雇用契約期間の撤廃を求めたが、「安定雇用の基本認識は変わりなく現行通りとする」という回答を得るに留まった。2013 年の春闘では、労働契約法の改正を踏まえて、契約期間の撤廃を求めたが、会社より「継続協議とし、遅くとも法定の雇用契約期間の定めが撤廃される前まで採用審査の見直しや雇用身分の再定義等の内容を確定の上、実施する」との回答を引き出した。また、上記の不祥事の時でも「我々はいかにどんなことがあってもリストラしないんだと経営に求めて、人こそ財産だと。リストラしたら、後で後悔するぞ。安易なコストカットに走るな」という交渉をした結果、会社は、リストラをしなかった。

　労働条件の改善については、2007 年春闘から毎年ベア要求を行い、非正規労働者の賃上げに一定の回答を得ることが出来た。回答額は、2007 年一律 700 円、08 年一律 500 円、09 年一律 500 円、10 年一律 300 円、11 年一律 300 円、12 年一律 300 円、13 年一律 300 円、そして 14 年平均 723 円であった。

　組合は、非正規労働者の組織化の効果として次のことを挙げている。第 1 に、より現場の最前線で働く従業員の声が集まることにより、交渉力がアップし、また、非正規労働者組合員を組合役員へ積極的に登用することによって組織強化を果たすことができた。第 2 に、非正規労働者組合員に労働条件の改善、雇用不安の払拭、さらには自己実現の実感をもたらすことができた。第 3 に、既存の正社員組合員の非正規従業員に対する関心が高まり、職場の一体感が醸成されて職場運営が円滑になるとともに、非正規労働者の離職率が下がって生産効率がアップした。そして、第 4 に、非正規労働者が QC サークル活動への参加を通じて、生産性向上に貢献し、また、会社への帰属意識やロイヤリティが向上し、ひいては会社の施策や経営者の思いを従業員全員で共有できるようになった。

こうした非正規労働者の組織化活動は、次のような発言を見る限り、組合執行部や職場委員にも貴重な経験となった。すなわち、「労働運動の必要性や意義を肌で感じ、自分の言葉で語ることができるようになった」、「誰かのためにという視点が持てるようになった」、「今まで収集されなかった貴重な意見が集まるようになり、職場が元気になってきた」、そして「リーダーとしての自覚が生まれ、自己成長に繋がった」等である。

以上、組合は、ヨコとタテの組織化を積極的に推し進めてきたが、あるべき姿は「グループ全従業員の組織化」とみて、これからもそれに向けて運動を展開していく方針である。

第5節　まとめ

同社は、2000年初頭から企業組織再編を推し進めていったが、人事の面でみると、在籍出向から解約型転籍、事業譲渡での解約型転籍、そして会社分割と解約型転籍という3つの段階に区分される。労使は、各段階に労使協定（労使確認書）を締結して転籍に関するルール作りを行った。事業譲渡の個別転籍の際にも、個人の転籍同意の前に、組合が会社との協議の上、協定を結び、一定のルールをつくったのである。そのルールの中で重要な内容は、転籍元会社と転籍先会社との間に、将来にわたってビジョンとメリットの共有、転籍の際に手続きの明確化（組織同意後個人同意）と本人の適正に選択できる環境の整備、事前協議と雇用確保責任および処遇格差の補填等である。第3段階の会社分割と解約型転籍では、承継法の規定を上回る内容が協定された。その内容は、承継の際に当事者の自主的な正社員区分選択、非正規労働者の正社員化または有期雇用の無期転換、承継会社における人事処遇制度の統一時の処遇水準の担保、組合同意による分割・承継の実行等である。

労働組合が承継法を上回る内容で協定を締結することが出来たのは、2002年企業不祥事以降、コンプライアンス経営の徹底化を求めて、非正規労働者を含めてグループの労働者全ての声を吸い上げることが組合の機能であると考え、運動を展開したからである。その中でも組織化は特記すべきである。企業グループ経営の強化の下、分社化の企業組織再編が進められていったが、

企業グループ全体のコンプライアンス経営の徹底化を確保するために、分社化される企業の組織化（ヨコの組織化）および非正規労働者の組織化（タテの組織化）を組合は進めた。その結果、企業グループ全労働者の雇用安定・処遇改善に進展があった。

　このような組合運動ができたのは、組合リーダーの判断力と実行力のほかに、会社が労働組合との信頼関係を大切にしていること[132]、創業者の代から「雇用を守る」[133]という企業の方針があること、また、「品質 No.1 経営」を目指し、商品の製造、製品の研究・開発、運送および販売等全ての工程を同社グループが一体的に担っており、分社化・転籍および承継先の企業が同社の100％の子会社であること、すなわち企業グループ内の再編であることを挙げることができる。

　労働組合は、あるべき姿として「グループ全従業員の組織化」を描いている。2000 年代以降、ヨコおよびタテの組織化を通じて、同社単体の正社員数の減少に伴う組合員減少を乗り越えて、中核企業連および広義企業連の組合員数を増やし、前者約 6630 人、後者約 8100 人に達した。もしそういう組織化をしなかったら、組合員（親会社の正社員組合員）は約 2400 人に留まっていたと考えられ、組合員数を増やした組織化運動をいくら強調してもしすぎることはない。しかし、同社グループ国内全従業員数は約 2 万 3000 人であり、あるべき姿に近づくまでの道程はまだ遠いと言わざるを得ない。今後、同組合のあるべき姿を目指す組織化の運動が企業グループ全企業のコンプラ

---

132 現在の組合は、いわゆる第二組合にあたるが、1968 年、「このままじゃ会社がつぶれる」ほどの激しい運動を行った、イデオロギー的に違う第一組合から分裂してできた。第二組合は、「労使は協調しなきゃいけない」という考え方をもって運動を行ったので、会社が発展した。創業者もそれを評価し、「労働組合を大事にしろよ」という創業者精神が続いていることも一要因といえる。第一組合はいまでも存在するが、組合員数は十数名に過ぎないという。現在の組合は、第一組合があることもあって、会社と緊張関係をもっていると考えるところもある。組合は、労使協調は「会社の健全な発展と組合・組合員の幸せ、生き甲斐、やり甲斐の実現という共通部分」があるからできており、「労使の意見の食い違いは話合いで解決をしていきましょう、折り合いをつけていきましょう」という内容が含まれていると見ている。そういう意味で、労使は、「均衡」あるいは「カウンターパートナー」であり、「信頼関係をベースにした緊張関係と労使協調関係」である、と組合は考える。

133 同社では、「わが社は、従業員が真の幸せと生き甲斐を求める場として存在する」という企業理念を掲げている。創業以来、「整理解雇もしたことがありませんし、早期退職募集もしたことがないんです」という。

イアンス経営の徹底化を図り、健全な経営および「品質No.1経営」の実現を促すものと期待される。そのような経営の推進の中で、企業組織再編が多く行われるとみられるが、その際に、転籍等をめぐる今までの協定・慣行に基づき法律を上回る内容で雇用の安定や処遇の維持・改善等が図られ、また、それに伴い労働者の働く意欲や働きがいが高まっていくように、引き続き労働組合が大きな役割を果たしていくのであれば、企業グループのいっそうの発展に好影響を及ぼしていくものとも期待できる。

　労働組合が、法律を上回る制度・規程等の導入、そのなかでグループ全体と転籍・承継先企業、そして当該労働者の「3者ウィン・ウィン」になるような再編原則の確立、ヨコおよびタテの組織化を通じて、企業不祥事、企業組織再編とそれに伴う転籍・承継という変化を組合存在意義の向上および組織拡大のチャンスに生かし、また、企業グループ全体のコンプライアンス経営の徹底化による健全な発展に好影響を及ぼす運動を行っているといって過言ではない。企業グループの経営の強化、頻繁な企業組織再編、さらには組織率の低下や非正規労働者の増加の時代、同労組の運動は労使、特に労働組合に大きな示唆を与えるものである。

　事業譲渡と会社分割に限って本事例から得る示唆を見てみると次のとおりである。第1に、事業譲渡に特化した法規制がない中、企業は民法625条に基づき労働者の個別同意を得て転籍を行っているが、同社では、労使が協定書（確認書）を締結して転籍の枠組みをつくり、それに基づいて、労働者個人の同意を得ていること、すなわち組織同意後の個別同意がなされている。

　第2に、労使が適切に選択できる環境の整備を行って、個別同意が強制されるものではなく労働者本意によるものにしたこと。

　第3に、事業譲渡においても承継法手続の準用をしていることならびに譲渡先企業における労使協議の枠組みの設定、会社分割・承継法に関しては、承継法を上回る内容、すなわち、4か月前の会社申し入れ、承継企業での雇用保障（分割会社の雇用責任の明確化）、承継企業での労働条件統一時の個別労働者の処遇水準の確保、承継法の7条である労働者の理解と協力を同意に格上げして労働組合の関与度のアップを図ったこと等が挙げられる。

　また、組合は、組織再編に関する法制について、事業譲渡では一定の法整

備の必要性があり、会社分割では会社分割と労働契約承継法の連動強化の課
題[134]があるものの、同承継法は労働者保護に寄与しているとコメントした。

　最後に、今後の課題となりうるのは、同社における企業組織再編は全て企
業グループの中で進められて、上記のように法律を上回る労働協約・制度の
導入等がなされたが、企業グループ外の企業との再編の際に、今までのよう
な対応がそのまま維持されるかという点である。また、これに関連するが、
商品の製造から、物流、販売までの全工程を同社グループが行っているが、
その方針が変更となる場合、再編における労使の対応がどのようになるかも
注目すべき点である。

【参考資料】

（労働組合提供資料）

（1997）「直販4社出向者への転籍について（協定書）」（1997年8月17日）

（2002）「転籍に関する確認書」（2002年4月21日）

（2007）『組合結成40周年記念誌』（2007年10月20日）

（2008）「グループ経営における目指すべき組織体制（経営形態）について
　　　（質問および申し入れ事項）」（2008年5月14日）

（2008）「グループ経営における目指すべき組織体制（経営形態）について
　　　の団体交渉、および関連した質疑応答について（協定書）」（2008年7
　　　月18日）

（2008）「北海道販売部及び中部・九州FS部に得意先移管に伴う転籍につ
　　　いて（協定書）」（2008年7月29日）

（2008）「EA工場従業員のEH社設立に伴う転籍について（協定書）」（2008
　　　年7月29日）

（2012）「組合ニュース」（2012年5月21日、6月4日、6月18日、6月23日、
　　　8月7日、8月24日、9月3日、9月10日）

134　会社分割でありながら、労働契約承継法に基づかない人事（転籍）がないようにする
　　こと。すなわち、会社分割であれば必ず労働契約承継法に則って人事（労働契約承継）
　　を行うようにその連動を強化すること。

（2012）「労使協議会議事録」（2012 年 6 月 18 日、7 月 23 日、8 月 6 日、8 月 22 日、9 月 3 日、9 月 10 日）

（2012）「承継が困難な制度および代替措置案」（2012 年 7 月 23 日）

（2012）「製造工場の分社化申し入れにおける再要請事項に対する回答」（2012 年 9 月 4 日）

（2012）「製造工場の分社化における協定書」（2012 年 10 月 31 日）

（2012）「分社化に関する労使確認書」（2012 年 11 月 2 日）

（2013）「労働協約」（2013 年 9 月 1 日）

（2016）「事業再編と労働組合の課題」事例報告（2016 年 3 月 25 日、連合シンポジウム資料）

（2016）「組織化の取り組み報告〜全 E 社労働組合（E 社ユニオン）の事例紹介〜」（2016 年）

第6章

F社の企業組織再編と労使関係 （「F事例」、分割） [135]

第1節　会社および労働組合の概要

　F社は、1930年代に設立され、家庭用音響機器の先駆けとして事業を拡大し、1970年代から80年代にかけて車載用音響機器と映像機器へと事業展開し、先進的な技術力と販売力を武器に既存市場にないユニークな商品を開発し国内外にわたりそのブランド力とともに着実に業績を上げ成長してきた。

　しかし、2000年代中盤以降、当時主力としていた映像機器における技術開発競争の熾烈化に伴って多額の投資を重ねたものの、消費市場の変化に加えてリーマン・ショックの影響により、映像事業の大幅な縮小を迫られることになる。特に投資に使われた多額の有利子負債が同社の経営に負担となった。その結果、経営上、大きく舵を切り、それまでの事業ポートフォリオを見直し、祖業でありながら市場縮小の渦中にあった家庭用映像音響機器事業から将来の拡大が見込まれる車載機器事業に経営資源を集中することを決めた。そのため、家庭用音響機器事業の分割及びカーブアウト（切り出し）を順次実施し、これにあたっては労働契約承継法の活用など労使協調の中での労働政策の実施を模索していった。

　同社の最近の業績をみてみると、2015年度の連結売上高は約4,500億円、経常利益は72億円となり、ここに至り懸案であった有利子負債の縮小も実現し、上述の2000年代中盤の減収減益が続き負債も厳しかった経営から回復への転換をはかっている。

---

135 同社の労使へのヒアリング調査は、2015年12月2日に行った。労使それぞれ2名、計4名の方が事務所の移転等で大変お忙しい中でも調査を受け入れ、貴重なお話をしてくださった。この場を借りて深く感謝の意を表する。

同社には、企業別労働組合があり、組合員数は2015年の時点で約2,500人である。

第2節　企業組織再編の展開と労使関係

1.　企業組織再編の流れ
　前節の事業再編の経過の中で同社が取組んだ事業の分割・切り出しの事例として、同社の得意とする音響機器事業のひとつであるFA事業を取上げて、その再編をめぐる労使関係展開について見ていくことにする。

2.　会社分割と労使関係～FA事業を中心に～
　会社は、2014年10月17日、「FA事業の譲渡ならびにそれに伴う会社分割および子会社株式の譲渡について」という題でプレスリリースを行った。主な内容は、FA事業部門を分割し、世界大手投資ファンドであるFM社が実質的に保有するホールディング会社に譲渡する。ホールディング会社の事業会社として新設されるFN社が同部門を承継するというものである。同社は、今回の譲渡により約600億円弱の特別利益を見込んだ。承継会社は、同社が株の一部をもっているものの、同社の連結会計対象企業ではない。
　まず、分割の背景についてみることにする。上述のとおり同社は、車載機器事業へ経営資源の集中を加速した。成長戦略を迅速かつ確実に実行して経営基盤を強化するためであった。車載機器事業以外の事業は縮小していくことになり、FA事業もそれに該当する。
　同社のFA事業は、その市場において圧倒的なブランド力と技術力を背景に市場の成長を牽引し、抜群の認知度とマーケットシェアを有し、同社において利益率が最も高く稼ぎ頭であった。しかし、選択と集中という経営戦略の観点から、同事業を分割して売却するという決断をした。同社は、FM社が、資金リソースや事業再編・事業価値向上のノウハウを有しているので、同事業のさらなる発展に最適であると判断したと見られる。同社ブランドは引き続き使うことになった。
　いっぽう、車載機器事業は、海外を含めて非常に隆盛で、車の需要拡大に

もさらなる将来性が見込まれるのではないかと判断され、この事業に集中するために、同社はその他の事業を切り出す決断をしたのである。

分割対象事業は、FA 事業を行っている事業部（開発、設計、営業等）である。「事業部丸ごと」が分割されたので、分割対象労働者がその事業に従事している程度が「主か従という懸念」はなかった。そのため、分割対象の線引きには問題がなかった。社内では、同事業の分割に対しては次のように惜しむ声も多かった。同事業は、「付加価値が高く利益率が高い」であったり、「売上も上がって利益率も高いので、要は右肩上がりというか堅調に成長している成長事業」であったり、「年間売上も 150 億円、200 億円を超えていた事業」というような声であった。

同社では、選択と集中戦略の下、車載機器事業に経営資源を集中させており、また、有利子負債を多く抱えている中で、同事業に「なかなか投資ができない」ので、FM 社に行けば、投資がまた望める可能性に期待し、分割に踏み切ったのである。

分割をめぐり労使の協議は、約 2 か月にわたり数回行われたが、その内容を具体的にみてみることにする。同社では、2014 年 11 月 28 日に臨時に中央労使協議会が開催され、会社は、FA 事業の譲渡に関する説明を行った。会社は、譲渡の背景について、第 1 に、車載機器事業に経営資源を集中・特化させることを決断したので、他の事業に投資できず、外部の力を借りなければならない。第 2 に、FA 事業の存続・成長を図っていくためには継続的な投資が必要であり、最適なパートナーが現れた。第 3 に、多額の有利子負債を抱えている中、譲渡で得た資金を活用して、その負債を減らし、バランスシートの大幅な改善を目指す。これにより、車載機器事業を中心とした成長戦略に大胆かつ柔軟に取組むことが可能だと判断したことを挙げた。

また、会社は、新設承継会社に承継されるのは、吸収分割契約に掲載される確定人員であるが、FA 事業部に在籍している全員とその他の間接部門の人員を合わせて約 250 人であり、そのうち間接部門の 10 人は、本人同意の下、分割契約の前に FA 事業部へ異動する予定であることを明らかにした。そして、承継される労働者の労働条件は、労働契約承継法に基づき分割会社での賃金制度や水準等がそのまま承継されるものであり、退職金や勤続年数も引

き継がれること、さらには承継後も数年間は総体的に不利にならないように労働条件を維持すると説明した。そして、会社は、労使協議や承継対象者への説明や新設承継会社の立地および移転スケジュールについても説明した。

　労働組合は、これらの会社説明に対し、労働条件の中で承継が難しいものは何か、分割会社における賃金制度の承継会社への適用、承継会社における組合結成およびユニオン・ショップ締結等について確認・質問等を行い、その段階での会社方針を引き出した。

　2014年12月22日、改めて臨時に中央労使協議会が開催され、主に承継される労働条件の詳細について、会社の説明とそれに対する労働組合の確認等が行われた。承継される労働条件は就業規則、賃金規則、住宅制度、福利厚生制度等のほとんどであることが伝えられた。質疑応答では、労働組合が分割対象部門の組合員を対象に職場討議を行い、意見を集約したところ、勤務地に関する質問が多く寄せられたと告げ、それに対する会社の検討経過を聞いた。

　2015年1月13日、労使は、臨時中央労使協議会を開き、承継会社の設立の進捗状況等について話合いを行った。まず、会社は、承継対象者に対し全員面接を実施しながら新会社の人員確定を進めており、ほとんどが予定どおりであると説明した。会社は、勤務地および移転スケジュールについて、検討中のオフィスの立地等を説明し、また、承継に当たっての法的手続きとして、2015年1月19日、承継対象者の確定、29日、吸収分割契約の締結、2月10日、労働契約承継に関する事項の労働組合・従業員への通知、10日から25日まで異議申出期間の設定、そして、4月3日、新承継会社のスタートを予定していることを説明した。質疑応答では、分割対象部門の組合員を対象に再度職場討議を行い、意見を収集したが、移籍への大きな課題はないものと認識していることを、労働組合が告げ、会社による個人面談で何か課題があったのかを聞いた。会社は、個人面談を実施したが、何の課題もなかったものの、多くの者から勤務地についての質問があったことを報告した。

　労働組合は、以上のことを踏まえて、承継に向けて「特筆するような大きな課題は今のところなく、会社側には引き続き着実かつ丁寧に取組んでもらいたい」と発言し、今回の承継について会社の対応に了承の意を示した。

同承継を進めるに当たり、労使とも該当者に個人面談・意見聴取を行っていったが、同事業の所属長が直接個人面談をしたほうがよいと考えた。所属長が「全体の説明会をやってから個人面談を丁寧にやった。そうしないと問題になるという前提のもとに最初から丁寧にやりましょう」という感じで、個人面談を進めた。個人面談の中で、「どうしても事情があって、新会社に行くのが難しい人については事前に人事異動をした者が数名いた。」そこまで配慮する「優しい会社」の対応であった。会社は、このように、個人都合配慮措置もとったのである。

労働組合にいくつかの声が届いた。「あれって（労働契約承継：呉）本当に行かなきゃいけないのか、行かなかったらどうなるのか、行きたくなかったらどうなるのか」という分割・労働契約承継の制度に関するものであった。労働組合は分割・労働契約承継の制度を説明して「その制度の中で判断することが望まれる」という旨の助言を行った。そういう対応で組合員は承継のことを理解し、結果として異議申し立てをすることはなかった。

労働組合は、承継に関する労使協議会の広報の中に、毎回組合員に対し「何か困りごとや疑問・不安などがありましたら、執行部にご相談ください」と促し、対応してきた。しかし、前記のとおり、分割・承継そのものに対し、組合員からの特記すべき課題は挙がってこなかった。その要因は何であるのか。第1に、FA事業部門は、同社の中でも利益率が最も高いが、同部門が切り離されることについて、同部門の組合員には特に大きな反対意見がなかったと見られる。第2に、世界的な投資ファンドであるFM社は、同部門を買収し、企業価値のより高い企業に発展していくものと、同社の組合員は考えたと見られる。また、第3に、やりたい仕事が続けられるからである。「FA事業の設計開発を是非やりたい」、「嗜好性が非常に強い商品であった。」全員ではないが、「やはりそのように考える人たちを中心に配置もしてきたこと」、さらに「大変思い入れの深いメンバーで構成されている1つの事業部であったのは間違いない」からであろう。第4に、ブランドも残る。新設分割しても引き続き従来のブランドを使い、事業部丸ごとの分割となるので、まったく別の会社に行くという違和感があまりなかったとみられる。第5に、同社の労働組合は、結果として得られる同部門の売却益で有利子負債を減ら

した上で、車載機器への資源集中により成長・発展を図ろうとする会社の方針に大きく異論の声を上げることが同社の成長や発展を第一義に考える上では望ましくないと判断したと考えられる。リーマン・ショック以降、苦労の時代が続いたが、ようやく、最近、好転しており、また、株価も上がっているという。

　最終的に新設承継会社に転籍したのは、FA事業部の全員と間接部門の人員とで合計約260名であった。間接部門の人員は、新会社立ち上げに向けて、FM社との間で組織されたタスクフォースのメンバーとして入っていた人材として、人事、経理、物流、情報、品質、知財などの知識や経験を有している社員であった。個別同意を得てFM社との譲渡契約の前にFA事業部に異動し、同事業部の一員として一緒に労働契約承継がなされた。なお、同事業部門の従業員は、その時、同社企業グループレベルで行っていた希望退職募集対象から外された。

　労働組合は、数回臨時に開催されたFA事業部門の分割をめぐる中央労使協議会で会社の方針に大きく異議を唱えることは結果的になかった。上記のとおり、異議申し立てを起こす必要のない再編であったからとみられる。労働組合は、事業縮小が続く中、経営責任を問う問題提起は行ったものの、やむなく行われる希望退職や会社転籍において、入り口の大前提として「解雇ではなく、あくまで本人の希望に基づくものである」ということを会社に確認させるとともに、会社の将来性を示してもらうように促した。会社からみると、「労働組合の協力なしには再編はうまくいかなかった」と考えるほど、労働組合の対応が重要であった。

　ところで、労働組合は、「経営責任はどうなのか」という形で経営責任を問う発言をするものの、「経営はあくまで経営者が行うものであり、経営判断に関しては労働組合としては強く是非を問うべきものではないというのが我々の労働組合のスタイル」という考え方[136]に基づいて組合活動をしている。会社には、経営判断の背景や目的に関する詳細な説明を求め、その考えにつ

---

136 例えば、事業縮小により余剰人員が発生する場面でも、労働者を「活用できてないのではないか」というスタンスで物を申す。「一人ひとりの生産性をあげることが、結局会社が良くなることにつながる」というスタンスで経営責任を問うにとどまる。

いて、コミュニケーションを通じ、組合員に十分な浸透を図ることに重きを置いている。こうした組合活動を「経営権を尊重した組合活動」と名付けることができよう。会社も「そういった一連のこと（企業組織再編のことを指す：呉）をやる中で、やはり労使関係の大事さを十分認識した上で進めた」というように、いわゆる「労働組合重視対応」を行ってきた。

　ちなみに、承継会社における労働組合の結成は、新会社が設立され、事業譲渡が完了した後の2015年11月16日のことであるが、その時までは、本体の労働組合が面倒をみる形をとった。承継時の労働協約を同社、承継会社、同労組という3者の名で締結し、承継会社の労働組合が正式に発足するまでは同労働組合の1職場（支部）という扱いであった。承継会社における労働組合の結成日は、承継されてから約7か月が経った時のことであった。承継会社の労働組合は、どこの上部組織にも加盟しない、いわゆる独立系の組合となった。

　以上、同社では、分割法・労働契約承継法を活用する上で問題がなかったが、そこには労使の信頼関係が重要であったと考えられる。そういう労使の信頼関係がなければ問題が発生する可能性についてのコメントもあった。それは日本的雇用慣行に関することであった。日本的雇用慣行の1つに、企業が特定の職務に必要な労働者を採用するよりも、良い人材を採用して様々な仕事を経てキャリアを形成させていく慣行がある。そういう日本的雇用慣行の下、分割・労働契約承継の際に、その対象になる労働者が必ずしもそれに納得するとは限らないという問題について次のように懸念が示された。すなわち、「ローテーションの一環でここ（分割・承継対象部門：呉）に所属しているとすると、いずれ違う部署に行くということも可能性として持っている」、「承継法、日本のような会社だと、ローテーションで人材を異動したり、職能で人材を異動させていく。職務で雇っているのではないという点もあり、やはり承継法は日本には少し馴染まないのではないかという点を、個人的に感じている。」と会社側はいう。

　労働組合は、「会社分割とか吸収という手法は、素人には非常に分かりにくい。その手法について事前に知っておかないと、もう全然追いつけない案

件であった」と述懐し、事前に会社分割・労働契約承継に対する知識を習得し、対応力を備える必要があると指摘した。同労組は、速やかに再編関連の政府ガイドラインを手に入れて、今回の事業再編の参考にしたことがよかったとし、次のようにコメントした。「何に基づいて労使協議会を開かなければいけないのかという点は法律が基本的にガイドラインとしてあったため、そういう意味では我々としてはやりやすかった。」

さらに、事業の分割については、「分割が完了したら、すぐに労働条件を下げてよいのか」という課題に関しては、法律上規定を定めてよいのではないかという指摘もあった。

第3節　まとめ

同社は、車載機器事業に経営資源を集中する過程で、FA事業を分割し、世界大手投資ファンドが設立した会社に売却した。それは、結果的に得られる売却益による有利子負債への返済とFA事業への持続的な成長を期待してのことであった。

分割・労働契約承継をめぐっては、労使が数回にわたり臨時で中央労使協議会を開いて協議した。労働契約承継法に基づく手続きの推進に大きな問題は発生しなかった。それは、分割対象事業部門が最も利益率が高い中、分割によってもっと高い成長可能性が展望できること、引き続きブランドが使えること、さらには事業部丸ごとが承継されるので、承継対象労働者の線引きが明確で主か従かをめぐる異議申し立てが挙がらないこと、また、対象労働者にとってやりたい仕事を続けられること等による。

同事業部門で働いていなかった人事、経理、物流等の間接部門からの人員が労働契約承継されたが、個別契約ではなく、分割契約の前に当事者からの同意を得て同事業部門に異動させて、同部門の労働者の一員として承継会社に承継された。

同社は、事業の撤退に伴う雇用減を最小化するために撤退する事業に携わる従業員を車載機器事業等に吸収し、それでも対応できない場合、雇用調整施策として特別退職優遇措置をとってきた。また、直近のFA事業の分割・

承継、さらには譲渡を行い、雇用を調整してきた。このような過程で、結果的に、労使が紛争に発展することはなかった。その背景には何があるのか。第1に、企業の従業員尊重経営を挙げることができる。同社は、人間尊重の経営を行い、「優しい会社」であった。やむを得ず雇用調整を行う際は、他の部門で最大限吸収し、それでも対応できない場合、労働組合との協議の下に進められた。「労働者の団結権を尊重し」、労働組合とは「相互信頼にもとづいた『話合い』を基調とする良好な関係の維持・向上に」努めてきた結果といえよう。それに関連するが、第2に、労働組合の「経営権を尊重した組合活動」が挙げられる。労働組合は、「経営はあくまで経営者が行うものであり、経営判断に関しては労働組合として強く是非を問うべきものではない」という考え方に基づいて活動を行ってきた。度重なる企業組織の再編過程で、特別退職優遇措置に基づくものとはいえ、多くの組合員が会社を退職していく中、そういう考え方を貫くことは容易なことでなかったと考えられる。会社は、「労働組合の協力なしには再編はうまくいかなかった」と労働組合の活動を評価し、「労使関係の大事さを十分認識した上」「労働組合重視対応」をし続けた。こうした労使の信頼関係が紛争の根を断ち切ったといって過言ではない。FA事業の分割の際に、労使は、数回にわたって労使協議会を開き、相手に十分な情報を提供しながら協議を進めるとともに、それぞれ対象の従業員に説明会や個人面談を通じて分割に対する意見があるのかどうかを確かめながら誠実に対応した。労使いずれの意見集約でも対象の従業員から否定的な意見が多く挙がらなかった。その具体的な背景は、前記のとおりであるが、その他、分割・承継の後、複数年間は労働条件が不利にならないという法定内容以上の対応も見逃すことができない。

　会社分割・労働契約承継により、同社は円滑にFA事業を売却し、結果的に得られた売却益で多額の有利子負債を返済して、車載機器事業に経営資源を集中させることができた。今後、それによって、同社が一層の発展を遂げていければ、同事業の分割・承継はその原動力となったと記されるだろう。

【参考資料】

（会社提供資料）

（2013）「2013 年 3 月期アニュアルレポート」

（2014a）「News Release：FO 社との資本業務提携契約の締結、FO 社の第三者割当による新株式発行の引受、当社 FH 関連事業の吸収分割および子会社の異動を伴う株式譲渡のお知らせ」（2014 年 12 月 8 日）

（2014b）「F 社労使協議会：FC 事業の会社分割について」（2015 年 1 月 5 日）

（2014c）「News Release：FA 事業の譲渡ならびにそれに伴う会社分割（簡易・略式吸収分割）および子会社株式の譲渡について」

（2015a）「F 社有価証券報告書」

（2015b）「News Release：2015 年 3 月期業績についてのお知らせ」（2015 年 5 月 28 日）

（2016a）「F 社有価証券報告書」

（2016b）「FA 事業労使コミュニケーション・フロー（案）」（2016 年 1 月 4 日）

（労働組合提供資料）

（2014a）「The News No.1512：FV 事業の譲渡に関する臨時中央労使協議会報告〜会社分割のスキーム等、検討状況について報告を受ける〜」（2014 年 12 月 8 日）

（2014b）「The News No.1521：FA 事業新会社の労働条件について説明を受ける〜承継する労働条件について示される〜」（2014 年 12 月 26 日）

（2015）「The News No.1527：FA 事業譲渡に向けた進捗について説明を受ける〜対象者がほぼ確定し、概ね順調に推移〜」（2015 年 1 月 16 日）

第7章

G社の企業組織再編と労使関係（「G事例」、分割・合併）[137]

第1節　会社および労働組合の概要

　G社は、日本を代表する半導体企業である。自動車分野、家電分野、そしてOA・ICT分野でデバイス、キット、プラットフォームという3つの半導体ソリューションを取揃えて、付加価値を高めた最適なサービスを提供するための研究、開発、設計、製造、販売等を行っている。

　同社は、大きく2回の企業組織再編を経ている。2003年、大手電機メーカー2社が半導体部門を分割して統合し新たな半導体専業会社として旧同社を設立した。2010年、他の大手電機メーカーの半導体部門100％子会社が旧同社と合併して現在の会社となった。このように、同社は、2回の企業組織再編の結果、生まれたのである。

　半導体分野は国内でも国際的にも競争が激しく利益を上げることが難しい。大手電機メーカーは半導体事業の収益悪化を解消するために、同事業を切り離して半導体専業会社をつくり、活路を見出そうとした結果、同社が生まれたのであるが、2013年度までの業績を見る限り、同社の誕生が必ずしも当初の目的を果たしたとは言いがたい。2014年度からは業績が上向いている。

　まず、2009年度までの旧同社の連結会計基準をもとに業績をみてみると、売上高は、統合2年目1兆24億円をピークに減少し、2009年度約6000億円まで減り、営業利益や純利益は2008年度と09年度赤字を記録した（［図

---

137 同社組織再編に関するヒアリング調査は、2015年11月4日、同社組合委員長及び同社組合グループ連合会の会長に対して行った。同委員長は、後述する2つの組織再編に当事者としてかかわり、再編内容やそれをめぐる労使関係について最も重要な情報を持って対応なさった組合リーダーの1人である。よりよい会社と労使関係づくりに向けて熱いお話と貴重な資料をご提供頂いた。この場を借りて心より感謝申し上げる。

表 2-7-1] 参照)。

　2010 年度、2 回目の組織再編として、他の大手電機メーカー子会社と合併して、連結会計基準でも単体会計基準でも売上高は倍増した。しかし、合併後翌年売上高は激減した。それは東日本大震災やタイ洪水被害の影響が大きかったといえよう。その後も毎年増減するものの、傾向的には減少している。いっぽう、経常利益と純利益は、合併後 3 ～ 4 年、赤字を記録したが、2013 年度からは経常利益が黒字に転換し、翌年からは純利益も黒字に転換して企業経営が好転している。

　他方、従業員数は、連結でも単体でも一貫して減り続けている。連結では、2010 年度 4 万 6630 人であったが、2015 年度は 1 万 9160 人と、2010 年度の 41.1％に過ぎず、また、単体でも大きく減ったが、それは、グループ会社を含めた機能別会社への再編、本体から関係会社への移動による影響も含まれている。

［図表 2-7-1］同社の最近業績および従業員数の推移（単位：百万円、人）

	連結会計基準				単体会計基準			
	売上高	経常利益	純利益	従業員数	売上高	経常利益	純利益	従業員数
2003 年度	985,600	*44,800						
2004 年度	1,002,400	*51,000						
2005 年度	906,000	*13,100	△ 2,500					
2006 年度	952,600	*23,500	8,700	23,982	596,141	△ 55,192	△ 77,521	5,988
2007 年度	950,500	*43,600	9,500	23,110	588,999	△ 29,505	△ 28,417	5,724
2008 年度	702,700	* △ 96,573	△ 85,062	22,476	476,516	△ 52,102	△ 77,941	6,226
2009 年度	599,790	* △ 64,016	△ 56,432	22,071	406,480	△ 71,082	△ 65,800	6,132
2010 年度 #	1,137,898	1,033	△ 115,023	46,630	946,043	△ 28,954	△ 113,907	14,206
2011 年度	883,112	△ 61,228	△ 62,600	42,800	733,890	△ 56,186	△ 46,337	13,108
2012 年度	785,764	△ 26,862	△ 167,581	33,840	676,275	△ 3,781	△ 189,002	10,331
2013 年度	833,011	58,625	△ 5,291	27,201	738,088	15,554	△ 12,527	9,006
2014 年度	791,074	105,335	82,365	21,083	718,784	72,070	84,617	2,887
2015 年度	693,289	102,100	86,292	19,160	651,022	88,258	85,555	2,933

注）* は営業利益であり、# は他社との合併による変動である。
出所：2003 年から 2009 年度までの連結会計基準の売上高と経常利益（2007 年度まで）は、「聞き取り調査」の際に提供された。その他は、同社「有価証券報告書」からの数字である。単体会計基準で 2009 年度までの資料は、2010 年合併相手企業のもの（半導体部門 100％子会社）である。

2016 年 3 月末現在、同社の大株主は、某機構 69%、某信託銀行 8%、GH 社 8%、GM 社 6%、某自動車メーカー 3%等である。

同社には企業別労働組合があり、同労組は子会社の労働組合とグループ連合会を構成し産別組合としては電機連合に加盟している。

第 2 節　企業組織再編と労使関係

同社の企業組織再編は、前記のとおり、大きく 2003 年と 2010 年にあった。2003 年の場合、GH 社と GM 社の半導体部門が分割・統合されて旧 G 社（以下、「旧 G 社」という）になった。株の持ち分は、GH 社 55%、GM 社 45%であった。2010 年の場合、GN 社の半導体子会社と旧 G 社が統合し、現在の G 社となった。ここではまず 2003 年分割・統合について GH 社を中心にみることにする。

1.　分割・統合による企業組織再編と労使関係

（1）企業組織再編

2003 年、分割・統合の目的は、GH 社と GM 社両社の生き残りをかけた選択であり、両社の強み[138]を生かし、真に自立性のある事業体として独立運営、シナジー効果の最大化、両社従業員の一体運営を図ることで、世界トップポジションを目指すことにあるとされていたが、その背景についてみると次のとおりであった。半導体市場は今後ますます競争が激化していくことにより、世界のトップグループのみが生き残ることになる。その生き残りには莫大な設備投資や研究開発費が必要となるが、1 つの会社では十分な資金が確保できない懸念があった。また、統合により、①両社の強みであるマイクロコントローラー事業をコアとし、今後市場が拡大するシステム LSI 事業のさらなる強化、②両社の強みを発揮でき、大きな市場拡大が期待できるモバイル、ネットワーク、自動車、デジタル家電分野におけるリーディングポ

---

138 GH 社の強みは、16 ビット MCU で世界トップシェア、カラー携帯向け LCD ドライバ世界トップシェア、携帯電話向け RF モジュール世界トップシェア、IC カードマイコン・LCD ドライバの高いシェア、ファイル用途フラッシュメモリのシェア 3 位等が挙げられる。いっぽう、GM 社の強みは、16 ビット MCU で世界最高レベルの耐ノイズ性能、低消費電力 CPU 処理性能、充実したソフトサポート力によるユーザからの高い評価、携帯電話向け MCP シェア国内 30%以上等が挙げられる。

ジションを追求、③ロードマップの統合による開発の加速化、④現有生産ラインの相互有効活用によるコストの低減、設備投資の圧縮、⑤赤字を出さない収益体質の構築、そして⑥高効率化販売体制の構築を図ることができると見通された。さらに、新会社の運営としては、①顧客・市場指向型運営の徹底、②IDM[139]ビジネスモデルの追求、③透明度高くスピーディーな専業メーカー的運営、④キャッシュフロー重視の安定経営を目指した。この統合を通じて、新会社は、世界トップポジションを目指すことができるとした。実際、統合により、旧G社は、半導体トータルとしては世界の2位（全世界シェア率4.7%）、MCU分野ではトップシェア（23.0%）を誇る半導体専業メーカーとしての輝かしい船出をした。

　なお、分割・統合による分割会社本体へのメリットとしては、第1に、新会社の独立に伴う自立経営の確立と収益力の向上によるリターンの確保・拡大、第2に、巨額な半導体投資負担とリスクの軽減、そして第3に、投資家に向けて、事業の選択と集中を進めているという事業方針の明確なメッセージを発信することができることが挙げられた。

　こうした分割・統合は、分割会社の半導体グループが、分割の前までに度重なる業績赤字に直面し、その都度、緊急業績対策として拠点集約、人員縮減、人件費削減を繰り返してきたが、それを根本的に解決するベストスキームとして企画されたものとみられる。

　両社は、以上の統合効果をねらって、2002年、それぞれの半導体部門を分割して新たな半導体会社をつくることに合意し、新会社の設立に向けて必要な手続きを進めていくことになった。ここでは、会社分割に伴う労働契約承継法の手続きをどのように進めていったのかについて統合会社の株の持分比率がより大きい分割会社を中心にみることにする。

　分割・統合により、新会社への移籍者数は、GH社6453人、GM社4416人と計1万869人であった。新会社の会長、社長、及び取締役は全員、分割会社の半導体部門の出身であった。

---

139 IDM（Integrated Device Manufacturer）は、自社で半導体の設計から生産までを一貫して行える設備を有している企業として「垂直統合型デバイスメーカー」ともいわれる。

ちなみに、分割会社の両社は、2003年2月6日、臨時株主総会を開催し、半導体部門の分割についての承認を取付けた。

（2）企業組織再編をめぐる労使協議
① 集団的協議

会社は、2002年10月3日、組合に対して「会社分割による半導体新会社設立と組合員の分割移籍等に関する件（説明資料）」を申し入れた後、10月8日、第1回「拡大労使協議」を開き、初めて正式にその内容について説明を行った。同説明資料には、組織再編の趣旨、両社の半導体事業の概要、事業統合の概要、半導体事業分割による分割会社への影響等が書いてあった。その中で、今回の組織再編は、会社分割法制と労働契約承継法によって進めること、そのために、雇用と労働条件は、基本的に統合会社にそのまま引き継がれることが示された。

事業統合の概要には、同社の半導体グループの中で、分割する部門が示された。それだけではなく、同分割部門に関わる研究を行っている研究所より30名を2003年1月1日付で分割部門に配転させて分割移籍の対象に加えることも示された。

労働組合（同社労働組合半導体業種本部）は、分割・統合に対する組合としての基本的考え方を次のように示した。第1に、「今回の計画（分割・統合：呉）が真の半導体グループの経営体質強化策となり、私たちが安心して働ける職場作りに繋がるものとなっているか。」第2に、「労働契約承継法の活用による組合員の分割移籍で将来の私たちの身分・人事・処遇等、雇用や労働条件にどう影響が及ぶのか。」この2点を中心に「計画の全貌を明らかにしたい。更には、労使協議と平行して組合員・従業員への職制の十分な説明を求めた。」

なお、10月15日、労使は全社レベルの「中央労使懇談会」を開催したが、会社は分割・統合の背景・目的などを組合に説明した。同日、組合は、分割・統合に関連する具体的な問題を半導体業種「拡大労使協議」の協議に委ねることを決定した。その結果、同分割・統合に関する労使の協議は、「拡大労使協議」で進められることになった。

10月24日に開かれた第2回「拡大労使協議」で、会社は、事業統合の趣旨及び全体計画、新会社の概要と事業計画、組合員・従業員の処遇等について62項目にのぼる労働組合の質問に対して文書で回答し、口頭で説明した。この質問は、事業統合の趣旨及び全体計画、新会社の概要及び事業計画、半導体事業分割による分割会社への影響、統合の形態及び組合員・従業員の処遇、そしてその他という大きな括りが設けられていた。

　会社は、この質問に沿って文書で回答、また口頭説明を加えた。その中で、労働契約承継法を活用する目的も盛り込まれていた。それを見ると次のとおりである。第1に、新会社への転籍により、より早い人的融合（同一社員としての一体感の共有）の実現である。それは、仮に出向であれば、新会社で出向元が異なることから発生する問題により、社員間の一体感が共有できないことを懸念したものといえる。

　第2に、スムーズな移籍手続きである。労働契約承継法に基づくと、従前の労働条件を引き継ぐこと、また、退職を経ずに転籍するので、「巨額の退職金の支払いが回避できる」というメリットがあることが明示された。会社は、このメリットを生かし、「（新会社へ：呉）スムーズに組合員・従業員の移籍が可能となり、早期人的融合が実現できる」とみていた。

　また、「主として従事する者」の判断も次のように示された。第1に、今回移管される事業に専ら従事する従業員。第2に、今回移管される事業以外の事業に従事しているが、それぞれの事業に従事する時間、果たしている役割等を総合的に判断して、移管される事業のために主として従事している従業員。第3に、総務、人事、経理などの間接部門に従事する者であっても、移管される事業のために専ら従事している者および上記第2の判断にそって、移管される事業に主として従事している者。

　なお、会社は、今回の分割・統合を機とした大幅な人員削減は実施しないことも示した。しかし、重複業務の排除、人的効率を図りながら継続的なスリム化を推進していく予定であるとも言及した。また、労働条件は、「総合的に見て現行水準を維持する」としているが、統合後の賃金制度の一本化において、「与えられた条件の下で納得できる合理的な解を求めたい」と回答した。

11月7日に開催された第3回「拡大労使協議」では、10月31日に出された2回目の組合質問（28項目）に対し、会社は文書において回答し、その内容を説明した。

労働組合は、第3回「拡大労使協議」の後、「中間段階における半導体業種本部の考え方」を発表し、新会社設立と分割移籍という会社の施策について、「計画が真の経営体質強化策となり、私たちが安心して働ける職場作りに繋がるものとなっているか」という組合の判断基準から、「概ね理解が進んだ」との判断を示した。今後は、分割移籍後の組合員・従業員の身分・人事・処遇等、雇用や労働条件にどう影響が及ぶかについて解明をしていくべきだと残された課題を確認した。

11月18日に開催された第4回「拡大労使協議」で、会社は、前回回答できなかった新会社の組織毎の業務内容、勤務地、勤務地変更者の状況等の詳細について文書にて回答し、説明した。組合は、組合質問への対応等、会社の情報開示の姿勢を高く評価した。

12月5日に開かれた第5回「拡大労使協議」で、労働組合は、「職制による従業員・組合員に対する職場説明が行われて組合員の理解が進んだ」と判断し、会社の分割・統合策について「理解し、協力していく」旨を表明した。その際、新会社の社長就任予定者に対し、次の3点の考慮を要請した。第1に、雇用や労働条件に対する不安の払拭、第2に、事業統合のシナジーを最大限生かす経営の遂行、第3に、明確な経営ビジョンを明示し、従業員・組合員がやりがいを持って働ける会社運営である。

労働組合が、分割・統合案に対して、理解と協力の姿勢を表明する判断基準は、前記の「中間段階における半導体業種本部の考え方」で示された通り、「（分割・統合の：呉）計画が真の経営体質強化策となり、私たちが安心して働ける職場作りに繋がるものか」であり、それに加えて、「労働契約承継法の活用による組合員の分割移籍で将来の身分・人事・処遇等、雇用や労働条件にどう影響が及ぶか（基本的に分割会社の制度がそのまま承継されるか）」であり、さらには、「今回の事業統合はまさに両社の生き残りをかけた選択であり、統合による事業シナジーを最大化することにより世界のトップメーカーとしてのポジションの確立を目指すものか」であったが、いずれの判断

基準に照らし合わせてみても承認できるものであると最終的な決定を下したのである。

労働組合は、以上の拡大労使協議を通じて、分割・統合に関する会社方針の明瞭化、予測可能性を高めるとともに、組合員の会社への信頼感と安心感を高めることができたとみられる。組合の多岐にわたる質問項目に会社が対応したので、組合は分割・統合の企業組織再編に理解をし、協力の姿勢を示した。

ちなみに、会社は、組合からの理解・承認表明を踏まえて、労働契約承継法に則って、2003年1月7日、労働組合に対し、会社分割に関する通知を行った。

②　個別協議

会社は、2002年3月18日、基本合意の内容を全従業員に構内放送において説明し、それを社内イントラネットに掲載した。また、7月24日から25日にかけて、各部門の部長が、分割・統合の背景・目的、GH社とGM社双方の半導体事業の概要、統合に関する検討状況についてOHP等を使いながら、集団的に場合によっては個別的に従業員に説明した。

2回目の拡大労使協議において、会社は、「従業員説明が、商法等改正法附則第5条の労働者との事前協議と位置づけている。労使協議を通じて従業員の意見を十分吸い上げるとともに、これに並行して集団的に従業員説明を2回程度行う。個別の話合いが必要なものについては、個別説明（面談）を行う」との協議の方針を示した。

10月3日、両社正式合意・プレスリリース発表直後、CEOメッセージを部課長経由で従業員に発信し、また、社内イントラネットに掲載した。

10月9日、臨時部課長会議を開催し、その後、各部課長を通じて、20日まで職場従業員に今回の分割・統合及び新会社設立の背景・趣旨、概要等について説明した。

11月21日から30日にわたっても、各部課長は、職場の従業員に対し新会社での予定業務内容・勤務地などについて説明した。組合は、20日付組合機関誌の号外を出し、会社説明の際に、「各自の予定業務及び勤務地等を

確認し疑問点の解決を図ってください」と注意を喚起した。

会社は、2003年1月6日から14日にかけて個々の従業員に会社分割に関する通知を行った。

ちなみに、会社は、2002年12月26日、分割・統合相手企業と正式に合弁契約を締結し、2003年2月6日、臨時株主総会を開催して半導体部門の分割についての承認を取付けた。

会社は、以上のように、長期にわたって何回も従業員向けの説明・協議を行ったが、分割対象部門の労働者個々人との協議は十分できたかといえば、必ずしもそうとはいえない。組合はそれについて次のように述べている。「8000人の従業員との個別の協議をもれなく実施することは極めて難しい」、「数が多いときには、事前の労働組合、従業員代表との協議をいかに充実させるかが大事になり、充実させるためには労働組合側がいかに現状を把握し、なぜ駄目なのか、この施策をやることによって何が変わるのかということを適切に会社から引き出す」ことが重要であると指摘する。また、組合が組合員に説明をしたりビラをまいても必ずしも全組合員に伝わるとも限らないと次のように述べた。「いくら組合がビラを何回も何回も配っても、見ない人は見ない。読まない人は読まない」、という限界はある。

(3) 労働組合の活動および組合員への対応

労働組合は、前記のとおり、分割・統合に対応するための「拡大労使協議」に当たってきたが、同協議を準備したり、協議後の対応を模索したり、さらには組合員への対応等を行ったりするために、2002年10月から12月にかけて7回の「拡大対策会議」、6回の「半導体業種本部会議」を行った。また、分割の対象となる部門に組織されている支部レベルでも分割に対応するための取組みがなされた。GHM支部の例をみると、同期間、6回の「対策会議」、10回の「評議員会」、2回の「全体職場集会」、また、12月7日から12日までに「職場討議」を行った。そして、同期間、号外の機関紙を8回発行するとともに、組合質問に対する会社の回答内容も組合のHPにアップした。

労働組合が、今回の分割・統合をめぐり、組合員への説明・対応について苦心した、と当時の組合幹部が次のように語った。

「最も衝撃だったのは、会社分割法理のもとで、労働契約承継法を適用するという提案でした。すなわち、承継転籍です。当時、わが社ではこの種の転籍という概念は存在しませんでした。一般の組合員層にあっては、在籍出向はあり得ても、入社した会社と卒業していく会社は同じであるというのが、暗黙のうちに慣習化されたルールとして形成されていました。個々の組合員にとって、個別同意なく会社を変えることへの拒否感は、肌合いにおいて容易に解消出来るものではありませんでした。転籍に対するこの組合員意識や感情を、いかに払拭してもらうか、その対応をめぐっては、ずいぶんと腐心したものでした。[140]」

労働契約承継法は、後述のように、労働者を守る法であるといえるが、それまで前例がなかった分、組合が組合員から理解と協力を得ることは大変だったことは想像に難くない。

以上のように、今回の分割・統合は、会社が組合に正式提案をして約2か月間の労使集中協議および該当者個人との協議を経て、実現したのである。

(4) 承継後の人事・処遇制度の一元化と雇用・労働条件の変化

統合会社（以下、「会社」という）は、上記の労使協議等の経緯を経て2003年4月に設立された。設立後6か月が経った2003年10月14日、会社は、人事・処遇制度等の一元化に関する申し入れを労働組合に行い、会社と分割会社の2つの労働組合[141]、3者構成での労使協議がスタートした。

職能資格・賃金・賞与制度等の一元化を中心にその労使協議内容を見ていくことにする。労使3者は、2004年5月から「制度一元化に関する専門委員会」を立ち上げて、協議を進めた。5月17日に開かれた第1回労使専門委員会では、組合は、会社の制度統合の方向性・問題点等の説明を受けて、組合側の基本スタンスを次のように示した。第1に、旧2社の制度どちらにこだわることなく、半導体専業会社として相応しい制度とするとともに、組合員の理解と納得を第一義に簡素化されたわかりやすい制度とする。第2に、やり

---

140 当時の労働組合委員長（労働組合提供資料（2012）『労働組合軌跡：2006年〜2012年』）。
141 後述するが、組合の統合は会社統合より遅く、分割前の組合がそのまま併存していた。

甲斐・働き甲斐があり、生活の安心・安定に繋がる制度を構築する。そして第3に、人件費の削減を目的とした改訂としない。

　組合は、こうしたスタンスで11月までに6回にわたって会社側との協議を進めて委員会レベルの結論に辿り着いた。組合は、新制度について、上記の基本スタンスに基づいて次のように評価した。第1に、独自の制度が確立できた。また、住宅施策における配置転勤者への配慮は一定の評価ができるが、同制度がさらに会社の実態に相応しい制度となるように継続した論議をしていく。第2に、職務・ミッションを反映する処遇制度が構築された。評価の着眼点や評価ツールの明確化等、公平性や納得性が高まり、やり甲斐・働き甲斐に繋がる。ただし、透明性の向上等が課題である。第3に、賃金項目ごとに増減があるものの、総合的に必要原資は増加しており、個々人への影響も基本的に減額となる場合には経過措置を講じるのでその影響は軽微である。

　会社は、同委員会での結論に基づく新制度について、各組合との交渉・協議を経て、同年12月13日合意に至り、2005年4月から新制度をスタートさせた。会社統合後2年が経過してのスタートとなった。

　その他、旅費の一元化は賃金制度より1年早く専門委員会の議論をへて2004年度から実施に移し、また、退職金・年金の一元化は賃金制度より1年遅く専門委員会の議論を行い、2006年度からスタートした。

　会社は、リーマン・ショックを受けて2008年12月に「組織の新陳代謝を促進し、その結果として2009年度以降の人件費を軽減すること」を目的とし、同社およびグループ企業の50歳以上（および勤続5年以上）従業員を対象に早期退職優遇制度を行う申し入れを組合に行った。組合は、制度導入の必要性に理解せざるを得ないと判断し、「募集人員は特に定めていない」、「対象者面談は、制度説明と対象者本人のライフプランの確認であること」、「退職を勧奨、強要するものでないこと」を確認した後、次の3項目を条件に申し入れを受け入れることにした。すなわち、①早期退職優遇制度の選択は本人の意思によるものであり、一切の強要はしないこと、②制度適用者については、労使確認事項に沿った運用となっているかを支部が確認すること、③面談（説明会）・手続きの苦情や相談については、支部でも受け付けること

であった[142]。2009 年 3 月末付で、約 600 人が同早期退職優遇制度に応じ、退職した。

　こうした早期退職の影響もあって、2009 年度、職場の中では次のような声が組合に届いた。すなわち、「こんなに忙しいのになぜ赤字なのか」、「月日を追うごとに納期遅延が増えていく、いつになったらキャッチアップできるのか」、「今でも協力しているのに年末年始連休の稼働という申し入れもある、どこまで協力するのか」[143] 等の率直な声であった。このような声に応える 1 つの案が、2010 年の合併・統合に繋がったのではないかと思われる。

　組合は、2009 年春闘の際に、会社の危急存亡の危機に直面し、生き残るということを労使共通の目標とし、一時金は産別ミニマム基準である 4.0 か月を割り込み 3.75 か月に、また、役割給の約 10%の減額をはじめとする会社の緊急改善施策に合意した。

（5）労働組合の組織統合

　労働組合は、「（組合員が：呉）新会社への移籍となった場合も組合員籍は当面、現状通り GH 社労組の組合員とする」との考え方を示したが、その背景として次のことが挙げられた。第 1 に、これまで企業グループ外の企業との合弁施策については出向で対応してきたが、今回は会社分割であり、分割移籍というスキームを使って会社設立と同時に移籍となることへの対応は労組として初めてのことである。第 2 に、会社設立と同時に組合組織の一本化をはかるにはお互いにこれまでの歴史や文化の違いが大きいというものであった。

　その結果、2003 年 4 月の分割・統合以降、当分の間、分割会社労組が新会社と労働協約を締結することになった。会社分割・統合の後、3 年 4 か月が経った 2006 年 8 月 1 日、分割・統合会社の企業別労働組合が結成されたが、その経過についてみることにする。

　労働組合の両組織は、会社分割・統合交渉の中で、労働組合組織の最終形は、「1 法人 1 労働組合 1 労働協約」が基本であるとし、組合の統合を確認

---

142 労働組合提供資料（2012）『労働組合の軌跡：2006 年～ 2012 年』。
143 労働組合提供資料（2012）『労働組合の軌跡：2006 年～ 2012 年』。

したが、上記のような理由で、会社統合と同時期に組合統合を果たすことができなかった。組合は、2003年10月、人事・処遇制度の一元化に関する会社との協議においても「1法人1労働組合1労働協約」を再確認した。

両労組は、人事・処遇制度等の一元化が進められて実施されることを受けて、組合の統合を果たす時が来たと判断し、2005年8月「統合新会社労組設立委員会」を設置した。その間、両労組の交流や互いの活動の理解を深めるために支部代表者を中心として事業所・支部見学会を重ねていった。

同設立委員会は、組合統合の基本的考え方として、ユニオン・ショップによる組合の結成、組合員の権利・義務平等の一体感のもてる組織体制の構築、スピード感のある組織体制の構築、活性化した活動の展開、遵法精神に則った組織・財政の運営を掲げて、8回にわたる議論を重ねた。その結果、2006年8月に統合新労働組合が結成された。統合新組合は、組合本部と10の支部によって構成され、組合員数は約8800人にのぼった。旧両労組は2005年9月より会社との労使協議を開始して労使協議の形態や組合員範囲、組合活動の取扱い等の債務条項を中心に協議を進めた。新労組はそれを踏まえて2006年8月1日に会社との労働協約を締結した。

新組合は、連結経営の強化の流れの中、企業グループレベルで組合員の一体感を深め、新たなグループ労使関係を構築するために、子会社の7組合とグループ連合会をつくることが必要と考えて、2006年5月、「グループ連合会設立委員会」を立ち上げ、4回の会議を経て、2006年10月にグループ連合会を結成した。組合員数は約1万2500人であった。

2. 合併・統合による企業組織再編と労使関係

(1) 企業組織再編

会社（2003年分割・統合によって設立された新会社）は、2009年4月27日、大手電機メーカーの半導体専業子会社[144]と合併し、2010年4月に世界3位の半導体会社として統合会社がスタートするとプレスリリースした。統合は、世界的な半導体市場の競争が激化する中、より一層の経営基盤と技術力

---

144 2002年、大手電機メーカーの半導体部門が分離・独立して設立された会社である。

の強化を図り、企業価値の増大に寄与することが見込まれることから進められた。同社は、携帯電話や自動車向けのソリューション、統合相手企業はデジタル民生向けのソリューションに強みを持っていた。統合後の新会社は、マイコン、システム LSI、個別半導体という 3 つの製品群を持ち、いずれの分野でも、開発プロジェクトの選択と集中を進め、グローバルに高い競争力を持つ強い製品群の育成に力を注いでいくとした。

　統合発表の時まで 3 年間の両社の業績[145] をみると、次のとおりである。同社の売上高は 2005 年度 9060 億円（相手企業、6460 億円。以下、同じ）、2006 年度 9526 億円（6923 億円）、2007 年度 9505 億円（6878 億円）であり、当期純利益は 2005 年度△ 25 億円（△ 982 億円）、2006 年度 87 億円（△ 415 億円）、そして 2007 年度 95 億円（△ 160 億円）であった。両社とも売上高が増加傾向であるが、純利益は同社が 2005 年度赤字であった。その後は黒字を計上したが、相手企業は 3 年間続けて赤字を計上していた。両社は、2009 年 9 月、統合基本契約、同年 12 月、合併契約を締結し、臨時株主総会を経て、2010 年 4 月に合併・統合した。

　統合後の新会社では、相手企業出身が代表取締役会長、同社出身が代表取締役社長に就任し、その他の取締役も全員両社出身であった。

（2）企業組織再編をめぐる労使関係

　両社の統合をめぐり、同社の労使協議の内容についてみることにする。2009 年 10 月 14 日、臨時中央経営評議会が開かれ、会社は、両社統合の概要を次のように説明した。まず、第 1 に、統合方式は、会社法第 2 条「吸収合併」[146] の規定により、上場している相手企業を吸収合併存続会社とし、同社を吸収合併消滅会社とする。第 2 に、従業員・組合員の身分については、吸収合併消滅会社の全労働者の労働契約上の地位と内容は労働者の同意の有無にかかわらず、吸収合併存続会社に包括的に承継される。第 3 に、労働条

---

145 同社の売上高と当期純利益の基準は、連結会計・日本基準であるが、相手企業は連結会計・米国基準である。
146 会社法第 2 条 27 号では、吸収合併を「会社が他の会社と合併する場合であって、合併により消滅する会社の権利義務の全部を合併後存続させるものをいう。」また、同法第 750 条では、吸収合併存続株式会社は、効力発生日に、吸収合併消滅会社の権利義務を承継すると規定されている。

件は、基本的に統合前のものが引き継がれるが、人的融合（同一社員としての一体感の共有）をいち早く実現することを目指す。制度の一元化にあたっては、総額人件費を踏まえつつ、適正処遇により企業競争力強化に、より資する新制度の構築を目指すこととし、労使で十分な協議を行う。第4に、従業員への説明としては、2009年10〜11月、2010年1〜2月、2〜3月にそれぞれ行う方針であるというものであった。

　2009年12月21日に開かれた第2回目の臨時中央経営評議会では、会社が統合初年度に営業利益黒字化、2年目に当期純利益黒字化、中期的な営業利益率の2桁を目指す経営目標を示した。組合（分割・統合により設立された旧G社において2006年、組合統合によって設立された企業別組合）は、統合の背景・目的、両社の事業内容、従業員・組合員の身分の取扱い等についての組合員からの声をもとに20項目にわたって質問を行い、会社から回答を得た。その中で、「事業統合を機にした人員削減がないことを確認したい」との組合の発言に対し、会社は、「まずは迅速に統合を進めること。その統合の中で最適な人員配置を進めることを目指す」との回答に留まった。「労働条件、諸制度の一元化の方向性」に対する組合の質疑に対しては、「人事・年金制度等についての統合は1年以上かかると想定されるため、きめ細かい統合作業を進めていく」と会社は答えた。

　労働組合は、第2回目の臨時中央経営評議会の時に、今回の事業統合の目的が、「半導体市場の世界的な競争の激化と新興国市場の台頭という構造変化の中で、より一層の経営基盤と技術力の向上を図り、お客様の満足度を高めつつ、企業価値の増大を目指す」ものであり、「統合新会社が真に強い半導体専業会社として勝ち残り、安定して事業が成長発展していくことが雇用の安定と生活の安心に繋がる」とみて事業統合に賛意を示した。その上で、事業統合の成功をより確かなものにするための組合提言を行った。その内容は次のとおりである。

　まず、新会社のスムーズな統合に繋げるために、①経営トップからのメッセージを発信すること。それには、統合に向けた想い、統合にかける思いの定期的な発言が含まれること。②統合の成功に繋がる前向きな意識の醸成。具体的には、統合を経験したものの強みとして統合に対する不安を語るので

はなく、統合の成功に繋がる建設的な意見を出し合える職場の雰囲気作り、意識の醸成、会社のブランドに誇りをもち、社名に込められた復興・再生は誰かがやるのではなく自らの手で実現するんだという意識の醸成に繋がるようにすること。③上記のメッセージ発言や前向きな意識の醸成による従業員の将来不安の払拭に努めることであった。

　また、新会社の確実な成長に繋げるために、①過去7年間の総括（成果と反省）をすること。それは、事業統合を成功させるためにも、分割・統合会社の過去の7年間にわたる成果と反省を明確にし、統合新会社の経営に活かすのに必要である。②誰もが共有できる明確なビジョンを確立すること。統合新会社が目指す明確なビジョンを確立し、全従業員の意識高揚に努めてほしい。③明確な変化と統合シナジーによる早期の成功体験を実感できる経営をすること。これまでとの違いを実感できる統合新会社としての明確な変化を打ち出すとともに、その変化による成果の刈り取り、統合シナジーによる成功体験を早い段階でより多く実感できる経営の運営をしてほしいという提案であった。

　2010年3月25日に開催された3回目の臨時中央経営評議会では、会社が、2回目の臨時中央経営評議会における組合の提案を踏まえて、分割・統合後の7年間の振り返りを行うとともに、新会社の概要を説明した。その中、リーマン・ショック等の影響により、2008年と2009年の売上高がそれぞれ7027億円、5998億円と、2007年よりそれぞれ約2500億円、4000億円が減ったこと、また、営業利益が2008年度△966億円、2009年度△640億円と、会社発足後、初めての2年連続巨額の赤字[147]を記録して、親会社から極めて多額の支援をもらったことを踏まえ、一層の改善が必要であると指摘した。

　労働組合は、合併新会社の発足に伴い、新会社との間に締結する新労働協約および組合規約改定を行うために、2010年3月9日に臨時大会を開催し、承認を得て、新会社発足とともに、新労働協約が適用されるようになった。

---

147 なお、統合相手企業の場合、売上高は2008年度4765億円、2009年度4065億円と、2007年度の6878億円に比べて、それぞれ2113億円、2813億円減り、当期純利益は2008年度△779億円、2009年度△658億円と、2007年度の△160億円に比べて、それぞれ619億円、498億円赤字が拡大した。

合併相手企業の労組も、そのような手続きを踏み、新会社では、2つの組合と2つの労働協約が併存することになった。なお、両労働組合は、2012年7月に組織統合した。

（3）統合後の構造改革と雇用・労働条件の変化

　同社は、2010年7月29日、成長と収益の確保という成果を継続して出していくための基本方針と実行計画として「100日プロジェクト」を発表した。同プロジェクトでは、①2012年度までの売上成長率を年平均7～10％とする「成長戦略」、②2010年度から12年度まで累計約400億円のシナジー効果を創出する「統合シナジーの実現」、③2010年度から12年度まで累計約700億円の費用抑制効果、「構造対策の実行」をあげている。そのうち、構造対策の人的施策としては、早期退職優遇制度（約1200名想定）を導入し、中長期的な2桁の営業利益率達成および市況変動に耐えうる費用構造の実現、対象者の将来にわたるキャリアビジョン、キャリア開発の方向性の確認、これらが組織の新陳代謝促進を図るために、必要であるとした。

　労働組合は、2010年8月24日、臨時中央経営評議会で「100日プロジェクト」について会社からの説明を受けた。組合は、プロジェクトの実行には、「企業グループの全従業員・組合員の理解と協力が不可欠であるため、全ての職場に対する施策内容の十分な説明」を会社側に求めた。労使は、9月15日第2回目の臨時中央経営評議会、10月7日第3回目の臨時中央経営評議会を開いたが、組合は、その間、2回にわたって、組合員からの意見集約を行った。その結果、第3回目の臨時中央経営評議会で、組合は、早期退職優遇制度が「（退職者：呉）自身のキャリアプランを検討する方への支援策を提供する、また、あくまでも個人の選択によるものであり、退職勧奨をしないこと」を確認して「制度適用はやむを得ないもの」と考えていることを示すとともに、施策受入の最終判断を団交ではかりたいと表明した。

　団交の結果、10月26日に協定書が結ばれた。主な内容は次のとおりである。まず、第1に、早期退職優遇制度の対象者は次の3つを全て満たす者である。①2011年3月31日時点で満40歳以上である者、②原則として勤続5年以上である者、③会社が認めた者である。第2に、特別退職金は「退職時月収（役

割給＋役割給補償額）×支給月数」であるが、45歳から56歳までは最多月数として40か月であり、44歳からは支給月数が減り、40歳は32か月と最少月数であった。退職の取扱いは自己都合退職とするが、50歳以上は定年扱いとする。第3に、対象者は、申出により再就職支援を受けることができる。同制度により、2011年3月に退職した人は1487名であった。

　同社は、2012年5月23日、中央経営評議会で売上高の見通しが計画より大幅に下回り、このままでは存立し得ない「非常事態」であると表明し、その年、春闘交渉の回答にあった「臨機の対応」を行う状況であると、組合に伝えた。「臨機の対応」[148] の必要性は、東日本大震災、タイの洪水、歴史的な円高等の影響に加え、既存顧客ビジネスの変化等によるものである。会社は、人件費関係で約400億円弱の削減を目指し、月例賃金等の引き下げを組合に申し入れた。労使は3回にわたるグループ臨時合同労使協議を行った結果、会社の最終提案内容は次のとおりとなった。第1に、2012年7月から2013年3月までに月例賃金の7.5％減額[149]、第2に、同期間、時間外勤務手当を130％から125％、休日勤務手当を145％から135％、そして深夜勤務手当を30％から25％にそれぞれ引き下げる。それに旅費制度における日当などの50％削減である。第3に、賞与は2012年12月1か月分のみ支給され、2013年6月は支給されない。第4に、カフェテリアプランの凍結である。

　労使（2つの組合と会社）は、人事・賃金制度等の一元化に向けて、2010年4月から協議を行っていった。2つの組合は、連絡会を設けて連携を図りながら、「同一労働であれば同一労働条件とすることを基本」とし、「従業員・組合員の意見を聞き、理解を得ながら」一元化を果たしていくこととした。労使は、2011年12月26日、団交において、一元化の合意に至ったが、その人事・賃金制度は、「役割や職務を基礎としつつ賃金の安定性に配慮した処遇制度、次世代育成支援に軸足を置いた制度」となったと評価され、2012年4月から適用されることになった。

　同社の労使は、2012年7月3日に「抜本的構造対策」に関するグループ

148　金融機関等外部からの要請であった。それを満たすためには、2012年度200億円の営業利益が必達目標とされた。

149　休業等の生産調整の影響を受けている者は5.5％減額。

臨時合同労使協議を開催した。会社は、金融機関、大株主から信を得て、企業として存立するためには、2012年度に200億円の営業利益の確保が最低条件であり、そのためには、上記の「臨機の対応」に加えて、事業の選択と集中による生産ラインの縮小、譲渡・集約等の生産・事業構造対策および人的合理化策による強靭な収益構造の構築が必要であると主張し、同対策の概要を組合に説明した。7月23日、8月6日にそれぞれ労使協議を開き、組合は、会社の同対策を受け入れざるを得ないと判断した。それに基づき、同社は、2012年8月9日、強靭な収益構造を一刻も早く実現するために、組合との間に、早期退職優遇制度実施に関する協定を締結した。それによると、第1に、対象者（総合職群・監督職群の基準）は2012年10月31日時点で満35歳以上および勤続5年以上、そして会社が認めた者という3つの要件を全部満たす者、第2に、特別退職一時金は、「退職時月収（基本給＋調整給＋評価反映加算）×支給月数」を算定基準にし、最多月数は45〜56歳で36か月から最少月数は35歳16か月であった。同退職優遇制度の募集に応じて2012年10月末付で退職した人は予想の5千数百名を大幅に超えた7446名であった。

　また、2013年売上リスクを踏まえた人件費対策が2013年4月から2014年3月までに行われた。その内容は、2012年5月「臨機の対応」の時と同様であった。すなわち、基本給7.5%減額、時間外・休日及び深夜の賃金割増率の引き下げ（法定水準へ）、日当等の50%削減等であった。

　その後も、同社は、2013年3月28日と2014年2月7日に組合と協定を締結し、早期退職優遇制度を導入することにした。その内容は次のとおりである。第1に、対象者は、2013年の場合、満40歳以上・勤続5年以上・会社の承認者であるが、2014年の場合、年齢と勤続の制限がなく会社が認めた者である。第2に、特別退職一時金は、「基本給＋調整給＋評価反映加算」をその算定基準にし、45〜58歳までは12か月で最多月数であり、40歳は9か月と最少月数である。2014年の場合、39歳以下は一律で6か月である。同早期退職優遇制度の適用を受けて、退職した人は、2013年9月2316名、2014年3月696名、2014年9月361名、そして2015年1月1725名であった。

　その間、同社では、2013年6月、会長兼CEOの交代があり、同年10月

30 日、「変革プラン」を発表した。マーケットイン志向、内部運営上の課題（徹底した収益志向での自立経営、意思決定と全ての活動の迅速化）、更に強固な財務体質の構築という 3 つの課題を乗り越えて、徹底的に収益にこだわり、2017 年 3 月期営業利益率 2 桁％を目指すものであった。同プランでは、収益力の向上を図るために、生産拠点の再編（集約・譲渡）、設計拠点の統合による効率化等、資材の共通化、標準化の浸透等の変動費の抑制を進めていくことにしている。それの一環として、前記の 2014 年以降の早期退職優遇制度による退職募集が行われた。

　以上、2010 年に同社がスタートしてから、早期退職優遇制度による退職募集は計 6 回であり、同制度に基づき、計 14031 名が退職した。労働者数をみると、連結基準で 2010 年度統合時の 4 万 6630 人から 2016 年度 1 万 9160 人と、6 年の間に約 6 割が減った。それは、早期退職の他に、グループ会社を含めた機能別会社への再編、本体から関係会社への移動による影響も含まれている。

　早期退職優遇制度に加えて、労働条件の引き下げも行われた。2012 年、「臨機の対応」や売上リスク対応の一環として、前記のとおり、一定期間、月例賃金の 7.5％減等の労働条件の変更があったが、「変革プラン」でも構造改革の一環として 2014 年 10 月から導入された新人事制度で大きな変更があった。その変更は、グローバル競争で戦っていくための制度変革として、等級・評価・報酬（賃金・賞与・手当）・勤務・休暇・福利・旅費制度とすべての項目が対象となった。前の 2 回の一定期間の労働条件引き下げとは違って、恒久的な対策であった。

　労働条件の引き下げに関わる内容をみると、まず、第 1 に、全従業員の基本給を一律に 7.5％削減するとともに、家族手当等の廃止、交替勤務手当の引き下げ、また、時間外勤務手当の法定基準（時間外 125％、休日 135％、深夜 25％）への引き下げ等が行われた。第 2 に、基本給のレンジの改正により、各職能等級の上限を下げた。それに伴い、主任クラスの上限が約 4 万円下がった（約 10％減）。第 3 に、基本給とボーナスの成果主義強化である。基本給レンジに 4 つのゾーンを設けて、同じ評価をもらっても上のゾーンの者は下のゾーンの者より少額の賃上げとなり、平均以下の評価の場合、減額となる

等級もあった。ボーナスは、等級別定額を減らし、個人業績別加算額を拡大するとともに、評価による格差を広げた（相対評価による5段階とし分布制限を設定、それ以外に絶対評価で成果が著しく劣る場合の枠を設定、これには分布制限を設定しない）。例えば、主任層の組合員で、相対評価での最高評価（評価5）を受ける者は、等級別定額を全部もらうだけではなく、個人業績別加算額を標準評価者（評価3）より1.5倍多くもらう。いっぽう、相対評価で最低の評価を受けた者（評価1）は、個人業績別加算はなく等級別定額のみとなる。さらに絶対評価で著しく成果が劣る者（評価0）に対しては、個人業績別加算額はなく、等級別定額も1/3程度しかもらうことができない。その結果、最高評価をもらう者は、相対評価の最低者の約3倍、絶対評価枠該当者の約9倍のボーナスをもらう仕組みとなっている。制度改定前の2.33倍に比べて評価による格差が極めて広がった。第4に、休暇制度を年次有給休暇にシンプル化し、用途別の休暇はノーワークノーペイを主眼に統廃合し無給化した。会社は、こうした急激な変化を鑑み、賃金減額及び手当廃止に激変緩和措置を3年間程度とることにした。

　組合は、新人事制度に伴う労働条件の変更に深く関わった。会社とは、まず労使の専門委員会を立ち上げ改定案の協議（計8回）を行ったが、労働条件の大幅引き下げが前提となっており、一致点を見出すことができなかった。そこで団体交渉に切り替えて（計4回）、会社から会長、社長、取締役を招聘し、そして職場を巻き込んだ交渉を重ねる中で、人件費削減が伴う制度改定の必要性を検証し、組合員の雇用や生活の安定・安心といった面への不安の大きさを訴え、今できる最大限の緩和・配慮策の実施を求め、成果が出た場合の還元策の考え方などを明らかにしてきた。結果として、労働条件の引き下げが伴う制度改定を撤回できなかったが、当初提案からは減額幅が緩和されるなど一定の配慮がなされたため、その会社提案を受け入れた。

（4）労働組合の組織統合

　会社の統合後、両組合は組織統合を視野に入れながら、組合連絡会を設置し、それを労使協議の窓口としながら、1社2労組、2労働協約の体制を維持していたが、組合統合に向けて、2011年8月29日に「新労組設立委員

会」を設置し、以降 2012 年 7 月まで計 11 回の委員会を開催した。その結果、2012 年 2 月 15 日、新労組設立に関する最終答申が出された。それを受けて、組合は、7 月 24 日、解散大会を行い、また相手組合は 4 月 24 日臨時大会を開き、組合解散を既に決めていた。7 月 24 日、「共生、共働、共創」を理念に統合新組合が設立された。

　他方、労働組合の新生企業グループ連合会は、前記の両労組の統合より一歩先に結成された。前の企業グループ連合会は、新たな企業グループ連合の結成に向けて 2010 年 8 月 31 日に設立委員会を立ち上げた。同委員会は、6 回にわたって会議を重ねて 2011 年 5 月 27 日統合相手企業の労働組合との組織統合についての最終答申を行った。それを受けて、7 月 21 日に統合新会社企業グループレベルにおける労働組合の連合体である企業グループ連合会が 14 の組合、組合員数約 2 万 1500 名で設立された。

　企業グループ連合会（14 労組による構成）は、上記の様々な構造改革施策ごとに、当該各労組の会社側との間で合同労使協議・合同団体交渉を行った。これができたのは、各社労使の労働協約で定める個別協議や個別交渉を同時開催するという規定によるもので、労使の企業グループレベルの協定によるものではない。すなわち、個別企業労使の協定によるもので、企業グループ労使間の協定によるものではない。合同労使協議では、企業グループレベルの工場集約やラインの譲渡等の生産構造改革全体計画について労使の合意形成を図った上、個別施策は当該労使で協議を進め確認し実行に移した。協議・交渉は各社の労使が合同で行うが、具体的な施策に関する協定の締結は個別企業の労使が行う体制となった。

　労働組合は、会社の行う多くの事業譲渡や会社統合等の企業組織再編にあわせて組織化を実現できた場合もあれば、譲渡等に伴って、当該部門の組合を譲渡先で継続できない場合もあった。組織化ができた 1 つの事例をみてみると次のとおりである。労働組合の企業グループ連合会は、2015 年 4 月から同社の子会社が行っている半導体生産システム業務をグループ外の企業に外部委託することに伴う従業員の転籍に合わせて委託先・転籍先の企業に労働組合をつくることにした。転籍対象者たちは、転籍先の企業が生産システム分野での事業実績がなく、会社の将来性や雇用の安定及び今後の生活に対

して漠然とした不安を抱えていたが、少しでもそれを解消し、安心して働ける労働環境・労働条件を作り上げていくためには、会社と対等に話し合う場が必要であり、その担い手として労働組合が必要であると考えた。転籍対象者は、勤めていた会社を退職し、転籍先の企業に個別に正社員として入社することになっていた。数人の有志が発起人となり、2015年2月26日に、組合結成準備委員会を設置した。準備委員会は、3月6日、転籍先の企業の社長と面談を行い、組合結成の準備を進めていることを報告し、協力と理解を求めた。と同時に、転籍対象者から既に寄せられていた経営、業務、労働条件等に関する質問事項に対する回答を求めた。社長からは、「皆様の不安をひとつひとつ解消する説明の機会を持ちます。ぜひ一緒にチャレンジして行きましょう」とのコメントをもらった。準備委員会は、3月10日から転籍対象者に対し結成大会議案の詳細説明と組合への加入確認を行い、20日時点までに68名から組合加入届けをもらった。転籍対象者の84人中の約81％が加入届けを出したことになる。組合加入の対象外である管理職が13人いるので、組合加入対象者（71名）に限るとほぼ全員が加入届けを提出したことになる。準備委員会は、3月30日、転籍先の企業における新たな労働組合の結成大会を行い、2015年4月1日、移籍とともに新たな労働組合がスタートすることになった。

　子会社の外部委託に伴う組織化に先立ち、同子会社の労使は、委託とそれに伴う従業員の移籍に関する労使協議を2015年2月25日までに5回開催したが、同子会社の組合は、2月25日に次のような最終見解を示した。企業グループと委託先会社の両社がウィン・ウィンの関係となるビジネスモデルの構築、当該業務労働者が活躍でき、やり甲斐・働き甲斐に繋がりうる施策であること、労働条件・移籍条件の確認と対象労働者の理解が一定程度進んだこと等を踏まえて、「出向期間を経ずに移籍するという提案を受け入れること」とした。また、組合は、会社への要請事項として次の4つを示した。①移籍に向けた個別同意確認等の対応について、対象者の不安の払拭と本人理解が得られ、対象者全員の同意が得られるよう、労働条件等の細部を含め丁寧に説明するとともに、本人が判断するための十分な時間を設けること、②万が一、移籍不同意の意思表示をした場合、不利益な取扱いは行わないこ

と、③会社は、委託先の企業にとって工場運営に欠くことのできない事業パートナーであり、その役割を果たすこと、④労働組合として移籍後の状況把握やフォローを行うために結成予定の移籍先の組合との連携を図っていくので、会社としての対応を求める。なお、移籍先の企業が組合結成に理解を示すように働きかけを行うことであった。

　子会社は、こうした組合の最終見解に対し、委託に理解を示した組合に謝意を伝えるとともに、要請事項については十分留意していくと表明した。その結果、移管・移籍は順調に進み、2015年4月に完了した。

　ちなみに、その間、労働組合のグループ連合会は、会社の再編や拠点の集約等を受けて、2015年8月に大幅に体制変更を行い、その時点までの12労組体制から5労組体制となった。同時に労働組合の組織運営を、グループ連合を中心とした一体運営体制（グループ連合地区支部の設置、組合費や共済制度の統一、グループ連合による会計や資産管理、経営審議や団体交渉の合同開催等）に変えた。

第3節　企業組織再編に対する評価と課題

　以上、2003年と2010年、2つの企業組織再編とそれを取巻く労使関係についてみてきたが、それに対する評価と課題について考察することにする。2回の企業組織再編は、当初の再編目的を果たすことができなかったといって過言ではない。売上高の低下、度重なる赤字、7回[150]の早期退職優遇制度の実施、労働条件の引き下げ、従業員数の減少等でそれを窺うことができる。その要因としては何が挙げられるか。まず、それについてみることにしたい。

1. 企業組織再編に対する低評価の要因
（1）スピードアップの不足

　2003年の分割・統合、2010年の合併・統合も統合前の各社は日本の電機業界を代表する大手企業であった。そのため、各社は組織文化、設計等の諸

150　2010年の合併・統合前の1回も含む。

システム、慣行等で確固たるものをもっていた。2003年の際に、統合会社は情報システムの多くの分野で統合前の「親会社のシステムを間借りして」おり、統合後1年以上経っても、統合会社内での情報システムが一本化されていなかった。「日常業務において、細かい部分で旧両社のやり方が混在していた[151]。」全システムを構築して稼働するのは、統合後少なくとも3年ぐらいかかり[152]、「真に（両：呉）組織が融合を果たすのは、情報システムが完成してからかもしれない[153]」と、当時の会長は見込んでいた。「目まぐるしく変わる半導体市況に迅速に対応する[154]には、半導体事業に最適化された情報システムが不可欠」であるにも関わらず、それに約3年が費やされてしまった。

　分割・統合や合併・統合後の融合に時間がかかったことについては労働組合も次のように述べる。すなわち、「自分たちは間違っていない。お互いの主張が始まるわけです。自分たちのやり方がいいに決まっている、おまえらのやり方がおかしい、いやいや、君たちのところが違うよ。[155]」「内向きのことをやっているわけです。外に全然攻めていない。製造のシステムも違う、経理のシステムも違う、設計のシステムも違う、何でも違う、全部ばらばら。それをあわせるのには時間と労力がかかります。そんなことをやっているうちに、外部環境は大きく変わっちゃった。時代の変化についていけない、取り残されてしまって、結局資金が枯渇し、ちょっとでも風が吹いたら倒産す

---

151 例えば、会議の進行方法や、資料の作成・整理方法が挙げられる（同社の会長談）。また、製造技術においても両社の違いがある。「同じ90ナノ製造技術といっても、工場の設備や処理の過程、例えば装置の種類や熱処理のタイミング、製造過程での検査手順に至るまで、多くの生産方法が異なり」、量産方法をゼロから見直さなければならなかったという（『Nikkei　Business』（2014年8月23日号））。

152 会社の統合により半導体（SOC分野）の設計手法の統合には2〜3年はかかると、専門家もみている（佐野昌（2012）『半導体衰退の原因と生き残りの鍵』日刊工業新聞社）。

153 『Nikkei　Business』（2014年8月23日号）。

154 組合も、半導体業界では「経営のスピードが死命を決する」と見ていた。

155 そのようなことは、DRAM製造のエルピーダにもあったという。「NECと日立の2つの技術方式が並立しており、どちらも捨てきれない、という状況が続いていました。NECも日立も、どちらの技術者も『自分たちがナンバーワンだ』というプライドを持っています。」坂本幸雄（2013）『不本意な敗戦―エルピーダの戦い―』日本経済新聞出版社。坂本は、スピードアップが要求される半導体分野でそれができなかったがゆえに「総合電機メーカーの半導体事業が行き詰まった」と評価している。また、坂本は、スピード経営が勝ちパターンの1つであるとも語っている。

るところまでいってしまった。」「内部で喧嘩するわけですよ。本当に戦わなくてはいけないのは外なのに。」

　組合は、分割・統合に向けた拡大労使協議の最終回において、「両社の従業員・組合員が心を１つにして[156]『新会社の成功こそ自分たちの幸せに繋がる』、『力を合わせて世界のトップポジションを目指そう』という雰囲気を早く醸成できるように」会社の努力を求めたが、結果として会社の努力は十分ではなかったといわざるを得ない。

　2010年、合併・統合後でもスピードアップには依然として課題があった。2013年2月22日、社長が就任して1か月後に次のようなコメントを行った。すなわち、「研究開発や工場などの現場で回転率を上げて、効率化を図ることが必要だというメッセージを社員に発信している。これは今まで社内で議論されることが少なかった。」「非常にお客様の遠くにいるのではないかということ、お客様がわが社に対してこうした製品がほしいと思っていても、われわれの階層がすごく多いために情報が減衰してしまう。」「それに対応するために7事業部を4つに集約して組織の簡素化を行った。」「2013年9月には、販売子会社を会社の本体に取入れ、お客様との階層を短くしよう」という方針を示した。同社の会長は、赤字続きの要因として「迅速な行動がとれなかったこと[157]」を挙げた。

　労働組合は、再編がうまくいかなかった要因について、次のようにみている。すなわち、「傾いていく要因が、内向き対策に労力を使い過ぎて、外部環境の変化がわからなかった。つかめなかった。攻めきれなかった。もう一歩成長に向けなかった。なんだかんだやっている間に世の中が、競争環境が変わってしまった。」

　以上、統合後に社内のシステム、制度等の統合・一元化、社員の一体感・融合に時間や労力を使いすぎて、社外での攻めの経営ができないまま、市場の競争から遅れをとってしまい、結局、再編効果を上げることが難しかった

---

156 組合は、分割労使協議の集約にあたって、組織再編において「重要なことは示された事業運営方式の完遂であり、そのための従業員同士の一体感を早く醸成すること」といい、早期の一体感醸成の重要性をアピールしていた。
157 2013年2月に就任した社長も「迅速な対応が取れなかったのが赤字の要因」であると分析している（『週刊東洋経済』（2013年3月27日版））。

といえよう。社員の一体感・融合に必要だと選択された会社分割・労働契約承継法は期待されたほどの意味をなすことができなかった。

（2）主体性の不足

2013年6月に就任した会長は、社内の問題を次のように指摘した。「社員は当事者意識が低い」、「市場・顧客から離れかけている」、「注力事業への集中が下手くそ」である[158]。組合の幹部も「お客様から高いと言われたら値引きする」、「こっちは（当該の会社は：呉）赤字なのに何をやっているんだ」[159]と語り、主体性の不足について認めている。

当事者意識が低いという主体性の不足は、3つの側面でその背景を考えることができる。第1に、いわゆる「大企業病」である。大企業病とは、企業規模が大きくなると、組織内部に官僚主義、セクショナリズム、事なかれ主義、縦割り主義等が蔓延し、組織の非活性化をもたらす負の側面をいう。企業が大きくなっても、売上や企業業績が上がり、企業の状況がよいときに大企業病は問題にならない。しかし、企業の状況が悪いときには、大企業病は大きな問題として認識される。同社は、日本を代表する大手電機メーカー3社の半導体部門が分割・合併されてできた企業である。そのため、元々大企業病の側面が内在しており、2回の組織再編があっても基本的にそれが消えなかったと見られる。同会長は、「3社が合併したせいか、意思決定と業務プロセスが複雑で、これが事業スピードの遅れに繋がっている。早期に改善したい」と、まだ改善の余地があると語った。

第2に、親企業に頼るという甘えの問題である。同社会長は、「資材などの標準化、共通化がなされていない」と指摘しながら、その原因として、「まだまだ親会社の3社からの影響が残っている」ことを挙げている。同会長は、「社員は優秀で真面目だ。でも今求められているものは真面目ではなく本気だ」とも指摘する。仕事の面でも財政の面でも、親企業に頼るところがあり、主体性を十分発揮していない。

---

158 『EE Times Japan』2013年10月30日版。
159 また、次のようにも述べている。すなわち、「会社の仕組みの中でいれば、別に僕が頑張らなくても、何とか回っていくじゃないかということで、自分の能力を発揮しない」という、いわゆる依存体質があった。

第3に、マーケットイン志向の問題である。同会長は、2013年10月の会社説明会において、「マーケットイン志向」に加えて、「内部運営」と「さらに強固な財務体質の構築」が解消すべき3つの課題であるが、「課題ではなく危機として認識している」と語った。マーケットインとは、「市場や購買者という買い手の立場に立って、買い手が必要とするものを提供していこうとすることを指している[160]」という。同社の製品はどちらかといえば、最終消費材よりも中間財であり、買い手のニーズにあった製品をつくることが必要である。問題は製品の品質に見合う金額を買い手から引き出していないところにある。同社より買い手が価格決定権をもっているので、マーケットイン志向が問題として現れる[161]。主な買い手である車メーカーからみると、「まったく顔の見えない単なる下請の『部品屋』に過ぎない。上位メーカーからいわれた仕様、いわれた価格で、いわれた通りにつくるしかない」[162]という問題がある[163]。それを解決するために、同会長は、「まず、徹底的に収益にこだわりたい。利益のない企業は虚しいだけ」と収益性の徹底を呼びかけた。

外部からの財政的支援を受けること[164]が主体性の不足[165]に繋がるのではないか、と組合の幹部は次のようにコメントしている。すなわち、「外部からの資金注入とか資金支援を受けてからでは全てが手遅れ」である。それは、「構造対策にしても、労働条件対策にしても、外の外部ステークホルダーとの約束事になり、当事者労使では何も決められない」[166]からである。また、外部

---

160 日本総研のHPコラム「マーケットインとプロダクトアウトの向こう側～二元論を超えて～」（https://www.jri.co.jp/page.jsp?id=6918）。

161 同社は車の電子制御部品に使われる車載半導体マイコンをほぼ独占的に生産しているにもかかわらず、価格決定権を持っていない（湯之上隆（2013）『日本型モノづくりの敗北―零戦・半導体・テレビ』文藝春秋）。同社の利益率が低い理由として、そのほか、過剰技術で過剰製品、部長職が多すぎること、不良ゼロに徹するための過度な検査費用、コストダウン要求を挙げている。

162 湯之上隆（2012）『電機・半導体大崩壊の教訓』日本文芸社。

163 坂本は、長い企業経営の経験を踏まえて、「下請体質に甘んじるな」という（坂本幸雄（2013）『不本意な敗戦―エルピーダの戦い―』日本経済新聞出版社）。

164 同社は、2013年、某機構から1383億円、主要取引先8社から117億円、計1500億円の出資を受けた。

165 2013年2月まで同社の社長をつとめた人も「我々には主体性はないんですよ」といったという（湯之上隆（2013）『日本型モノづくりの敗北―零戦・半導体・テレビ』文藝春秋）。

166 そのために、労働組合が「労働組合として組合員・従業員の雇用を守る、労働条件の

第7章　G社の企業組織再編と労使関係（「G事例」、分割・合併）　　　169

から資金援助を受けるという発表から具体的に実行されるまでの間、経営体制が2重構造の様相を呈した。「団体交渉などでも会社の経営陣に実質的な権限がない状態があった」という。すなわち、「自己決定能力がない」[167] ことが問題であった。湯之上は、「同社が生き延び、成長するためには、自主的に決断して行動することが必須条件だ」[168] とまで言い切った。

（3）経営者のあり方

　同社は、2003年分割・統合、2010年合併・統合という企業組織再編の際に、経営者を前の会社から登用した。いわゆる内部登用を貫いてきた。それの善し悪しがあるが、悪いところは次のようである。組合の幹部は「（組織再編前の事業を：呉）だめにした張本人の経営陣が再編後の会社に残ってもうまくいくわけがない」と考え、その負の側面を指摘する。また、「予見性に乏しく結果として嘘をつく」という虚偽性の問題もあった。「例えば、春季交渉で年間一時金を4か月とすると妥結した1か月後に、急速な業績悪化が判明し、支払いは半分にしてくれるか」という嘘である。そして、不透明性の問題である。組合は、経営数字の組合員への公開を強く要請したが、会社は、上場していないので、数字の公開に極めて慎重であった。組合の強い要請もあって、2008年から、実績だけではなく計画も、また、売上高だけでなく営業利益や税引き前の利益などが絶対値で公開されることになった。

　組合は、以上のような旧経営者の問題点に気付き、経営者には企業の目指す方向性や責任の明確化、経営情報の透明化等を強く求めていた。いっぽうで、2013年、社外から任命された経営者について高く評価している。いくつかを挙げると次のとおりである。まず、第1に、会社の目指す方向性を示し、自ら実践している。「（会社の：呉）目指す方向は何なんだということを語って、それを実行して背中を見せる。」

　第2に、責任の明確化である。会社の業績がよければ、全体の賞与水準を上げるという有言実行をする。その上で個人別の成果を明確化して、相対評

維持・向上という観点では、なす術がなくなる」との危機感を表している。
167　湯之上隆前掲書。
168　湯之上隆前掲書。

価による成績分布を強制し賞与に反映することを徹底する。その格差は、非管理職で3倍程度、管理職では5倍程度となる。部門別にも成果（組織KPIによる評価）をあげたところに、賞与の原資を多く渡す。それによって、「組合員、従業員の意識を変えた」という。「数字を見える化して、会社の業績が今どこにあって、我々のターゲットはどこで、結果が出たら還元するという有言実行をやり続ける中で、競争心をあおり、結果を求めて、みんなで前を向いて行こうじゃないかというメッセージを出し続ける」。水準格差の大きさへの課題はあるものの、経営者は多くの組合員から信頼感を得ていると、組合はみている。

　「退職金の制度が16あったものを一本にする。2016年4月から退職金のポイントは会社の所属に関係なくみんな一緒」、「高いところを下げて、低いところを上げる。低いところを上げるための原資は高いところからもってきた。原資はトータルで変わっていない」というように、退職金制度の統合は難しかったが、新経営者は、責任をもってそれをやり遂げた。それにより、社員の一体感が醸成された。こうした経営者に対し、組合員は、新経営陣の「施策は避けて通れないものと認識して、雇用や労働条件の引き下げ等、大きな痛みが伴うつらい施策を受ける覚悟というのができる」という。

　第3に、経営の透明化である。「新経営陣は窮地に追い込まれた経営実態を赤裸々に組合に説明する。」「新経営陣は、組合に危機感を訴えて、再生に向けた道筋を示した。さらに、旧親会社のしがらみにとらわれない施策をどんどんすることができる。」

　以上を踏まえて、組合幹部は、企業経営や再編の成功が「経営者」に大きく依存する、「経営者の質が極めて重要」であると考えており、また、事態が悪化する前に「先手でやらないといけない」と時期の重要性、そのための経営者の予見可能性や決断力も肝要であると考えている。

2. 労働契約承継法に対する評価

　労働組合の幹部は、労働契約承継法についてその意義を次のように認めている。すなわち、「この法律があったおかげで会社とは、その範囲の中で協議ができた。こちらから求めることもできたし、会社はその日程にそって手

続きもしないといかん、僕らにはありがたい。」また、「安心感があるんです。」「この法律があって、新しい会社をつくる、労働契約が承継されるんだという、その点についての協議はできるので、法律があることでありがたい。」このように、承継法の存在意義については高く評価している。同法に対する高い評価は企業にも当てはまるだろうと同幹部は、次のように語った。「個別同意ではないから、事業の継続の可能性はかなり高まるという意味でも、経営側もよしとしている。」実際、会社は、拡大労使協議の席で労働契約承継法のメリットとして、「分割移籍に関する従業員の個人同意不要」、「退職というステップを踏まず移籍させることから、巨額の退職金の支払いが回避できる」、「従前の労働条件を一旦引き継ぐことが可能」等を挙げており、その結果、「スムーズに従業員の移籍が可能となり、早期人的融合が実現できる」と考えた。

　しかし、その承継法を有効に使い、よりよい再編や労使関係づくりにするかどうかは別の問題である。「労働契約承継法はありがたいんです。ありがたいんですけど、後が大変。1つになるには時間がかかる。」この発言の意味は、労働契約承継法があるので、会社分割・企業間統合、さらには労働契約の承継はスムーズにいくが、再編の後、統合会社でのシステム、業務、人事・賃金制度等の統合・一元化、さらには労働組合の統合及び労使関係の安着、社員の融合等が迅速にまたスムーズにいくかは別の問題であるという意味である。

　上記のとおり、この事例では、2003年と2010年に企業組織再編が行われて、再編後、システム等の統合・融合にかなり時間がかかった。その大きな要因は、再編前の3社がいずれも日本を代表する大企業として、独自のものを創り上げてきて、自社のものが正しいという自負をもっているので、再編後、それを簡単に捨てることができなかったことである。再編後の統合・融合を迅速に行うためには、再編前に周到な準備が必要である。例えば、システムや制度等を再編前に統合することも1つの選択肢であろう[169]。

---

169 その方式をとったJFEの事例については呉学殊（2015）「企業組織再編への労働組合
　　の対応と課題」（本書の補論）仁田道夫・連合編著『これからの集団的労使関係を問
　　う―現場と研究者の対話―』エイデル研究所。を参照されたい。

別の選択肢としては、統合方式に関わることで、新設分割より吸収分割の方法で再編を行ったほうがよいかもしれない。この事例は、分割前に業績がよくなかった両社の半導体部門が切り離されて、2003年は分割・統合、2010年は合併・統合によって再編が行われた。そのために、統合・融合を主導的に行う存在が明確ではなかった。特定の企業が他社の半導体部門を買収して自社の半導体部門に統合し、自社がイニシアティブをとって自社のものにあわせると、統合・融合が迅速にいく可能性がある。

また、もっと危機意識を持つと統合・融合がスムーズにいく可能性がある。半導体は技術の革新が激しく、また、需要の変化や世界レベルでの再編が激しく、スピードが最も求められる業種の1つである。そういう意味で攻めの経営が必要である。再編の当事者たちが業種の特性をもっと認識し、それに対応できるように統合・融合のタイムリミットを設定し、それに向けた意思統一を図ったら統合・融合がもっとスムーズにいった可能性がある。

さらに、再編の「苦しみ」を自覚し、早期に解消しようとする覚悟が必要である。労働契約承継法は会社分割による他社への移動をスムーズにする役割を果たしている。ところが、分割対象事業は、どちらかといえば、収益性が低いか赤字の場合が多い。労働契約が承継されたところで、事業及び雇用・労働条件が維持・改善される保障はないのである。労使が分割対象事業の維持・発展に向けて必要な課題を分割の前後に迅速に解消しなければならず、それに伴う「苦しみ」も覚悟する必要がある。労働契約承継法は瞬間的にその「苦しみ」を自覚させない役割を果たしているともいえる。労働契約承継法の順機能を働かせるためには、分割関係者が中長期的な観点で分割後の事業や雇用・労働条件のあり方を的確に把握し、迅速に対処してその苦しみを早期に受け入れ解消する覚悟を持つことが求められる。

第4節　まとめ

同社は、2003年大手電機メーカー2社の半導体部門が分割・統合し、2010年には他の大手電機メーカーの半導体専業子会社と合併・統合して誕生した企業である。2回の企業組織再編は、生き残りをかけたものであった。

ところが、2つの企業組織再編の後、基本的に売上高や経常利益・純利益が悪化し、従業員数も減り続けた。組織再編の目的として挙げられた半導体部門におけるリーディングポジションの追求や収益体質の構築、分割会社への利益のリターン等が果たされたとは言いがたい。そういう意味で、2つの再編が成功したとは言いがたい。その要因は何であろうか。

半導体業界は競争も技術革新も企業環境の変化も激しく「経営のスピードが死命を決する」[170] ものといわれる。2社統合後、新会社への求心力を早期に高めるには、製造・経理・設計の諸システム、人事・賃金制度等の統一・一元化、社員の一体感・融合を迅速に行い、会社経営・業務のスピードアップを図ることが肝要である。労働契約承継法は、スムーズな統合には有効であるが、統合後、社員の新会社への迅速な求心力の強化には中立的である。求心力を高めるにはいくつかの選択肢があろう。第1の選択肢は、経営者が強いリーダーシップをとってトップダウンで旧会社間の相異性を解消する。第2の選択肢は、第1の選択肢の1つの方法として、特定の企業が他の半導体部門を買収・吸収してすべてのことを自社にあわせる。第3の選択肢は、構成員が危機意識をもち、目標を定めてそれに反するものであれば自らの主張をも果敢に捨てて統一を図る、等のことが考えられる。この事例では、元々第2の選択肢はとらなかったし、第1の選択肢も2013年の新経営陣を迎える前はとれなかった。また、第3の選択肢としては、労働組合がその担い手になり得るが、両組合の組織統合は、2003年の分割・統合の時は3年4か月、2010年の合併・統合の時も2年4か月かかり、その担い手となったと言いがたい。

逆に、早期の統合・融合にマイナスに働く要因がいくつかあった。大企業病、経営者の質の問題が代表的であり、また、親企業への依存やマーケットイン志向という主体性の不足も挙げられる。

労働組合は以上の辛い経験を踏まえて、「1万数千人の人たちの雇用を切り離して生き残らせてもらった我々が、ここでもう一回死んじゃったらだめなわけです。必ず生き残らなければなりません」という闘志を燃やしている。

---

170 2002年12月5日、分割・統合に対する組合（半導体業種本部）の見解。

どこまで会社の再建や健全な経営に向けて労働組合の役割が果たせるか注目される。その役割を果たす上でタイミングも欠かせない。「事業再編や構造改革は、危機に陥ってからでは遅いということなんです。先手、先手でやらないといけない。難しいことだけど、顕在化してからでは駄目だということを痛感しました」という先手の対応を会社にどう促していけるかが極めて重要である。もっと重要なのは、会社が、そういう組合の役割を認めること、いやその前に経営者が組合の具体的な手番を待たずに先手を打つという予見可能力や判断力、そして決断力を発揮することである。経営者は、「企業は全て経営者の質で決まる」ということを自覚し、自分の経営の質を高めていくことがなによりも重要であり、企業組織再編でも例外ではない[171]。

　ところで、同社における2回の企業組織再編そのものはスムーズにいったといってよい。それは、1回目の分割・統合の際は労働契約承継法・商法等一部改正法附則の適応を受け、また、2回目の合併・統合の際は、包括承継[172]の適応を受けて、雇用・労働条件が基本的に統合会社に引き継がれたからである。分割・統合では、労働契約承継法・商法等一部改正法附則により、労働者の理解と協力、個別労働者との協議、通知・異議申出の手続きが必要となった。会社には企業別労働組合があり、約2か月にわたる5回の労使協議を経て、組合は会社の分割・統合に対し、理解と協力の姿勢を示した。組合は、約2か月間の労使協議の期間中、10回の評議員会、6回の対策会議等数多くの組織内会議を行い、分割・統合に対応した。スムーズな再編に組合の役割は極めて大きいといわざるを得ない。企業は、従業員に対し5回にわたって集団的にあるいは個別的に説明会を開き、説明を行った後、労働組合及び労働者個人に通知し、異議申出の期間を設けた。こうした手続きがあっても、所定の手続きが済んでから、少数の労働者は、会社との個別協議が十分になされていないことを理由に異議申し立てをしている。問題の解決に向けて、「個別協議」の内容をどこまで考えるべきか、また、その個別協議と

---

171 組合は、「我々の場合は（再編が：呉）うまくいかなかった。それで、感じたのは、今も感じているのは経営者の質ですね。全て経営者だな」と、経営者の質の重要性を指摘する。
172 商法第103条「合併後存続スル会社又ハ合併ニ因リテ設立シタル会社ハ合併ニ因リテ消滅シタル会社ノ権利義務ヲ承継ス。」

労働組合からの理解と協力との間の兼ね合いをどう考えるかという課題が残る。いっぽう、合併・統合では、商法の規定により、消滅会社の権利・義務が存続会社に包括的に承継されるので、法定の手続きが必要ではなかった。しかし、労使は、5か月にわたって3回の労使協議を行い、合意に至り、また、会社は、3回にわたって従業員に説明会を開いた。労働組合も組合員への説明や組織対応を行った。

統合後の労働条件の一元化はいずれの統合でも2年間かかった。それは、慎重を期するためだった。その間、統合前の制度がそのまま承継されていた。雇用の面では、早期退職優遇制度に基づく希望退職が分割・統合の際、統合後6年目に1回、合併・統合の際、統合後1年目から6回行われた。希望退職は、本人の意思によるものであり、一切の強要はしないという労使の確認の上に行われた。とはいえ、実態的に雇用の減少及び不安はあったといわざるを得ない。労働者の不安は、譲渡等で他の企業に移籍する労働者にもあったが、その解消に向けて、組合は、移籍先での組合結成を積極的に支援した。

分割・統合の際に、分割の対象者は半導体部門という明確な区分があったので、誰が分割対象者であるかをめぐる問題は発生しなかった。会社組織によって分割対象の主たる労働者であるかどうか明確ではない研究所等の労働者に対しては、分割対象事業に従事する時間や役割等を総合的に判断して分割対象者と定めて、分割前に分割対象の半導体部門に配置転換した。分割対象をめぐる異議申し立ては起きなかった。労働協約の承継もスムーズに行われたが、両労働協約の統合は、統合後3年4か月が経って行われた両労働組合の組織統合によって実現した。2回の企業組織再編、それに伴う雇用・労働条件の承継、また、雇用の削減や労働条件の引き下げ、さらには労働協約の統合をめぐる労使間の紛争は起こらなかった。そこから信頼に基づく労使関係の一面を窺うことができる。

生き残りをかけた2回の企業組織再編であったが、企業業績や雇用・労働条件の推移を見る限り、2014年度以降明るい兆しが現れているものの、再編の効果が十分現れたとは言いがたい。再編の効果が現れるものとなるために、再編の形態や再編後の経営や労使関係のあり方、さらには再編対象の業種・産業全体の姿を中長期的に考える戦略的なアプローチが求められる。

【参考資料】

（組合提供資料）

（2002）「GHM 支部機関誌：ゆとり　マイライフ　〜新会社設立と分割移籍特集〜」（号外 No.844：2002 年 10 月 9 日、号外 No.846：10 月 18 日、号外 No.847：10 月 28 日、号外 No.848：11 月 5 日、号外 No.850：11 月 12 日、号外 No.852：11 月 20 日、号外 No.854：12 月 6 日）

（2009）「組合機関誌」（No.51：2009 年 10 月 20 日）

（2010）「組合機関誌」（No.56：2010 年 1 月 14 日、No.59：2 月 23 日、No.61：3 月 29 日、No.67：8 月 26 日、No.70：9 月 16 日、No.73：10 月 8 日）

（2010）「協定書：特別ニューライフプラン支援一時金制度」（2010 年 10 月 26 日）

（2012）「協定書：2012 年度早期退職優遇制度」（2012 年 8 月 9 日）

（2012）「協定書：セカンドライフ支援休職・一時金制度の凍結」（2012 年 8 月 9 日）

（2012）「組合機関誌」（No.107：5 月 28 日、No.109：6 月 8 日、No.111：6 月 18 日、No.112：6 月 28 日、No.113：7 月 3 日、No.114：7 月 23 日、速報 No.1：2012 年 8 月 6 日）

（2012）「組合連合機関誌」（No.3：2012 年 10 月 1 日）

（2012）『労働組合の軌跡：2006 年〜 2012 年』

（2013）「協定書：2013 年度早期退職優遇制度」（2013 年 3 月 28 日）

（2014）「協定書：変革プラン期間中に実施する構造対策に伴う組織・部門を限定した早期退職優遇制度」（2014 年 2 月 7 日）

（2015）『次代を拓く約束・挑戦―新たなステージにむかってチャレンジ―』

（2015）「弊社組織の再編の記録」

（2015）「組合グループ連合会組合機関誌：グループ連合―移籍先で労働組合を結成します―」（号外：2015 年 3 月 5 日）

（2015）「製造会社における一部業務の専門会社への外部委託化に伴う従業

員の移籍申入れに関する基本的な考え方について」(2015 年 1 月 7 日)

(2015)「製造会社における一部業務の専門会社への外部委託化に伴う従業員の移籍申入れに関する第 2 回合同労使協議を踏まえた当面の見解について」(2015 年 1 月 22 日)

(2015)「製造会社における一部業務の専門会社への外部委託化に伴う従業員の移籍に関する最終見解に向けた考え方について（生産システム業務)」(2015 年 2 月 19 日)

(2015)「製造会社における一部業務の専門会社への外部委託化に伴う従業員の移籍に関する最終見解（生産システム業務)」(2015 年 2 月 25 日)

(2015)「GOSO 組合結成大会議案書」(2015 年 3 月 20 日)

（一般図書）

泉田良輔（2013）『日本の電機産業─何が勝敗を分けるのか』日本経済新聞出版社。

呉学殊（2015）「企業組織再編への労働組合の対応と課題」仁田道夫・連合編著『これからの集団的労使関係を問う─現場と研究者の対話─』エイデル研究所。

菊池正典（2012）『半導体工場のすべて─設備・材料・プロセスから復活の処方箋まで─』ダイヤモンド社。

坂本幸雄（2013）『不本意な敗戦─エルピーダの戦い─』日本経済新聞出版社。

佐野昌（2012）『半導体衰退の原因と生き残りの鍵』日刊工業新聞社。

東洋経済新報社『週刊東洋経済』(2013 年 3 月 27 日版)。

電機・情報ユニオン関連労働者懇談会（2016）『人権と経営の両立は、どうすれば実現できるか』。

日経 BP 社『Nikkei　Business』(2014 年 8 月 23 日号)。

西村吉雄（2014）『電子立国は、なぜ凋落したか』日経 BP 社。

湯之上隆（2012）『電機・半導体大崩壊の教訓』日本文芸社。

湯之上隆（2013）『日本型モノづくりの敗北─零戦・半導体・テレビ』文藝春秋。

第3部　結論
―企業組織再編における労使関係メリットの最大化に向けて―

180　　第3部　結論 —企業組織再編における 労使関係メリットの最大化に向けて—

　以上、企業組織再編を行った7事例について、再編の背景、プロセス、また、労使関係等の実像について考察した。ここでは、主に政策的なインプリケーションに繋がる内容を中心にまとめてみることにする。

1. 企業組織再編の形態とその背景

　7つの事例の中、会社分割が6つ、事業譲渡が1つ、また、合併も1つ（分割との並行事例）あった。再編の主要背景・形態についてみてみると、第1に、分割部門の業績悪化により、分割会社がそれを抱えることが難しく、他社同事業部門との合併を通じて、分割部門の維持・発展を図るタイプである（「分割部門業績悪化・他社同業部門との統合再編」）。一番典型的にはG事例である。2003年、電機大手2社が半導体部門を分割して新設会社に統合した。また、2010年、同新設会社の他社半導体子会社との合併も同じ背景をかかえていたといえる。

　第2に、分割部門がより成長していくために、他社との統合を通じて規模の経済性を高める分割・統合である（「分割部門専業化・他社同業部門との統合再編」）。典型的なのはD事例である。世界の強豪と伍していくためには、2つの会社が火力発電部門を持ち続けるよりは、それを分割して新設会社に統合したほうがよいと判断した結果である。C事例のA事業、C事業の分割もこのタイプに当たるが、いずれも政府関連機関からの支援を得て、更なる成長を目指すために分割したのである。

　第3に、分割部門の収益性が高いが、選択と集中の経営戦略を進めていくために、同部門の分割益を活用するために行う分割である（「分割益活用・選択事業集中戦略再編」）。F事例とC事例のB事業がこれに当たる。分割売却益は、前者の場合、経営の負担となってきた有利子負債への返済とともに集中事業への更なる投資に有効に活用された。

　第4に、分割部門と他の異種部門子会社との統合を通じて、統合のシナジー効果を図るための分割である（「分割部門と異種部門子会社との統合シナジー効果再編」）。A事例がこれに当たる。A事例では、営業部門を分割して、エンジニアリングや保守サービスの子会社との統合により、顧客への

ソリューション・サービスを効果・効率的に行うために再編が行われた。

第5に、分割部門と同種部門子会社との統合を通じて、統合のシナジー効果を図るための分割である（「分割部門と同種部門子会社との統合シナジー効果再編」）。E事例がこれに当たる。E事例では、4つの製造部門（工場）を分割し製造専門子会社に統合させて、高い品質・高い生産性を実現しようとしたのである。

第6に、不採算部門を切り離して同業他社に譲渡するタイプである（「不採算部門切り離し同業他社への譲渡再編」）が、これにはB事例が当たる。半導体後工程を担当するJI社は、経営が厳しくいくつかの工場を閉鎖する等の対策を講じても改善せず、S工場を同業他社のB社に譲渡した。

また、こうした企業組織再編は企業グループ内のものと外のものに分かれる。再編元も先も特定の企業グループ（親会社が子会社株の100％保有）に属しているのは、A事例、B事例とE事例である。再編先の資本金50％以上を持ち、再編元が再編先企業の主導権を持ち、当該企業の連結会計対象としているのは、D事例である。分割会社が、分割当初、分割統合会社株の50％以上を保有していたが、その持ち分が低下して連結会計対象外となっているのがG事例である。その他の事例は、再編当初より再編先企業の株を50％未満保有するかまったく保有しない形であり、企業グループ外の再編に当たった。

再編の背景・形態は、以上のように、各社各様であるが、多くの事例で共通するのは、選択と集中という経営戦略の推進である。当該企業の本業に資源を集中させるために、本業ではない部門を切り離すのである。代表的なのはC事例、D事例、F事例、G事例である。いずれも切り離される部門の事業が熾烈な競争にさらされて、継続的に抱え込んでいくためには莫大な投資が必要であり、それには本業への資源集中に問題が発生する恐れがあった。

2. 企業組織再編のプロセスとその適法性および課題

企業組織再編は、再編の類型によって法的な措置が異なる。特に雇用についてみてみると、合併は企業間の統合となるので包括承継となる。そのため、

合併の際に、労働者の雇用は合併前の会社から合併後の会社に自動的に承継される（「包括承継」）。雇用契約の移転に伴う契約の結び直し等の手続きは不要である。譲渡の場合、労働者の雇用契約は、譲渡元から譲渡先に代わるが、その際、譲渡先が労働者個人の同意を得ることになる（「特定承継」）。合併も譲渡も雇用契約の移転について、以上のような手続きが必要であるのみである。

　他方、分割の場合、包括承継ではあるものの、「労働契約承継法」により一定の手続きが必要とされる。分割会社が行うべき必要な手続きを順に示せば次のとおりである。第1に、労働者の理解と協力を得るように努力する（同法7条、いわゆる「7条措置」）こと。その際、従業員の過半数を組織している労働組合があれば、その過半数組合、それがなければ従業員過半数を代表する労働者（従業員の過半数代表者）から理解と協力を得なければならない。第2に、労働者個人との協議を行わなければならない（商法等改正法附則第5条、いわゆる「5条協議」）。そして、第3に、企業は、分割効力発生日、労働契約の承継の有無、労働条件の承継等を記載した通知を労働組合および当該労働者に行う（同法2条、いわゆる「2条通知」）ことである。ここでは、労使関係の面で必要な手続きとして7条措置と5条協議にしぼって実態をみてみたい。

　まず、7条措置である。労働者の理解と協力を得るとはどのような意味があるのか。同法では具体的に示されていない。その実態をみてみると極めて多様である。まず、事実上、労働組合の同意がなされたのは同意程度の順にE事例、A事例、D事例、G事例であった。E事例では、労使が「製造工場の分社化における協定書」を締結し、最も同意の程度が強い。A事例では、労働組合が、会社に対し、新会社における労使協議の運営、組合員の労働条件等に関する労使協議、労働協約締結者の確認、良好な労使関係の構築・発展という要求を受け入れれば、分割・統合の申し入れを受け入れると表明した。D事例では、労使協議の場で労働組合が分割・統合に了解するとの組合態度および意見・要望、また、「組合建議」も示した。また、分割・統合に理解を示さない労働組合員には、組合が会社になりかわって丁寧に説明し、理解を得る取組みも行った。G事例では、中央レベルの最後の協議の場で、

労働組合が「職制による従業員・組合員に対する職場説得が行われて組合員の理解が進んだ」と判断し、会社の分割・統合案について「理解し、協力していく」旨を表明した。その際、統合会社の新社長に、雇用・労働条件に対する組合員の不安払拭、事業統合シナジー効果の実現、明確な経営ビジョンの明示というメッセージを示すことを要求した。A事例、D事例、G事例は緩やかな条件付事実上の同意であった。

　いっぽう、F事例では、労働組合が「経営はあくまで経営者が行うものであり、経営判断に関しては労働組合としては強く是非を問うべきものではない」という方針の下、会社が労働契約承継法に則って手続きを進めていることに対し、分割対象の組合員の意見集約を経て、「特筆するような大きな課題は今のところなく、会社側に引き続き着実かつ丁寧に取組んでもらいたい」といい、分割を認めたのである。C事例では、会社が分割の際にプレスリリースを行うが、その前後、労働組合はその内容について会社との協議を経て、その日、協議の議事録を作成し、組合員に配布した。労使協議は、必要に応じて2回以上行うこともあるが、組合が会社の分割に承認を示す手続きをとっていない。同事例では、過半数組合がないので、事業所ごとにある従業員の過半数代表者に対しても分割に関する説明会を行ったが、同代表者のほとんどは組合員であったので、説明会の前に組合発行の労使協議議事録を入手することができた。説明会では、会社側の説明を聞くだけで、その内容を従業員に知らせる活動等は行っていない。労働組合も従業員の過半数代表者も会社の分割に対して承認するというメッセージは発していない。

　以上、分割・労働契約承継に対する労使協議の実態についてみてみたが、文書による協定書締結から説明・協議まで幅が広いが、その多く（6事例中4事例、66.7％）は、事実上の同意という形で7条措置がとられる一方、2事例は、そうではなく、その1事例は組合員の意見集約を経て問題がないことを確認し、他の1事例は、事実上、説明を聞くにとどまった。7条措置をめぐる事例の違いは、労働組合が過半数組合であるか否かによって分かれるが、過半数組合であれば、事実上の同意、そうでなければ事実上の説明となっている。過半数組合であっても、経営判断に強く是非を問うべきものではないという方針を持っている場合、事実上の説明に近い対応となった。

事業譲渡のB事例では、労使が団体交渉を通じて、譲渡に伴う自社退職の退職金加算（平均10か月）を定めた後、会社が組合員個人ごとに説明・面談を行った。譲渡は特別承継として会社と労働者個人間の契約により、雇用契約が譲受会社に移行するが、B事例では、その前に労働組合が、会社との団交において、退職金加算を決定した。

次に、5条協議の実態についてみることにする。法律の中に「協議」の具体的な内容が示されているわけではない。厚生労働省[173]によると、労働者個人との協議の際に、承継される会社の概要、分割会社および承継会社等の債務履行の見込みに関する事項、承継される事業に主として従事する労働者に該当するか否かの考え方等を十分説明して、本人の希望を聴取した上で、当該労働者の労働契約の承継の有無、当該労働者が従事することを予定する業務の内容、就業場所その他の就業形態等が協議事項となっている。しかし、ここでは協議の具体的な意味が見当たらない。仮に協議を「相手と対等な立場で話合い自分の意見を自由に言えてそれを反映すること」と定義すれば、5条協議は意味あるものとはいえない。なぜなら、協議の当事者は、通常、分割に従う労働契約承継対象者の上司であるため、また、当事者と上司との1対1の協議であるためである。より具体的に協議の実態をみてみる。「協議は業務命令上の協議に過ぎず、事実上の説明にとどまって（A事例）」おり、「職場ごとに説明会を開き、説明を行ったが、当該の労働者と個別に協議しているわけではない（D事例）」、「承継対象者に対し全員面談を実施する（F事例）」程度であり、「8000人の従業員との個別の協議をもれなく実施することは極めて難しい（G事例）」のが実態である。

このように、労働者個人との協議の実態を鑑みると、協議は、業務命令上の協議や説明に過ぎない。対象労働者が対等な立場で自分の意見を言える状況とはいえない。

---

173 厚生労働省「会社分割に伴う労働契約の承継等に関する法律（労働契約承継法）の概要」。

3. 企業組織再編後の雇用および労働条件の実態

　企業組織再編の対象労働者は、前記のとおり、再編の類型によって、再編先の企業との雇用関係の承継が異なる。合併は、包括承継として合併前の労働者は合併会社にその雇用がそのまま承継される。譲渡は、譲渡元の労働者個人と譲受企業との同意により、その雇用が譲受企業に移籍される。分割の場合、分割契約書に承継の対象者（「主たる従事者」）と記載されていれば、分割先にその雇用および労働条件が包括的に承継されることになっている。ただし、雇用および労働条件の承継の期限は定められていない。実態はどのようになっているのか。調査対象や再編後の期間が事例ごとに異なるので、その実態を正確に著すのは自ずと限界があることをまず断っておきたい。まず、分割についてみてみたい。雇用の承継は、主たる従事者のみならず、従たる従事者もその対象になった。主たる従事者の場合、分割対象業務が明確に区分されているので、承継対象の線引きに問題は基本的に起こらなかった。従たる従事者は、人事、総務、財務や研究等の間接部門に従事する者であったが、会社が個人的に対象者と協議し承継部門に分割前に異動を行うか（F事例、G事例）、分割会社が個別に同意を得て、雇用を承継会社に承継させた（A事例、C事例、D事例）。

　分割・労働契約承継法に基づき、分割・承継の際に雇用の承継を行うが、それがいつまで続くのかはわからない。分割会社が、7条措置の際に、承継後の雇用保障についても言及しているところもある（D事例、E事例）。D事例では、いわゆる終身雇用慣行が強く、明示的にそれを示している。例えば、「万一、その新会社（承継会社）がだめになるときは、企業グループとして雇用はきちんと守る」という発言がある。E事例では、個別事例にかかわる「製造工場の分社化における協定書」や包括的に「分社化に関する労使確認書」の中に「将来に亘り企業グループでの雇用確保の義務および責任を有していることを確認する」という内容が盛り込まれている。D事例では、再編の際にメジャー出資[174]、E事例では企業グループ内の再編という特徴がある。

174　いわゆる雇用保障は、メジャー出資に限らず、全ての再編に当てはまるとみられる。

ちなみに、C事例では、再編の際に、「再編時の労働契約の円滑移動および再編後の雇用安定」という大原則を重視するので、再編後の雇用問題が発生しなかった。

　再編後、雇用は守られているのか。そうなっていないのは、A事例、B事例、G事例である。A事例では、再編先も含めてグループレベルで早期退職・希望退職が実施されて再編先からの退職者が出た。B事例では、労働条件の引き下げ、転居を伴う転勤、さらには工場閉鎖に伴う退職者が発生した。G事例では分割後に1回、合併後に6回、合わせて7回にわたる早期退職・希望退職が行われて多くの労働者が退職した。分割、譲渡、合併というどの企業組織再編でも雇用削減がみられ、再編類型の間に相異点は見出されない。

　他方、再編の際に、再編対象部門の労働者のみが雇用削減の対象外となり、雇用の安定が図られたところもあった（F事例）が、再編（分割）対象部門が最も高い収益率を記録しており、売却益が会社の有利子負債への返済に用いられた。また、E事例では、再編を機に、有期雇用から無期雇用へと雇用の安定が図られた。

　いっぽう、労働条件の承継についてみてみることにする。再編とともに労働条件が下がったのは譲渡のB事例のみである。組合員の月例賃金が平均16％下がった。他の事例では、労働条件がそのまま承継されたが、労使の協議ではどのような言及があったのか。7条措置において、企業は、再編先（他社との統合の際）における従業員の一体感を醸成するためにも労働条件の統一が望ましいと考えているが、統一がいつなのかについては明言を避けている。それは、再編先が自社ではないからであり、再編後の状況が正確には見通せないからであろう。それでは、実際、再編から労働条件の統一までどのくらいかかったのか。確認されたところをみてみると、1年3か月（A事例）、2年（G事例の分割・合併とも）、2年2か月（D事例）であったが、その期間は再編前の労働条件がそのまま承継された期間でもある。分割後、他社との統合がないF事例では、労働条件は「承継後も数年間は総体的に不利にならない」と会社は言及した。

　再編後、実際、労働条件はどのように変わったのか。基本的に大きな変化はなかったが、例外的に下がったのは、既述した譲渡のB事例と分割・

合併のG事例であった。G事例では、2003年、分割・統合後に役割給の約10%減額、ボーナスの引き下げ（産別ミニマムの割り込み）という労働条件の引き下げがあり、2010年、合併・統合後には基本給の7.5%引き下げや残業手当の割増率の引き下げ・法定割増率への調整（2回は期限限定、その後恒久的措置）等が行われた。

なお、譲渡は、譲受会社の労働条件が譲渡企業より低い場合、用いられる（B事例、C事例）。そういう意味で、譲渡は、分割や合併より労働者に厳しい選択となる可能性が高い。労働者の保護という観点から一定の法的措置が求められるが、2016年9月1日から施行された「事業譲渡又は合併を行うに当たって会社等が留意すべき事項に関する指針」（【付録7】）はそれに応えるものであったと高く評価できる。

4. 企業組織再編における労働組合の役割・存在意義

企業組織再編における労働組合の役割・存在意義について、会社側は高く評価している。「企業組織再編も組合の了承なしでは会社はやれない。正式な提案をした時点で組合はもう会社と一心同体になってくれる関係（D事例）」であり、「組合の協力なしには再編はうまくいかなかっただろう（F事例）」と言われるほど、企業組織再編における労働組合の存在意義は高い。いくつかの側面から組合の役割・存在意義についてみることにする。まず、第1に、労働者代表と適法性の確保の役割である。C事例を除き、全ての事例で労働組合は過半数組合として全従業員を代表しており、企業の7条措置をとる上で、理解と協力の当事者となっている。また、再編の際に、承継や転籍等の拒否を理由に不利益取扱いをしないように会社に求めて、5条協議の基盤をつくった。会社が7条措置と5条協議という法的対応を法律にそって行う上で、労働組合の存在は大きいのである。更には、E事例では、会社が、会社分割なのに特別承継をとろうとしたが、組合がその問題点を指摘した結果、労働契約承継法に基づく包括承継を採用した。それによって、適法性が守られた。労働組合は、企業の法令遵守をはかっていく担い手であり、公共財ともいえる。

また、労働組合は、7条措置の中で、法律に基づく手続き（例えば、「5条協議」、「2条通知」）をするように会社に促している。会社は、そういう要望を受けなくても、法律上の手続きを進めていくとみられるが、組合からの要望を受けると、よりいっそう適法性の確保に注意していくとみられる。特に、組合は、再編への協力をせず異議申出をする組合員に対して不利益取扱いをしないよう促したが、企業はそういう組合の指摘を踏まえて、不利益取扱いをしなかった。

第2に、組合員の再編情報に関する理解度の向上である。会社は、再編に関する情報を労働者・組合に説明するが、あくまでも使用者の観点からのものであり、会社に都合のよいものを取上げがちである。組合は、会社情報の真意、背景等について更なる会社の説明を求める協議をすすめた。また、協議の内容を組合員に伝えるとともに組合員からの質問等（例えばA事例の場合、約250件、E事例の場合、119項目、G事例の場合、28項目）を吸い上げて会社に伝え関連情報を引き出した。以上を通じて、組合員は、会社の再編情報をいっそう的確に理解することができた。分割・労働契約承継に関して理解できない組合員に個別に「会社になりかわって」説明を行い、再編への理解度を高めたのである。こうした活動にかかる期間は、最長が4か月であった（D事例）。

労働組合が、企業組織再編に対する組合員の理解度を高めていく上で、事前に再編の内容について的確な知識や情報を持つことが不可欠である。しかし、再編情報は、インサイダー取引に繋がる恐れがあるとのことで、企業が対外発表の前に労働組合に出したがらない傾向もある。出すとしても直前が一般的である。こうした問題を解決する1つの方法は、労働組合の当事者に守秘義務を課すことである（D事例）。そうすることによって、対外プレス発表や正式な労使協議の前に、労働組合は再編の関連情報を事前に入手し、対応の準備や組合員への的確な説明等を行うことができるのである。

労働組合は、再編の際に、「会社が求めているものと組合員が考えているものをきちんとつなげる」役割を果たしているのである（A事例）。

第3に、再編の円滑な履行の確保である。労使関係上の問題により、再編ができなかったり計画より遅れたりすることはなかった。労働組合は、会社

との協議の内容を協議の度に組合機関紙に掲載し、組合員に広く伝えることにより、組合員が企業の組織再編への理解を高めていくのに重要な役割を果たしたといって過言ではない。5条協議は、「業務命令上の協議」に過ぎず、当該労働者が再編の背景・内容や自分の対処等について自分の本意による意思表示が難しい可能性があるが、「協議」の前に、事前に労働組合の機関紙を通じて関連情報を入手したり、組合から説明を聞いたりすると、対応の幅が広がる。異議申出がほとんど起こらなかったのは、7条措置がきちっとなされたためといって過言ではなく、7条措置の担い手である労働組合の存在意義は高い。

　第4に、組合員の企業への求心力の向上および納得度の向上である。労働組合が、以上のような役割・存在意義を発揮していくと、組合員は企業の再編の決定やその手続きに対する理解を高めて、企業の方針に協力することになり、企業は再編やその後の企業経営について従業員の求心力を得ることになる。

　分割・労働契約承継の際に、従たる従事者を承継する際に、企業の対応は、前記のとおり、事前に分割部門に異動させるか、個別同意を得て承継させている。後者の場合、どのような内容で同意を得られるか、当事者しかわからず、それが正当であるかどうかもわからない。労働組合は、個別同意の際でも、包括承継と同様な条件となるように、会社に求めている。その結果、個別同意による転職者も会社の方針に納得する。ある企業は、分割・労働契約承継の対象者であるが、個人的な事情や要望を踏まえて対象者から外したこともあるが、それも労働組合があって承継対象とされた者が自由に自分の意見を会社に示した結果である。こうしたことを通じて、当該の労働者は、企業への求心力・納得度を高めていくとみられる（F事例）。

　第5に、健全経営への強い要請である。企業組織再編を行う企業は、多様な企業経営環境の下で、その再編を決断している。前向きな再編もあるが、どちらかと言えば、企業経営全体がうまくいかないか、あるいは再編対象部門に何らかの問題を抱えている場合もある。7条措置の中で、労働組合は、再編の背景・必要性や再編後の企業経営のあり方等について厳しい意見をいう場合がある。企業がそういう意見をどのように受け止めているかは計り知

れないところがあるが、少なくともいっそう健全経営を目指していくという
方針や考え方をもつことに繋がるとみられる。

5. 企業組織再編における労働組合の組織化

　企業組織再編の渦中、労働組合が組織化に成功したところもある（A事例、
E事例、G事例）。A事例では、1社分割・2社の合併によって新しい統合会
社が設立されたが、合併前に1つの会社には労働組合が組織されておらず、
社員会があるだけであった。既存の労働組合は、企業組織再編の協議および
労働条件の統合の際に、同社員会の代表が協議に参加できるようにし、労働
組合の役割を知って頂くようにした。代表は、労働組合の存在意義を認識し
組織化に協調した。社員会の協力のもと、既存の労働組合が各職場に行き組
合に関する説明会を開催した結果、未組織の労働者ほぼ全員に当たる約700
人が組合に加入した。
　E事例では、分社化や分社化した企業への転籍等に合わせて、「分社化す
れば労働組合をつくるし、また、転籍があれば、これをチャンスに、じゃ、
組合つくれ」という形で積極的に労働組合をつくった。また、非正規労働者
への組織化に積極的であった。それは、主に会社の法令遵守・そのチェック
機能を果たすためであった。その結果、2002年企業グループレベルで組合
員数が約3500人から2012年には約7000人まで増加した。
　G事例では、労働組合のない職場に転籍する元組合員が労働組合を結成す
るように、転籍に向けた労使協議の中、労働組合は、転籍先企業へ組合結成
に対する協力と理解を求めた。転籍対象者の中で、組合加入対象者の95.8%
が組合結成に賛成し、転籍とともに新たな労働組合がスタートした。
　企業組織再編は、当該の労働組合にとって厳しい対応を迫られる可能性が
あって、どちらかといえば、受身的に対応しがちであるが、再編を労働組合
の組織化・組織拡大のチャンスとして能動的に対応する事例もあった。再編
が避けられないのであれば、それを生かして組織化を図って、集団的労使関
係の輪を広げるチャンスと捉える発想の転換が求められる（補論のUAゼ
ンセン加盟組合の事例も参照）。

6．企業組織再編の望ましいあり方に向けて

（1）法的・制度的側面

　分割・労働契約承継法に対する労使の評価は高い。上記のとおり、分割・売却益を通じて、巨額の有利子負債を返済し、本業に経営資源を集中できるようになった事例もあった（F事例）。しかし、こうした高い評価も、後述する信頼に基づく良好な労使関係の上で可能なのである。また今後も高い評価が得られるためには、法的・制度的に改善すべきところも少なくない。とりわけ、良好な労使関係を有していない職場・企業に当てはまる。まず、第1に、7条措置の実効性を確保するためには、過半数組合のない職場・企業に協力と理解を示す労働者代表が存在するようにすべきである。現在、当該の職場・企業に過半数組合か、それがなければ従業員の過半数を代表する者（従業員の過半数代表者）が協力と理解を示す主体者となる。しかし、過半数組合の担い手である労働組合の組織率がほぼ一貫して低下し2018年現在17.0％に過ぎず、また、従業員の過半数代表者がその選出規定のある労働基準法の施行規則第6条を満たすところは極めて少ない[175]。まずは適切に過半数代表者が選出される方策が求められるとともに、従業員代表制の整備（その1つとしていわゆる「従業員代表制の法制化」）の必要性を検討することが求められる。C事例では、過半数組合が存在しないので、従業員の過半数代表者である社員代表が理解と協力を示す役割を果たしているが、前記のとおり、その役割は、会社からの説明を聞くにとどまり、社員に会社の方針を

---

[175] 労働基準法施行規則6条や通達（平成11・3・31基発第169号）で次のように示されているだけである。すなわち、過半数代表者となる者の要件として、「労基法第41条第2号に規定する監督又は管理の地位にある者ではないこと」、「法に規定する協定等をする者を選出することを明らかにして実施される投票、挙手等の方法による手続により選出された者であること」が定められており、同通達では、「挙手等」の「等」には、「労働者の話合い、持ち回り決議等、労働者の過半数が当該者の選任を指示していることが明確になる民主的手続が該当する」と記されている。こうした規定に照らし合わせてみると、民主的手続に該当する選出方法は、「選挙」、「信任」、「全従業員話合い」、「職場ごとの代表者による話合い」と考えられ、それを全部合わせても49.9％に過ぎない。企業規模別にみると、この民主的手続を過半数以上満たしている企業は、50人以上である（労働政策研究・研修機構（2006）『中小企業における労使コミュニケーションと労働条件決定』労働政策研究報告書No.90）。中小企業の社長へのヒアリング調査によると、上記の規定を厳格に満たしているところはほぼ皆無に等しい（呉学殊、2013「労使関係論からみた従業員代表制のあり方―労使コミュニケーションの経営資源性を生かす」『日本労働研究雑誌』2013年1月号No.630。）

伝えたり、また、社員の声を吸い上げて会社に伝えたりする機能は果たしていない。従業員代表制の法制化には、7条措置等の規定を果たすというその代表の役割を定める必要がある。

第2に、7条措置の「理解と協力」を「事実上の同意」に格上げすることも検討に値する（A事例、組合側の発言）。理解と協力の内容は、事例ごとに異なるが、多くの事例で労働者側が事実上の同意を示した。こうした実態に合わせて「事実上の同意」にすることも今後検討すべきであろう。協定書の締結、口頭発言・公示等が考えられる。「事実上の同意」への格上げの必要性は、5条協議が実効性を伴っていないからである。協議の定義をどうするかによって、5条協議の解釈に違いが出てくると思われるが、既述の通り、「相手と対等な立場で話合い自分の意見を自由に言えてそれを反映すること」を「協議」と考えれば、限られた選択肢の中で、事実上、上司・会社との個人的な協議は、業務命令上のものになりがちで、上記定義のような協議になる可能性は低いからである。

第3に、分割・労働契約承継法は、基本的に性善説に立脚したもののようで、悪用の可能性があり、それを防ぐための措置を講じる必要性があるのではないか。悪用の可能性としては、例えば、承継後、すぐに雇用削減や労働条件の引き下げ等を行う場合が挙げられる[176]。悪用の最小限化に向けては、雇用や労働条件等を少なくとも一定期限までは承継することを明記することも必要であろう（A事例、組合側の発言）。そうすることによって、分割・労働契約承継の対象者が安心して再編を受け入れるとみられる。と同時に、性善説に基づく再編も順調に進むとみられる。

分割・労働契約承継の場合、特定の職務ではなく特定の企業に入社し、多様なキャリアを経てそれを積みながら、職業生活をしていく、いわゆる日本的雇用慣行のもとでは、分割対象の事業・業務に就くことは、自分の積極的な意志ではなく、会社の人事方針による可能性があり、そもそも分割に納得しにくい側面がある。一定程度、当事者の理解・納得感を得るためにも一定の承継期間を設けることも検討に値する。

176「一番やっちゃいけないのは、分割先で早期退職、希望退職」であり、そうならないように「一定の規制を加えることも必要ではないか。」（C事例、会社側の発言）。

第4に、情報提供の努力・義務化である。分割、譲渡、合併という企業組織再編は、雇用契約の変更を伴う。すなわち、自分の選んだ企業から別の企業に籍が変わる。そういう意味では、当事者にとって大きな変化であり、場合によっては決断が求められる。当事者ができるだけその変化を受容するためにも、あるいは、違う選択をするためにも、再編に伴う変化の内容を正確に理解することが重要である。そのためには、自社だけではなく、再編相手企業の経営情報や雇用・労働条件等の情報についても当事者の労働者および労働組合に伝えることが重要であり、情報提供の努力・義務化を図ることも模索すべきではないだろうか。B事例では、再編相手（譲渡先）の経営情報や労働条件等に関する情報が譲渡元の組合や組合員に提供されず、紛争になるところであった。紛争の未然防止にも情報提供に関する実効性のある一定のルールを設けることを検討してもよいのではないかと考えられる。

　ちなみ、今回の7事例では、企業組織再編をめぐる紛争がなかったが、それは調査対象が比較的に再編に問題がないところであったからだとみられる。再編に問題があるところはそもそも調査に応じないことが多い（例外的に労働組合が調査に応じた事例としては補論を参照）。そういう意味で、7事例以外のところ、特に再編関係の法律を悪用するところも念頭において規制のあるべき姿を考えることが必要である[177]。

（2）労使関係の側面

　日本の労使関係は個別企業を単位としているのが一般的である。個別企業では、労使関係は「背中合わせ・車の両輪（D事例）」という信頼に基づく良好な労使関係が多い。本文の大半の事例でもそのような労使関係を確認することができた。信頼に基づく良好な労使関係は、次のような環境の下、成り立っている。すなわち、当該企業に企業別労働組合があり、同組合が過半数組合であること、また、労働協約や労働協定が結ばれており、また、労使協議も対等な立場で行われて、共通の情報のもとで相手の発言や立場を尊重

177　実際、組合からは、労働契約承継法は、「やっぱり悪用できるものだなというふうに常々感じました。正直言って。それは悪用できないようにしなくちゃいけないな」との声もあった（A事例）。

する慣行があること等である。このような良好な労使関係では、上記の追加的な法的・制度的な措置をとらなくても大きな問題が発生しにくいとみられる。そうではない場合、追加的な法的・制度的な措置をとることも検討に値するだろう。例えば、労使関係の信頼度[178] を測って、一定の基準を下回る場合、上記の追加的な法的・制度的な措置をとるとともに、7条措置や5条協議等の際に、行政がそのプロセスをチェックすることも考えられる。

このように労使関係の信頼性を測定して法律の適用や行政の関与の度合いを異にすることによって、一定の基準を満たしている企業では規制を最小限にして良好な労使関係の維持や進展を促し、そうではない企業では、規制を強化して法律の悪用の余地を減らしていくことも1つの選択肢であろう。すなわち、労使関係の信頼度に応じた規制の柔軟な適用が求められる。

多くの企業の労使は、前記のとおり、自社の労使関係を「車の両輪」（代表的にD事例）と表している。その意味するところを次のように示し、信頼に基づく良好な労使関係を垣間見ることにする。第1に、車輪の同一方向性である。車が無駄なく走るためには両輪の向かう方向が同じである必要がある。企業の維持・発展と労働者の雇用および労働条件の維持・向上という方向は同じであり、相手と方向性を共有している。企業組織再編においても、企業の維持・発展のみが図られて、労働者の雇用・労働条件の維持・向上が疎かにされれば、その再編も労使関係もうまくいかない。再編は利益の最大化もあれば、被害の最小化もあるが、労使のどちらか一方のみにそれが当てはまると、他方の協力を得ることができず、再編の効果は上がらない。同じ方向性を確認するためには、労使が再編の目的を共有することが重要である。会社分割の際に、「労働者の理解と協力」を得るために、労使が真摯な協議を行うことが極めて重要であり、そのような法的な規定のない譲渡や合併の際にもしかりである。7事例いずれも労使協議を尽くして、最終的には再編の同一方向性を確認した。ただ、E事例では、当初、会社は、会社分割なの

---

[178] 信頼度の尺度としては、例えば、次のことが考えられる。過半数組合有り（50点）、労働協約・協定有り（10点）、経営情報の完全公開（10点）、定期的な労使協議の開催（10点）、従業員の過半数代表の適法運用（10点）、労働関係法違反歴なし（10点）とし、信頼度が60点以上であれば、現行の企業組織再編法制のままでよいが、それ未満の場合、上記の追加的な法的措置や行政の関与を付加すること、である。

に、労働者個人の転籍同意（特定承継）を進めようとしたが、組合の問題提起により、最終的には労働契約承継法に則る形で承継転籍（包括承継）に舵をきり、両輪の方向性を合わせたのである。労使がお互いにチェックしあい、常に同一方向性を確認する必要がある。

　第2に、車輪の大きさが同一である必要がある。労使関係は、労働基準法、労働契約法、労働組合法などの労働法では、対等性をその原則としている。労使が、相手の影響力の範囲に合わせていくことが対等性を保つのに望ましい。日本の場合、多くの労働組合が企業とユニオン・ショップ協定を結び、従業員イコール組合員という形で、個別企業における労使の影響圏は限りなく一致している。今回の調査では、7事例の中で6事例がそれに当てはまる。再編先に労働組合が結成されていないところも含まれていたが、労働組合が再編を機に組織化を行い、対等性の環境をつくった。それには会社側も理解を示した。再編先でも労使という両車輪は基本的に同じ大きさとなったわけである。日本では2000年3月期より連結会計制度が導入されてから企業グループ経営がいっそう強まっており、中核企業の影響力は子会社等へ広がっている。労働組合がその影響圏に合わせて車輪の大きさを同じくするためには、子会社の組織化が極めて重要である。また、増加している非正規労働者への組織化もしかりである。その組織化を積極的に展開しているE事例から学ぶところは多い。

　第3に、車輪の速度が同じである必要がある。1つの車輪の速度が速く、他方の車輪の速度が遅いと車はまっすぐに走れず、最悪の場合、全く前進できない。企業組織再編において、労使が速度を合わせていくことが重要である。会社が一方的に再編を企画し実行していこうとすると、労働組合はそれに合わせていくことが難しい。それを防ぐためには、会社は、できるだけ早く再編情報を労働組合に提供し、労働組合が会社のスピードに歩調を合わせていく準備をする必要がある。労働組合は民主的な組織であるので、意志決定には相当の時間がかかる。再編の情報はインサイダー取引につながる恐れがあるとのことで、企業がその情報を対外発表の直前に組合に提供すると組合の対応が遅れる可能性がある。それを回避するために、インサイダー取引の防止につながる秘密保持の約束の下、企業が再編の企画段階から労働組合

に情報を提供していくことが望ましく、また、再編のプロセスにおいても労働組合の民主的な意志決定が十分なされる期間を考慮することが求められる。いっぽう、労働組合側にも、企業の環境激変と意志決定の迅速化に対応できるように、内部の意志決定スピードを上げる努力や工夫が必要である。

　第4に、各車輪に駆動力がつくことが重要である。車は、駆動力をもっている車輪が多くなると安全かつ確実に前進することができる。まず、駆動力そのものについて指摘しておきたい。日本の場合、個別企業を単位に労働三権を行使する企業別労働組合が一般的である。そのために、労働組合は、駆動力を持っている企業について行くだけだというイメージがつきやすい。もちろん、企業は経営権、人事権など企業経営に必要な権限を持っている。しかし、それをフルに行使し実効性を高めていくためには、労働者が企業の期待に応えて働く意欲、能力と成果をあげる環境が必要である。その環境においては、意欲、能力や成果を発揮すると必ず報われるという確信が必要であり、また、当該企業の中長期的な維持・発展への確信も重要であるが、労働組合はそのような確信を与える存在となり得るのである。企業組織再編において、労働組合は企業との協議、その内容の組合員への伝達、また、組合員の声の集約と会社への伝達等を通じて、組合員にそうした確信を与えた。そういう意味で労働組合も企業経営への駆動力を持っているといって過言ではなく経営資源である（補論の事例も参照）。

　そして、こうした駆動力を持つ車輪の数も重要となっている。上記のとおり、日本では、2000年3月期より企業会計制度が単体から連結に変わっている。企業がマーケットで評価されるのは単体より連結であり、当該企業だけではなく連結会計に含まれている子会社等の経営実績も重視されている。もし車の前輪が中核企業であるとすれば、後輪は子会社と表現できる。子会社も自ら駆動力をもち、前輪を支えていくことが求められる時代となった。前輪と同様に後輪でも駆動力がつくことが望ましいが、そのためには子会社でも労働組合を作ることが必要である。

　以上のように、車輪の方向性、大きさ、速度、駆動力で労使という車の両輪が一致していれば、車輪は外れず車は目標に向かって前進していくことができる。それが、信頼に基づく良好な労使関係の内容を示すものだといって

過言ではない[179]。

　つまり、労働組合（特に過半数組合）は、企業が企業組織再編の際に行うべき手続きの遂行やその適法性の充足において重要な役割を果たし、信頼に基づく良好な労使関係の担い手となる経営資源ともいえるのである。過半数組合（それがなければ従業員の過半数代表者）からの「理解と協力」を求める労働契約承継法の7条においても、過半数組合の有無によって、7条の意味が異なり、過半数組合の存在とその労使の良好な関係の存在によって、7条本来の要件・意味が満たされているといって過言ではない。企業組織再編法制もそれを踏まえる内容の構成と運用が法の実効性を高めることに繋がる。

　企業組織再編を行う企業の経営環境は一般的に厳しい。そのために、防御的な姿勢になりがちであるが、労使関係においても例外ではない。経営情報を十分開示しなかったり、労使協議においてもその場凌ぎの対応に終始したりする可能性がある。信頼に基づく良好な労使関係の下では、労働組合は経営資源である。それを生かす企業の対応が求められる。再編に関する情報をいち早く労働組合に提供するために、「守秘義務の誓約書」を導入しているD事例は、労働組合を経営資源として生かしている典型例であるといえる。そういう企業の対応があって、労働組合は「会社と一心同体」となり、再編について理解が十分ではない組合員に納得できる説明を行い、7条措置と5条協議の土台をつくっていくのである。そうすることによって、当該労働者は、再編だけではなく、再編後においても納得の上、会社の必要な手続きや指揮・命令に対応するのである。

　労働組合には自らの経営資源たる存在を積極的にアピールし、会社対応を促し、信頼に基づく良好な労使関係の高度化に努めていき、存在意義をいっそう高めていくチャンスとする姿勢が求められる。また、E事例のように、再編を労働組合の組織化・組織拡大や非正規労働者の雇用安定・処遇改善の機会と捉えて実践していけば、組合の存在意義がいっそう高まるだろう。そ

179　もちろん、信頼に基づく良好な労使関係そのものが企業の維持・発展、労働者の雇用および労働条件の維持・向上を保障するものではなく、労使が自らの目標を掲げて互いにそれを共有し達成できる駆動力をつけることが必要である。駆動力の強化を図るための労使の工夫が求められる。

して、労働組合は、再編先企業においても信頼に基づく良好な労使関係が形成・維持されるよう、再編の協議の際に、企業に求めるべきである。

なお、再編における労働組合の積極的な役割が認められる次のような事例もある。2社合併を控えていた各社の企業別労働組合は、合併を従業員の「明るい未来像」を構築していくための決断と前向きに受け止めて合併効果を早期に発揮させるための運動を展開した[180]。労働組合は、合併にむけて「労使の相互理解」、「労使協議による解決」、「労使対等」を基本スタンスとし、会社に対し合併に関する専門委員会の設置を申し入れて労使協議を進めた。その結果、合併前に両社の人事・賃金制度の一本化を果たすことができた。また、両組合は、合併効果をあげるためには従業員の早期融和の実現が重要と判断し、「1つの会社に1つの組合・1つの運動方針の実現」を掲げ8か月にわたり20回以上の勉強会を開催して、上部団体がイデオロギー的に異なっていたものの、会社の合併に合わせて組合の組織統合を決断し実現したのである[181]。つまり、労働組合が、会社合併の前、積極的に人事・賃金制度の一本化を働きかけて実現し、また、イデオロギー的に異なっていた上部団体に属していたにもかかわらず、会社の合併に合わせて組合の組織統合をはたし従業員の早期融和による合併効果の早期発揮を図ったわけである。合併効果の早期発揮にむけた労働組合の主体的で積極的な運動として注目に値する事例である。

(3) 企業経営の高度化や産業競争力の向上の側面

企業組織再編は、当該企業の労使に大きな影響を及ぼすことがある。それを企業経営の高度化や産業競争力の向上に生かすかどうかが重要である。今回、7事例は、企業組織再編の渦中にあるものから再編後数年経っているところまでもあり、また、調査対象が再編元と再編先と異なる等、事例内容の比較ができない。そのため、企業組織再編の望ましいあり方への示唆を導き出すことが難しいものの、少なくとも次のように示すことができる。

---

180 この事例はヒアリング調査22事例の1つである。
181 統合しない場合、従業員の早期融和への支障、従業員の納得感の低下、会社の健全な発展への阻害等が懸念されると考えていた。

まず、第1に、「切り捨て」ではなく「生かす」という姿勢や意識が求められる。譲渡や分割は、どちらかといえば、不採算部門や経営に負担になる部門の切り捨てというイメージがある。そういうイメージを払拭するためには、当該部門の譲渡や分割を行う前に、同部門の問題の原因を明らかにした上、それをなくし新たな可能性を見出していくことを示す必要性がある。その際に、当該企業だけではなく、業界や世界的な動向等あらゆる企業環境を考慮して最高の選択であるという確信を労使が共有することが肝要である（E事例）。それによって「切り捨て」ではなく「生かす」という姿勢・意識が芽生えてきて、再編の成功可能性を高めていくことができる。

　第2に、「生かす」という視点で、当該部門を切り離さずに、むしろ他社の同部門を引き受けて同部門を拡大するという選択もありうる。企業組織再編は、異なる企業の制度や慣行を統合していく過程でもあり、強いリーダーシップが求められる。特に、企業間競争が激しく、技術・事業内容や環境の変化が激しいほど、そうである。複数企業の同業部門を切り離して1つの企業をつくる場合（例えば、「新設分割」）、どちらの企業出身者がリーダーシップをとるのかを巡り合意形成が難しいか、合意形成をなしても強いリーダーシップを発揮することが困難な場合がある。特に、当該企業の知名度や歴史があればあるほど、統合前の企業体質を引きずりがちであるからである。こうした問題を解消するためには、特定の企業が他社の同部門を引き受けて自社の強いリーダーシップを発揮したほうが再編を生かすことに繋がる。「自前主義・メジャー出資」にこだわるD事例は参考になる。切り捨て縮小均衡ではなく集約拡大路線も積極的に模索すべきである。

　「生かす」という視点は、個別企業だけではなく、日本の産業全体を踏まえることも重要である。市場のグローバル化が進む中、特定の産業における国内企業間の過当競争は、共倒れになる恐れもあり、同産業のグローバル競争力を高めていくために必要な企業組織再編の判断も必要であろう。また、業績のよい時の再編は対応の幅が広く検討に値する（補論参照）。

　企業組織再編を「分社自主経営拡大」に生かす中小企業（以下、「Q社」

という）[182] もある。IT 産業の Q 社は 1984 年創立されたが、1999 年から分社化を進めて 2019 年現在まで 6 社を生み出した。同社と 6 社の全従業員数は約 280 人にのぼる。同社の社長（2019 年現在、取締役）は、分社化のために、新会社の社長候補者を指名し約 2 年間給料の大幅アップをして、その給料の大幅アップ分を、設立される会社の資本金（おおむね 2000 万円）にするようにした。候補者は、会社設立とともに一緒に仕事をしたい従業員を Q 社から約 2 年間にわたりおおむね 10 〜 20 人引き抜いていくのである[183]。Q 社は、新会社が独立できるように[184] 仕事の受注、財務などの面で支援するが、おおむね 5 年かかる。新会社は事業を拡大しながら従業員数を増やしていく[185]。さらに Q 社は、分社化によって穴が空いている人員を補充することで再び分社化できるまでの規模（おおむね 50 人）にし、分社化を次々と実行していったのである。

　Q 社の社長にとって、「分社化って前向きな不安定さ」[186] の環境をつくるものであるが、それにより「（社員が：呉）皆意欲を持つ」と考える。Q 社も分社化による新設会社も成長していくと期待する。社員が抜かれた Q 社の社員は、抜けた穴を埋めるため、抜かれた社員は新会社の自立に向けて意欲を高めていくので、組織は活性化する。Q 社や新設会社の社長・社員が常に「意欲と夢」を持つようにし、分社化は、「人を生かしてその人に夢を与える」ために行ったのである。

　Q 社と分社化によって設立された新会社とは、親会社と子会社の関係ではなく、対等でパートナーの関係である。分社化の際に、また、新設会社の自立までの支援の見返りを Q 社が求めることはいっさいない。「信頼に基づく

---

182 同社の社長（ヒアリング当時の役職は顧問）には、2016 年 2 月 18 日、ヒアリング調査を行った。長時間にわたり感動的にお話くださった同社長にこの場を借りて心より感謝申し上げる。同社長は、1996 年中小企業家同友会に入り、勉強する中、企業理念の重要性に気づき、「信頼に基づく自主独立」という企業理念を立てて「分社自主経営拡大」を展開していった。
183 引き抜く（スカウトする）ためには、新会社の社長が自ら自社の理念、事業計画、事業内容等を説明し、当該者に賛同を得る必要がある。
184 無借金経営ができる状況。その時までは Q 社の下請企業とし、財務を下支えする。
185 それに向けて、Q 社社長の経験を最大限生かして、事業所の共有化等で固定費や間接費がかからないようにし、無借金経営の基盤をつくるなどにより、受注価格の面で他社より比較優位の基盤をつくっている。
186 逆に「安定しちゃうと会社は腐る」と考える。

自主独立」という同社社長の人生観の現れである。さらにQ社は、2015年より、分社化した6社[187]（グループ会社）の総務、法務、経理等のビジネスアウトソーシング業務、新人研修、インターンシップ、ビジネスコミュニケーション研修、キャリアコンサルティング等の各種研修業務等の事業を行っている。

最初の分社化の際に、それは「理想主義」であると多くの社員から反対された。新会社の社長候補からも涙ながら「（分社化を：呉）やめてくれませんか」と言われるほど反対が強かった。その時、社長は、「絶対俺が責任を持ってフォローするから、僕の全精力を使って絶対フォローする。おまえだけに苦労させない」と決断を促した。

Q社社長が以上のような分社化を進めてきたのは、「戦友への恩返し」の一環である。バブル崩壊で仕事発注元の「銀行が潰れて月4〜5千万円の売上高が100万円になり」、社長の全財産をなげうっても耐えられず、当時約50人の社員の中、十数人を切った[188]。残っている社員に6か月も賃金を支払うことができず[189]、やめるように促しても[190]「会社を何とかしようと、僕より躍起になっているの」をみて、「カルチャーショック」[191]を受け、「これを何とか乗り切ったときに、彼らに未来の環境をつくって恩返ししなきゃ」と思った結果、Q社社長はこうした分社化を決意したのである。

Q社にとって、分社化は要らないところを切り離すのではなく社員に夢と意欲を与えるためのものであり、「分社自主経営拡大」の一環での再編であっ

---

187 分社化がなされた時期と各社の社員数（2019年時点）は次のとおりである。1999年6月QA社（80人）、同年7月QB社（37人）、2001年10月QC社（35人）、2006年4月QD社（52人）、2014年10月QE社（39人）とQF社（20人）である。なお、Q社の社員数は2019年現在13人である。Q社と分社化した6社の企業グループ全体の資本金は、2016年現在2億8000万円、売上高は約25億円にのぼる。分社化のDNAは引き継がれ、上記の6社から2019年現在まで5社が分社化されており、5社の全従業員数は約90人、全体の資本金合計は1億800万円にのぼる。
188 「お願いしてやめてもらった」が、そのことが今でも「情けなかったですね。最低の人間でした。また、人生の中で最大の汚点でした」と述懐されるほどの辛いことであった。
189 社長は1年半、報酬をえることができなかった。
190 社員の奥さんから電話がかかってきて「お願いですからやめるようにいってください」と言われたという。
191 「それまでは、社員なんかただの道具だと思っていた」が、そうではなかったというショックだった。

た。企業組織再編を生かす道筋を照らし出すような事例である。

　そして最後、第3に、再編や関連法制は再編後の企業業績に中立的であり、業績の維持・向上は再編後の企業経営や労使関係にかかっているということを認識すべきである。譲渡・譲受、新設分割・吸収分割、合併のいずれの企業組織再編も関連部門の規模の拡大とつながり、規模の経済性を発揮し、業績向上に向けた環境がよくなる可能性がある。しかし、業績向上の環境を具現化するためには次のような取組みが必要である。①統合・統一の迅速化である。業務システムや人事・賃金制度等の統合は、できるだけ統合会社の発足前に実現して1日も早く統合効果の最大化を図るべきである。再編の方針が決まったら、統合までの時間を無駄にせず、その間、統合会社の制度を確定し、それにあわせて労働条件等の調整を行うべきである[192]。その際、②前例主義ではなく未来志向の考え方を持つべきである。再編後も前の会社のことにこだわると統合効果を発揮するのは難しい。最も望ましい企業経営や制度、意識等のあり方を決めて、それにあわせて行くことが重要である。もし統合部門が統合前に悪い業績であったら、統合会社の新経営者には当該部門の責任者を当てずに、外部から迎える選択も躊躇すべきではない。③労働組合も統合・統一の迅速化や未来志向の考え方では例外ではない。日本の労働法制では、「36協定」のように、個別企業の労使協定等が必要である。それに対応するとともに、統合会社の労働者の一体感や求心力を早期に確保するためには労働組合も統合新会社の発足前か発足とともに組織統合や労働協約・協定の統合を果たすべきである。特に、ナショナルセンターや産別組織等の上部組織が異なる場合は、より早期に統合に向けた運動を展開すべきである。また、労働組合に組織されていない労働者がいれば、組織化を通じて仲間として迎え入れて、信頼に基づく良好な労使関係の基盤を拡大し強固にすべきであろう。

　現在、日本社会は、少子高齢化、人口減少、財政赤字の膨張、グローバル

---

192 そのような事例としては、呉学殊（2015）「企業組織再編への労働組合の対応と課題」（本書の補論）仁田道夫・連合編著『これからの集団的労使関係を問う─現場と研究者の対話─』エイデル研究所を参照されたい。

競争の激化、第4次産業革命の進展等、企業を取巻く環境が厳しくなっており、今後はもっとその傾向が強まると見られる。そういう企業環境の下で、企業が生き残り、発展していくためには、譲渡、分割、合併等の企業組織再編を推し進めていくことが予想される。本書が企業組織再編の望ましい推進や再編を生かしていく上で、政労使への参考となることを期待する。

【参考資料1】 質問項目（企業向け）

1 御社の概要及び企業組織再編（分割、譲渡、合併等）に対する御社の
 基本的考え方・方針
　・御社の概要（事業内容、従業員数、労働組合の有無等）
　・概ね過去10年間、御社での再編はどのように展開されたのか。
　・傾向的な特徴
　・再編の背景・目的
2 再編の相手企業との再編契約内容と契約締結までのプロセス
3 御社の再編に関する従業員への情報提供
 (1) 情報提供
　・情報提供のルート：社員説明会、労使協議会、労働組合との団交等
　・御社はどの段階で情報を従業員に提供なさるのか（プレスリリース等
　　の公表を基準に）。
 (2) 再編への対応体制
　・再編に対応するための特別委員会等の設置や会社幹部の意識合わせ等
　・従業員や従業員組織、さらに労働組合（ある場合）への情報提供内容
　・従業員からの問い合わせへの対応とその主な内容
 (3) 再編後のフォロー及び再編に対する評価
4 労使の話合い
 (1) 御社労使の話合いのチャンネル（労使協議、団交、職場懇談会等）の
　　種類
 (2) 再編を巡る労使の話合いはどのチャンネルで行っているのか。
 (3) 再編の了承までの労使の話合いのプロセス
 (4) 再編に伴う雇用（転籍、出向、配転、希望退職等）・労働条件（賃金、
　　一時金、退職金等）の変更内容
 (5) 会社と従業員個人との話合い（集団説明会・個人面談等）はどのよう
　　に進められましたか。

5 再編に伴う労使関係上の課題・改善点
 (1) 再編の種類によって、労使の対応に違いが出ているのか。
 (2) 会社の対応の課題・改善点
 (3) 立法や行政への要望事項
 (4) 労働組合（あれば）または従業員組織（あれば）の役割・存在意義及
　 び組合または従業員組織の課題・これからの活動への期待等

#資料提供のお願い：上記質問項目に関連する御社の従業員に対する説明資
　 料、労組または従業員組織（あれば）の速報、議案書、労働協約等をご提
　 供頂ければ幸甚でございます。

以上です。

【参考資料2】 質問項目 (労働組合向け)

1　企業組織再編 (分割、譲渡、合併等) に対する組合の基本的考え方・方針
　　・概ね過去10年間、御社での再編はどのように展開されたのか。
　　・傾向的な特徴
　　・再編の背景・目的
　→再編に対する組合の考え方・方針は、再編の背景・目的、特徴等によって違っているのでしょうか。
2　組合の再編への対応
　(1) 情報収集
　　・情報収集のルート：御社、再編相手企業、業界団体、マスコミ等
　　・御社からどの段階で情報が提供されるのか (プレスリリースを基準に)。
　(2) 組合の対応体制
　　・再編に対応するための特別委員会等の設置や意識合わせ等
　　・組合員、非組合員への情報提供及び組合方針等の教宣活動
　　・組合員、非組合員からの苦情・相談への対応 (主な内容)
　(3) 再編後のフォロー及び再編に対する評価
3　会社との話合い
　(1) 会社との話合いのチャンネル (労使協議、団交、職場懇談会等) の種類
　(2) 再編を巡る労使の話合いはどのチャンネルで行っているのか。
　(3) 再編の了承までの労使の話合いのプロセス
　(4) 再編に伴う雇用 (転籍、出向、配転、希望退職等)・労働条件 (賃金、一時金、退職金等) の変更への対応
　(5) 会社と従業員個人との話合い (集団説明会・個人面談等) にどのように関与しているのか (枠組み、話合いの内容等)

4　再編に伴う労使関係上の課題・改善点
　(1)　再編の種類によって、組合の会社への対応に違いが出ているのか。
　(2)　会社の対応の課題・改善点
　(3)　立法や行政への要望事項
　(4)　労働組合の役割・存在意義及び貴組合の課題・これからの活動方針等

＃資料提供のお願い：上記質問項目に関連する組合の速報、議案書、労働協
　約等をご提供頂ければ幸甚でございます。

以上です。

【補論】
企業組織再編への労働組合の対応と課題

【補論】

企業組織再編への労働組合の対応と課題

第1節　はじめに

　ここでは、基幹労連と運輸労連に加盟しているそれぞれの2つの組合と UA ゼンセン（旧 UI ゼンセン同盟）加盟の1つの組合を対象に、企業組織再編とそれへの対応について事例調査に基づいて分析していく。基幹労連加盟組合の場合、会社及び組合統合のプロセス、運輸労連加盟組合の場合、不当労働行為の超克と課題、そして UA ゼンセン加盟組合の場合、組織化にスポットライトを当てて、今後、労働組合が企業組織再編をめぐる対応力を高めるための示唆と課題を明らかにすることが目的である。

第2節　企業組織再編の効果発揮に向けた組合対応
　　　　─基幹労連加盟組合の事例─

1. JFE スチール労連[193]

（1）会社および労働組合の概要

　JFE スチールは、2002年9月、製鉄業界第2位の NKK と第3位の川鉄の株式移転・経営統合による JFE ホールディングス、また、2003年4月、同ホールディングスの再編によって製鉄部門が事業会社としてできた日本最大級の製鉄会社であり[194]、同ホールディングスの子会社である。同社は、2015年現在、東日本製鉄所（千葉地区、京浜地区）、西日本製鉄所（倉敷地区、福山地区）

---

193 同労連及び JFE 労働組合協議会に対するヒアリングは、2015年6月10日と11日、操谷孝一基幹労連副委員長（会社統合時、川鉄労連の書記長、その後 JFE 労連委員長歴任）、6月17日、同副委員長、和田口具視 JFE スチール労連委員長、田中洋司書記長に対して行った。ご協力頂いた皆様にこの場を借りて感謝申し上げる。
194 JFE ホールディングスの事業会社は、JFE スチールのほかに、JFE エンジニアリング、JFE 都市開発、JFE 技研、川崎マイクロエレクトロニクスがある。

等の事業所を有している。同社の従業員数は、2014年3月現在、1万3770人である[195]。2013年度の売上高は2兆6916億円[196]、利益は1262億円である。

　JFEスチール労連は、本社、千葉、京浜、知多、倉敷、福山の6つの組合と千葉労組阪神支部で構成されており、組合員数は2015年現在、1万5149人である。同労連は、2003年11月結成されたJFEグループ企業の労働組合の協議会であるJFE労働組合協議会の中核組合である。

(2) 企業組織再編の背景

　2003年4月、NKKと川鉄の経営統合は、大きく2つの背景がある。日本の鉄鋼業は、1965年～70年の高度成長期をピークに1971年のニクソン・ショック、1973年、79年と二度にわたるオイルショック、1985年のプラザ合意による世界的な円高の定着により輸出競争力が急激に低下した。さらに1990年代のバブル経済の崩壊は日本鉄鋼産業に深刻な影響を与えた。そうした状況のなかで、1つが国内要因である。ルノーの傘下に入った日産がゴーン社長のリーダーシップの下1999年10月から購買コストの削減を図るために、鋼板の調達先を絞り込んだ。その結果、新日鉄がシェアを大幅に伸ばし、NKKはシェアを減らした。また、建設需要の減退・製造業空洞化等により、国内の鉄鋼需要にかげりが見える中、顧客ニーズへの対応力強化等を図るためには、スケールメリットを求めていくことが必要であった。

　もう1つは、国際的要因である。鉄鋼の原料となる鉄鉱石・原料炭事業の会社が世界的に再編されて上位3大企業グループがその事業の75％のシェアを確保しており、鉄鋼の最大需要産業である自動車でも上位6大企業グループが世界の80％のシェアを占めるなど、国際的寡占化が進んできた。こうした寡占化への対応にもスケールメリットの発揮が求められていた中、川崎製鉄は、提携先を模索しなければならない状況にあった。

　こうした大きな環境変化のなかで業界再編の必要性を強く感じていた両社長は、NKKと川崎製鉄は両社の品種構成が似ていることによる統合メリットを極大化することが出来る。そして、両社の持つ4つの製鉄所がそれぞれ

---

195 JFE有価証券報告書。
196 JFEグループ『CSR報告書2014』。

近接しており、世界的にも最も競争力のある巨大製鉄所であることから、大きな統合効果が得られると考え、NKKと川崎製鉄との統合を選択した。そういう意味で、消極的より積極的な統合であった。実際、統合前に両社の経営業績はよかった。

経営統合に伴い、複数設備の集約と存続設備の最大限の活用によるコスト低減を目的として、両社合わせて11基の高炉が稼働していたが、倉敷地区第1高炉、千葉地区第5高炉の2基を休止し9基体制とした。圧延ラインではグループを含めて15設備を休止した。

その要員の措置は、製鉄所内の再配置で対応する[197]との方針が明言された。また、従業員全員の雇用の場を確保することを大前提とする会社の意思表明がなされた。

再編の結果、効率的な生産体制の構築、投資効率の高いところへの集中投資等が実現された。また、統合の後、中国等での鉄鋼需要が伸びたことなど統合の効果と外部環境の好転により、売上高と収益が大きく増加した[198]。それに伴い、2005年から2009年までの年間一時金基準財源が200万円を超えた[199]。経営統合は、成功したといってよかろう。その後リーマン・ショックやヨーロッパの金融危機などにより一時企業業績が急減したが、コスト削減をはじめとした収益改善策の展開によって企業業績は改善してきている。

組合員数は、統合直後の2003年9月、約2万3000人であったが、その後の出向者数などの減少により、2015年5月には約1万4900人となった。

会社は、両社間の早期融合が重要と考えて、統合効果の早期発現に向けて、東西製鉄所の約20名の製造部長について、地区間交流人事を2003年4月の経営統合と同時に行った。

2015年現在、「旧2社の区分はほとんどなくなり、統合前のことは意識し

---

197 配転は約1000人であったが、技能労働者の場合、製鉄所内に限り、事務・技術職の労働者は旧2社間の異動となった。

198 経常利益をみてみると、2003年度1560億円、04年度3416億円、05年度4045億円、06年度4075億円、07年度4014億円、08年度3351億円、09年度170億円、10年度747億円、11年度▲170億円、そして12年度▲326億円であった。統合前の各社は、「四桁の経常利益って夢の数字であった」という。

199 39歳勤続年数21年の平均年間一時金は、2005年度235万円、06年度258万円、07年度242万円、08年度240万円、そして09年度221万円であった。一時金は、組合の要求により、業績に連動する業績連動方式によってその額が決まっている。

ていない」といわれるほど、融合されているといえよう。

（3）経営統合と労働条件統合に対する労働組合の対応

労働組合は、両社が 2000 年 4 月「製鉄所間の協力に関する検討開始」に合意し、製鉄所運営の効率化を推進するために、物流・補修・購買の各関連分野での協力[200]を進めていたなかで、製鉄所間協力の発表から 1 年後の 2001 年 4 月に機が熟したと判断した両社長は対等な立場での全面的な経営統合を行うことについて基本合意した。

労働組合は会社から経営統合に関して最初の説明を受けたときに、「驚き」であり、「いよいよそこまでしないといけない状況」（旧川鉄労連の書記長）になったと思った。組合は、誰よりも先に経営統合の説明を受けて、「経営統合に向けた基本合意は世界規模で進む構造変化に対応して将来に向けた経営基盤を構築するためのもの」と受け止め、「基本的に組合員の雇用と生活の基盤確保につながるものとして理解できる」との判断を示して、経営統合を受け入れた。

労使は、四半期ごとに開催されてきた労使経営審議会のほかに、「経営統合に関する臨時労使経営審議会」を設置し、労働条件などについて議論を深めていった。その場で、会社は、「統合を理由に全体的な労働条件を下げる考えはないが、あくまで調整であって、全て有利な条件にそろえることはできない」との見解が表明されたが、組合は、「トータルとして不利益にならない」を基本的な考え方におき、「組合員の活力・モラールを損なわず、生活への影響に十分な配慮が行われているか」を重要な判断要素として対処していくことを確認した。

また、「組合員一人ひとりの名目賃金が統合前に比べて下がらないこと」も重要な判断要素と確認した。こうした労使の考え方を前提に、人事・賃金制度などの改訂を進めていったが、その際に、労使は、「あらかじめ旧会社において改訂した両社の労働条件を新事業会社に包括的に承継する」ことに

---

200 例えば、近接製鉄所の間で、共同調達、共通のストック部品の共有化、在庫の適切化等を行っていた。補修機具の中には高額のものがあるが、いつも使うものではない。製鉄所それぞれ購入するより、1 台購入して必要な時に使うようにした。

した。すなわち、両社は、統合後会社の人事・賃金制度のあり方にあわせて、統合前に制度を改訂して労働契約承継法に基づき新事業会社に持ち込むことにした。労使は、2002年7月に社員制度ならびに基本的な賃金制度に関する労使協議を進め、同年10月には手当等未整理の賃金制度と福利厚生・出向制度・海外勤務制度・60歳以降就労制度・旅費等を協議するという2段階に分けて協議した。労使協議は、統合前の各社ごとに行うこともあれば、両社合同で行うこともあった。

　人事・賃金制度の統合には、大きな問題がなかった。それは、両社の組合が同じ鉄鋼労連（後の基幹労連）という産業別労働組合に属し、長い間、産別の統一闘争に参加してきたので、制度の内容もまた労働条件の水準もそれほど違わなかったからである。会社も「諸制度の内容におおむね両社共通の部分が多い」とみて、「基本的労働条件については統合を理由に切り下げるつもりはない」、また、「両社の現行制度の趣旨を最大限に生かしつつ、わかりやすくシンプルな制度、トータルとして可能な限り現行労働条件の維持[201]が図れる制度とすることを念頭に」新制度を企画し、組合に申し入れた。職能資格制度は、両社の既存制度・名称をそれぞれ持ち込み融合した[202]。それには、「労働条件等の新しい諸制度は、新会社の求心力や従業員の早期融合という観点から、両社それぞれの歴史を尊重しつつ」という考え方も反映されていたといえよう。

　退職金、交代勤務手当、呼出手当等のいくつかの手当、リフレッシュ休暇、社宅・寮等の福利厚生では両社間の違いがあるところもあったが、良い所にあわせて調整を行った。

　一方、労働組合の組織統合についてみてみると次のとおりである。両労連（NKK労連、川鉄労連）は、2001年10月「組織統合推進検討委員会」を設置した。同委員会は、2001年10月から会議を重ねて、組織統合に向けての基本理念、新組織のあり方、統合時期等を定める答申を、2002年7月、提

201　全体的だけでなく従業員個々人の水準も維持される。会社は、「経営統合前後での各人の水準を維持する」とそれを表明している。

202　技能職の組合員に適用される職能資格制度として下位資格から、旧NKKは、執務職3級、2級、1級、基幹職3級、2級、1級であり、旧川鉄は、執務4級、3級、2級、1級、主務2級、1級であったが、新制度では、執務2級、1級、基幹2級、1級、主務2級、1級となっている。旧両社の資格名をそれぞれ引き継ぎ融合させた。

出した。同委員会の答申を受けて、2002年10月「統合準備委員会」と準備委員会の下部機構として「統合作業委員会」を発足させた。準備委員会は、2002年10月から2003年5月までに6回委員会を開催して統合に向けた検討を進めて、2003年5月、「JFE組合組織結成に関する最終答申（案）」を両労連に提出した。

　そこには新労連の名称・綱領・規約・規定、第1期労連の役員・職員、財政などが示されていた。両労連は、答申（案）に基づいて、同年8月、臨時大会を開き、新労連への発展的移行を決定した。その結果、同年9月、旧労連が統合してつくったJFEスチール労連が船出をした。

　労使は、労働協約・諸協定の統合については、会社統合以降、行うことにした。その結果、労使は、2003年4月統一労働協約締結に向けた「労使検討委員会」を設置し、話し合いを進めた。会社は、それを踏まえて、同年7月、組織統合前の両労連に「労働協約および付属協定の締結」を申し入れた。両労連は、8月、それぞれ臨時大会を開き、会社の申し入れ内容を確認し、了承することにした。それを受けて、労使は、9月、統一労働協約・付属協定を締結・発行させた。

　統一労働協約交渉の際に、労働組合は、両労連の2つの中でより良い内容を統一協約に引き継ぐことにした。その結果、組合活動に関する協定内容においては、NKKが川鉄より組合の権利をもっと尊重していたので、債務的部分の多くはNKKから持ち込まれた。

　また、単組レベルの労働協約・協定を無理矢理に統一しようとしなかった。それは、両社それぞれの長い歴史のなかで構築した労使間対応体制（労使審議会、労使協議会、団体交渉、安全衛生委員会など）の運営要領と組織体制の違い、さらには稼働体制や要員改正移動提案などの労使間手続きについても、単組において本部と支部の役割やその機関手続きの違いがあり、この対応体制や組織体制・手続き要領については、全体統一とせず単組ごとに事業所・単組協定とすることが望ましいとの判断をしたからである。また、組合費も各単組に自主性を与えているが、連合会の会費は組合員1人当たり月2100円と同額にした。

（4）組織再編後の集団的労使関係

　組織再編後の集団的労使関係は、労働組合が、統一労働協約の改訂の際に、「いいとこどり」をした結果、権利の強化が図られる形で次のように再編された。第1に、ユニオン・ショップ協定の内容の強化である。現在、「会社は、組合から除名された者を解雇する。ただし、解雇について会社が異議を認めた場合には、組合と協議する」となっているが、これは旧NKKのものを引き継いだ。旧川鉄の場合、「除名されまたは組合を脱退した者の取扱に関しては協議する」となっていた。

　第2に、「労使経営審議会」の毎回社長出席である。「労使経営審議会」は、会社経営ならびに労使の課題についての意思疎通[203]を図ることを目的としており、旧両社で四半期ごと行われていた。NKKの場合、社長は年1回出席していたが、川鉄の場合、毎回出席していた。統合後は、川鉄のいいところをとり、社長が毎回出席するようになった。

　第3に、人事の基準方針、賃金、退職金、労働時間、福利厚生等の労働条件および協定の改廃に関する協議の場である「労使協議会」の場合、旧2社間の違いはなかったので、両社のものをそのまま引き継いだが、統合により事業所が多くなることを踏まえて、2つ以上の製鉄所・単組にまたがる労働条件の協議は、中央労使協議会で行うことに整理した。

　第4に、団体交渉である。団交の入り口は旧川鉄、手続きは旧NKKのものを引き継いだ。旧NKKでは団交の入り口要件はなかったが、旧川鉄では、「労使協議会において交渉しても解決できないと認めたときに限り団交において解決をはかる」という要件をおいていた。新協約では、川鉄の団交入り口要件を引き継いだが、団交手続きに関する規定は、旧川鉄より厳しくない内容の旧NKKのものを採択した。「交渉は会社と組合いずれか一方の申し入れにより開催する」、「交渉は、会社と組合が対等の立場に立ち、誠意をもって行うことを要する」がそうであるが、旧川鉄では、「交渉を文書による開催申し入れと10日以内に開催」、「交渉は就業時間内においてのみ行い」、「誠意をもって紳士的かつ平和的に行うことを要する」という規定であった。団

203　付議事項は、経営に関する事項、生産および販売、設備計画、会社組織の制定・改廃、要員・在籍、業務計画の変更による組合員の異動、労使の課題、CSR等である。

交応諾義務も「正当な理由がない限り双方とも受諾しなければならない」という、旧NKKのものを引き継いだ。

なお、JFEスチールでは、製鉄所が大きく東日本製鉄所と西日本製鉄所があり、前者には千葉地区と京浜地区、後者には倉敷地区と福山地区がある。地区ごとに単組が存在し、製鉄所にあわせた組合の統合は行っていない。それは、各単組の伝統や地域での役割等を尊重した結果である。そのため、製鉄所の労使関係は、製鉄所の所長と各地区の単組との間に形成されている。

労使経営審議会の毎回社長出席、団交手続きの厳しくない要件等、全体的に旧両社のものの中で、労働組合の求める内容が多く含まれる形で統一労働協約が締結されて、組織再編後の集団的労使関係が形作られたといってよかろう。その結果、労使コミュニケーションのいっそうの円滑化が図られる可能性が高まったのである。

(5) 組合対応の効果と示唆

労働組合は、「旧2社の経営統合に向けた基本合意は世界規模で進む構造変化に対応して将来に向けた経営基盤を構築するためのもの」と受け止め、「基本的に組合員の雇用と生活の基盤確保につながるものとして理解できる」との判断を示して、経営統合を認めた。経営統合と鉄鋼需要の増加により、「以前はみたことのない四桁億円」の経常利益を上げることができ、また、5年間、年間200万円以上の一時金基準額を確保することができた。それを見る限り、経営統合は成功したといってよく、経営統合を認めた組合の判断は正しかったといえよう。

また、組合は、全従業員の雇用確保という会社の基本方針を確認し、労働条件の面でも前記のとおり、「トータルとして不利益にならない」を基本的な考え方におき、「組合員の活力・モラールを損なわず、生活への影響に十分な配慮が行われているか」を重要な判断要素として対処していくことを確認するとともに、「組合員一人ひとりの名目賃金が統合前に比べて下がらないこと」も掲げて、実際、実現した。

以上のように、経営統合の成功的実現と統合後の実績向上、全従業員の雇用確保、労働条件の維持・向上は、折しも東アジアを中心とする鉄鋼需要の

盛り上がりが業績改善に拍車をかけた面が多々あるが、両社対等の立場での統合、前向きな統合、それによるシナジー効果に加え、組合の時機を捉えた冷静な対応も見逃すことができない。具体的には次のとおりである。

第1に、経営統合が将来に向けた経営基盤の構築であり、組合員の雇用と生活の基盤確保と判断し、労働組合がそれを迅速に認めたことである。日々の組合活動の中で、世界や日本の業界の動向や企業経営の方向性について情報をキャッチし、判断力を高めたことの結果といえよう。

第2に、緊密な労使・労労コミュニケーションである。何よりも会社が最も重要な情報を誰よりも先に組合の3役に説明したのは組合の存在を重く認めた結果であり、日常的に労使の信頼関係に基づいたコミュニケーションの結果でもある。また組合幹部は、統合相手の組合幹部と積極的にかつ意図的に労労コミュニケーションをとりその回数を増やして旧両社組合間の壁を無くす努力を尽くした。その結果、「過去はない」という思いができて、統合会社での一体感を高めることができた。

第3に、産別を中心に行ってきた統一労働運動の効果も見逃すことができない。経営統合に伴う両社の人事・賃金制度や労働協約・協定の統合は大きな問題がなくスムーズに行われたが、それは両社の制度・協約がほぼ同じであったからである。それは、両社の組合が鉄鋼労連（現・基幹労連）という同じ産業別労働組合に属し、長年、統一労働運動を行い、制度の内容も労働条件の水準もそろえてきたからである。同じ産別の統一労働運動への参加という共通基盤が両社の成功的経営統合に寄与したといって過言ではない。賃金制度や労働協約の統合の際に、労働組合は「いいとこどり」（労使関係における組合側権利の後退回避にこだわった対応）をしたが、その結果、労使経営審議会における毎回社長出席等の労使関係の進展につながっている。

第4に、単組の伝統と多様性の尊重である。従来、製鉄所ごとに単組があり、独自の労働協約・協定を事業所と結び、また、当該地域での活動等を進めてきたので、単組ごとの組合運動の伝統や慣行がある。単組を束ねる労連は、単組の伝統や慣行を認めて、全単組の統一的な協約・協定をつくらずに、単組の多様性を尊重した。また、会社も、統合後の東・西日本製鉄所にはそれぞれ2つの単組があったが、その統合を求めずに単組と労使関係を形成し

ている。それが経営統合や統合後の円滑な労使関係の維持に寄与したとみられる。

第5に、両社統合は、両社の多くの子会社の統合をもたらしたが、その中では組合のない子会社と有組合子会社が統合することもあった。JFE スチール労連は、JFE 労働組合協議会の中核組合として、こうした統合を機に、無組合子会社労働者の組織化に取組み、4年間、約1300人[204]を組合員の仲間として迎え入れた。こうした成果は、子会社社長の組合結成への理解や同協議会と親会社や子会社とのコミュニケーションの円滑化が図られたことに負うところが大きく寄与したものであるが、経営統合の際、グループ子会社労働者の組織化方針を掲げることが重要であり、また、それを実現できるように、親会社や子会社との緊密なコミュニケーションの日常的な構築が肝要である。

2. ジャパンマリンユナイテッド労連[205]

(1) 会社および労働組合の概要

JMU（ジャパンマリンユナイテッド：Japan Marine United）株式会社（以下、「JMU」という））は、2013年1月[206]、IHI マリンユナイテッド（株）とユニバーサル造船（株）との統合によって設立された。同社は、商船事業、艦船事業、海洋・エンジニアリング事業、そして船舶の保守やメンテナンスなどのサービスを提供するライフリサイクル事業を中心に展開している日本のトップクラスの造船会社である。

同社の従業員数は2013年統合時点で5570人であり、2014年5月現在、約5600人である。同社は本社（東京）と事業所は東から横浜[207]、津、舞鶴、因島、呉、有明という6つの地域に所在している[208]。

---

204 呉学殊（2013）『労使関係のフロンティア—労働組合の羅針盤』【増補版】労働政策研究・研修機構。

205 執筆のためにはJマリン労連の山田由紀夫委員長に2015年1月21日（水）と2月20日（木）、2回にわたってヒアリング調査を行った。ご多忙のところ、ご協力くださった委員長にこの場を借りて心より感謝申し上げる。

206 会社統合は、当初2012年10月を予定していたが、海外における競争法上の審査・承認手続が長引いた影響で3か月延期された。

207 横浜事業所は、東京の本社、磯子工場、鶴見工場によって構成されている。

208 同社の資本金は、250億円であるが、出資比率をみると、JFE ホールディングスが

一方、同社の労働組合についてみてみると、企業別労働組合としてジャパンマリンユナイテッド労働組合連合会（略称、「Ｊマリン労連」）があり、会社設立直後の 2013 年 1 月 11 日に結成された。Ｊマリン労連は、上部団体として基幹労連、金属労協（JCM）、そして連合に加盟している。組合員数は約 5300 人である。

（2）企業組織再編の背景と労働組合の対応

旧 2 社の統合は、設計能力の結集により開発力を強化し、各造船所の特性を最大限活かした最適生産体制を追求するためであった。具体的に統合により、商品のラインナップの拡充、造船所毎の船種集約による生産性の向上、省エネ・環境対応技術の集積による新商品開発のスピードアップ、規模拡大によるロット受注対応力の強化、資機材調達力の拡大、管理部門の統合による効率化等のシナジー効果が期待された[209]。

顧客の多様なニーズ、短納期化、大口発注への対応を高めていくためには、開発力の向上が求められるが、「売上高の 1％が研究開発にかかる」といわれる造船業界では規模を拡大することが有利である。実際、統合後の 2014 年 9 月 10 日現在、大型 LNG 運搬船、メガコンテナ船、自動車運搬船の受注にこぎ着けたという。

両社の統合により、新造船竣工量の合計値（2011 年の竣工実績）は、347 万総トン[210]となり、国内 2 位、世界的には 8 位となると予想された[211]。

両社の統合は、2012 年 1 月 30 日に公表されたが、労働組合は、上記の効果を期待し、それを受け入れることにした。統合により経営安定が図られ労

45.93％、IHI が 45.93％と同率であり、日立造船が残りの 8.15％を有している。業績についてみてみると、2013 年度は、売上高 2,844 億円、営業利益 68 億円、経常利益 62 億円、当期純利益 72 億円であった。2014 年度第 3 四半期は、売上高 2,140 億円、営業利益 106 億円、経常利益 68 億円、当期純利益 39 億円である。なお、2014 年度年間業績見通しについては、外国為替相場変動によっては、相当の影響が想定されるため、ヒアリング調査の時点で表明を見合わせている。

209 JFE ホールディングスと IHI「ユニバーサル造船と IHI マリンユナイテッドの経営統合（合併）に関する合併契約の締結等についてのお知らせ」（2012 年 8 月 27 日）。
210 ユニバーサル造船が 218.3 万総トン、IHI マリンユナイテッドが 128.2 万総トンであった。
211 国土交通省の報道・広報（2012 年 8 月 31 日）。

働条件の維持・向上につながると判断したからである。両社の労働組合[212]は、会社の統合にあわせて組合組織の統合に向けて、2012年9月の定期大会でそれぞれ「新組織結成準備委員会」の設置を確認した。同委員会[213]は、同年10月に3回にわたる検討・論議を経て、11月「活力ある新組織の結成に向けて：新組織結成準備委員会報告書」を刊行した[214]。そこには、新組織の綱領・規約・規定、大会代議員・中央委員の選出基準、それに第1期役員推薦候補者等が示されていた。

　労働組合の統合は、上部団体が同じであり、以前から同様の理念のもとに運動を展開してきた歴史があったのでスムーズに進められた。両組合とも会社の生産性向上運動に協力し、利益の分配では会社と対立するという姿勢を貫き、協調的労使関係を築き上げてきたからである。しかし、若干大変だったこともないわけではなかった。第1に、組合費であった。統合前の両組合では組合費が異なっていた。一方の組合は賃金の1.45%、他方の組合は賃金の2.0%であった。組合費の統一化は、組合費の値上げとなる組合員の理解を得るためには時間をかけなければならないことから、従来のままにした。今でも組合費は異なる。ただし、連合会費（上納金）は一律にした。組合の組織は、前記の会社の6つの事業所それぞれに対応する単位組合を作り、Jマリン労連には連合会会費として組合員1人当たり2300円を年14回納入することにした。その金額策定の際には、労連の専従者数は組合員1000人に1人の割合とし、それに対応できるようにした[215]。組合費の相違から統合の際に単一組織として出帆させることができなかったが、中長期的には組合費の一本化を図って単一組織化を目指していきたいと考えている。それは、足並みを揃えた活動を進めて、組織を強化・発展させることをめざしているか

---

212 労働組合は、ユニバーサル造船労働組合連合会とIHI労働組合連合会である。統合会社のIHIマリンユナイテッドにも労働組合があったが、IHI労働組合連合会の支部であったので、IHI労働組合連合会が統合に向けて動いた。もちろん、準備委員会のメンバーには当該支部の幹部も含まれていた。

213 委員数は各組合とも6人であった。

214 このように統合の準備がスピーディーにできたのは、旧ユニバーサル造船が2002年日立造船と日本鋼管の船舶部門の統合によって設立されたのに合わせて組合も統合した経験が活かされたからでもある。基本的にユニバーサル造船労働組合連合会が統合のたたき台を出し、IHI労働組合連合会がそれにのる形で統合の準備が進められた。

215 単組は、組合員数の少ない因島労組を除き、1～3名の専従者を有している。

らである。

第2に、拠出金である。一方の組合は専従者の組合業務上の災害等の補償に対応するために一定の金額の特別会計[216]を持っていたが、他方の組合は同じ用途の特別会計が本部一元管理であった。統合の際に、両方の組合から組合員数に応じた拠出金を支出することに合意したが、金額の算定等に組織内で理解を図るのに若干時間がかかった。

第3に、共済制度の統一化である。両組合は、それぞれの共済制度を持っていたが、一定期間（2014年3月）までは旧ユニバーサル造船労連の制度で運営し、2014年4月からは給付内容を充実させて、会費を月500円とする新しい共済制度[217]に移行した。

両社の労使は、会社と組合の統合にあわせて、労働協約・協定、賃金・人事制度の統一化を図るために、それぞれから委員を出し4者で委員会を2012年3月に設置し、10か月かけて検討・協議を行った。その際、組合は、賃金水準の高いところを極力下げることのないように主張したが、会社は厳しい経営環境下にある造船事業が安定した処遇水準を維持していくために経営の成り立つ水準にすべきだとの主張を行った。結局、労使が歩み寄ることにしたが、その結果生じた減給対象の組合員[218]には何年間かにわたって「暫定給」を支給し、その間、昇給させていくことにより、実際は賃金を減らさずに済むようにした。

なお、労働協約・協定は、会社とJマリン労連が締結したもので、各単組に同一内容が適用されているので、単組間の違いはない。例えば、ユニオン・ショップの内容も、「社員は、幹部職以上の社員、現業部門のチーム長等に該当する者を除きすべて組合員とする」となっており、どの単組も同じである。ただし、主要労働条件以外に個別事業所と単組において必要な協定は結ばれている。

組合の統合後、まだ、2年しか経っていないので、統合による効果を挙げるには時期尚早であるが、まず、いえるのは組合員間の仲間意識が高まった

---

216 「犠牲者救済基金」。
217 共済会費は、組合員1人当たり毎月500円である。そのほか、上部団体の基幹労連の共済会費は毎月130円である。
218 2万円以上の減給は行われないようにしたという。

ことである。例えば、統合前の IHI 労働組合連合会には、造船だけではなく、航空・宇宙などの多様な分野があり、事業環境も異なるので組合員間に仕事上での共通意識が図りにくいという傾向にあったが、同じ造船部門の統合により他の組合員との仲間意識がすぐできて高まったという。また、安全衛生対策においても、それぞれの良い所を取入れて相乗効果をあげることができた。会社統合により、組合員から他の工場を見学したいという要望があり、各種会議や研修会は事業所で開催し、終了後に現場視察する機会を設けた。その際、現場の作業の際に使われているホース類を地上に放って置くとそれに引っかかり転倒して怪我をする可能性があるため、頭上にホース通路をつくったことをみて、それを自分の工場でも実現し、安全衛生対策を強化したことがある。そのほか、梯子の角度の統一、踏み台への手すりの取付け、整理整頓への工夫等も挙げられる。

(3) 企業組織再編後の集団的労使関係

　両社統合後の労使関係について見てみる。統合前の2社間の労使関係は大きな違いがなく、同じような仕組みであった。「横並びで比べてどうしようか」という感じで2社の労働協約をほぼ踏襲した。ただし、用語はいままで使ったことがないものにしたがそれは、前の会社のものを引き継がず、新しいものを作ろうという意味合いを込めたかったからである。

　統合後の集団的労使関係は、公式的に3つの話し合いの場によって成り立っている。経営協議会、労働協議会、安全衛生協議会である。

① 経営協議会

　まず、経営協議会[219] は、労使が経営上の諸施策に関する隔意のない意見交換の場として毎年5月と11月、2回開かれる。5月は、会社が事業運営方針を中心に説明を行い、それに対して組合が意見を述べる。11月は、9月末の中間決算を受けて、会社の説明を聞き、組合は、会社の事業運営がうまく行っているか、課題が残っているのかなどを確認している。組合は、その経営協議会に備えて、各事業所を回って事業所の会社側の幹部と職場の組合員代表

---

219 旧ユニバーサルでは、「中央経営審議会」と呼ばれていた。

と懇談会を開催して労使から生の声を集約して協議会の場で意見開陳している。2014年度、組合は人手不足の解消について会社の対応を次のように求めた。東京オリンピックや東日本大震災復興事業の影響により、人手不足[220]が発生しているが、それを解消するために、中途採用を早期に行うこと、60歳以降の再雇用者がモチベーションアップとなるように処遇改善を行うこと[221]、さらには、65歳定年に向けた労使の検討の場を設置することなどの意見であった。このように、経営協議会では、組合が、会社から経営方針や経営実績についての説明を受けて、労使からの生の声に基づいて、経営をチェックするとともに提言を行っているのである。

② 労働協議会

組合は、労働協議会・団体交渉[222]には、生産性向上3原則（雇用の維持・拡大、労使の協力と協議、成果の公正な分配）を貫く考え方で臨む。すなわち、生産性向上に協力し[223]、利益分配には対立という考え方に立って公正さを求めて、事前協議を重んじている。労使とも、利益は株主、社員、内部留保に均等に配分するという共通認識を持っている。組合は、それが実行されているかどうかをチェックしている。

組合は、2014年度春闘の際に、会社の厳しい経営状況を踏まえ3500円の賃上げ要求に対する有額回答を引き出すことが出来なかったものの、「賃金改善については一定水準以上の利益が確保できた場合は特別一時金（2014年度は16000円、2015年度は32000円を限度）を支給する」との会社回答を引き出した。それは、同社の親会社が1000円の回答を出したことを踏ま

---

220 下請企業のなかでは溶接、塗装等の労働力が不足しているという。
221 現在、報酬比例の年金を受給していることもあって賃金が低い水準に抑えられている。年金受給年齢を65歳に延長し、その間、賃金だけで生活できるようにすべきだという考え方に基づく要求である。
222 Jマリン労連では、春闘を労働協議会で行っている。労使が「労働協議会において協議の限りを尽くしてもなお意見の一致が見られない場合は、いずれの一方が申し出ることにより、団体交渉に移行することが出来る」とされている。今まで団交に移行したことはないという。
223 「無駄を無くすために知恵を出していきましょう。溶接のひずみ、最初からひずまないように工夫しよう。職人だから知恵が出るはずだ。チームで作業の能率向上を考えてほしい。上下関係、職場のなかでのコミュニケーションの円滑化、設計と現場。現場で設計のミスを直すのが大変だから、設計の間でも密にコミュニケーションをとる」ように働きかける。

えて、一定水準以上の利益が確保できた場合、その分を一時金として支払うことを求めるものであった。

また、上記の生産性向上3原則に基づき、会社の利益を公正に組合員に配分できるように、一時金の配分も「業績連動方式」に基づいて行われるようにした。企業の業績を反映して一時金が決まり、利益の公正な配分システムを構築している。その結果、子会社だからといって親会社に不当に利益が吸い上げられることはない。

③　安全衛生協議会

労使が、年2回、安全衛生に関する管理方針・管理目標や具体的な施策について協議し決定する。2013年、組合が創案し、最初の中央安全衛生協議会の際に、次のような「安全五原則」が決定されて職場で実行されている[224]。すなわち、「①安全はすべてに優先する。②危険な作業はしない、させない。③災害要因の先取り、④ルールを守る、守らせる。⑤自ら努力する。」造船業では、統括安全管理を実施しており、元請は当該事業所に発生する安全問題に対しては全責任を負うことになって、会社も安全には厳しく対応しているが、組合の取組みも極めて重要となる。

④　労使連絡会

以上の公式的な労使の話し合いの場以外に、「労使連絡会」がある。年間4～5回開催されているが、そこに参加しているのは、組合の3役と会社の取締役クラスである。組合は、会社からの受注動向や操業状況、新年度の経営諸施策の考え方などを受けて、忌憚のない意見交換をする。その内容は、一般の組合員に伝えるのには工夫をしなければならない。組合は、労使連絡会の経過を中央執行委員会で口頭報告し、中央執行委員は一週間以内にそれぞれの単組で執行委員会を開き、口頭でその内容を説明して理解を求めている。

---

224 朝礼の際に、安全五原則を唱和するように、現場の入口に掲げられている。

（4）組合対応の効果と示唆

　労働組合は、経営統合が事業の安定、拡大に資するものであれば、それを認め、協力すべきだという基本的な考え方に立って、経営統合に協力した。その結果、統合後間もないが、企業は、顧客の多様なニーズ、短納期化、大型発注への対応力を高めて、統合後、大きな受注に成功した。組合は、会社事業の安定・拡大により、組合員の労働条件の維持・向上がはかられると期待している。会社の経営統合と組合組織の統合により、次のような効果を挙げることができる。

　第1に、労働組合は、経営統合による事業所範囲の広域化で多くの地域での変化を敏感にキャッチし、会社の経営や人事労務対策に提言を行うことができる。例えば、人手不足の実態をキャッチし、経営協議会でその解消策を求めた。

　第2に、組合員間の仲間意識の向上をみることができた。統合前の会社では、造船部門だけではなく航空等多くの部門をもち、組合員間の仕事が異なって、一体感を持ちにくい側面があった。しかし、両社の造船部門の統合により、同種の仕事を通じて、組合員間の仲間意識が高まった。組合は、さらに仲間意識の向上を図るために、「顔、心、力あわせてコミュニケーション」を充実させ、お互いに腹を割って話が出来る関係づくりに努めたが、それも仲間意識の向上に資した。

　第3に、統合のシナジー効果の1つとして安全衛生対策の強化を挙げることができる。

　第4に、過去を引きずらないように、統一労働協約・協定の締結の際に新用語を使用するという工夫も行った。統一労働協約締結や労働条件の統合がスムーズに行われたのは、旧両社の組合が同じ産別である基幹労連で長い間統一労働運動に参加して、協約の内容も労働条件の水準もほぼ同じであったからである。会社の経営や組合組織のスムーズな統合には、同じ産別の統一運動に参加する組合が望ましい。

　第5に、労働条件の安定化や労働条件改善策をはかることができた。統合により経営規模が大きくなり、また、マーケットでの競争力も上がって、経営は以前より安定することになった。それに伴い、労働条件の安定化の可能

性も高まった。組合の交渉により、企業業績の好転の際には、賃金のアップや業績連動方式による一時金のアップができるようにした。

3. 小括

　基幹労連加盟の JFE スチール労連とジャパンマリンユナイテッド労連がそれぞれの企業組織再編にどのように対応してきたのかについて考察した。ここでは簡単な比較をしてみることにする。

　まず、第1に、企業組織再編は、JFE スチールの場合、製鉄業界第2位の旧 NKK と第3位の旧川鉄の株主移転・経営統合による JFE ホールディングスの製鉄部門子会社として設立された。ほぼ対等な経営統合であった。JMU の場合も、IHI マリンユナイテッドとユニバーサル造船の経営統合によって設立されたが、同社の主要株主は、JFE ホールディングスと IHI であり、それぞれが株の45.93％を所有している。対等な経営統合という面では JFE スチールと共通している。違いは、両社とも子会社であるが、JFE スチールは1つの親会社を有し、JMU は、主要な2つの親会社を有している。前者は、事実上、親会社といってよい。

　第2に、経営統合の時点は、JFE スチールが2003年、JMU が2013年と10年の違いがある。そのために、経営統合の効果を比較することは難しいが、JFE スチールは、統合後、想像もできない四桁億円の利益をあげ、JMU も利益を出している。JMU は、メガコンテナ船等の大きな受注を確保した。経営統合の効果といえよう。

　第3に、労働組合は、両方とも経営統合の必要性・効果等を考慮し、統合を積極的に認めた。経営統合に伴う賃金などの労働条件や労働協約・協定の統合には大きな問題が生じなかった。それは、統合前の組合が同じ産別である基幹労連に属し、長い間産別統一闘争に参加した結果、ほぼ同様の人事・賃金制度や労働協約・協定をもっていたからである。そのために、基本的に大きな変更を伴わずに統合を果たすことができた。JFE スチール労連の場合、「いいとこどり」をして労働組合に有利な内容を多く引き継ぎ、JMU 労連の場合、旧ユニバーサル造船のものを多く引き継いだ。経営統合に伴う雇用減はなかったことも共通している。

第4に、労働組合が組合の組織統合において単組の伝統と多様性を尊重したのは両事例とも共通している。ただし、JFE スチール労連の場合、労働協約・協定の内容も組合費も単組の自主性を尊重しているが、JMU 労連の場合、組合費のみそれを認めている。

第3節　企業組織再編に伴う不当労働行為の超克と課題 —運輸労連加盟組合の事例[225]—

1. Ｐ運送労働組合の事例[226]

（1）企業組織再編の実態

　Ｐ運送は主に関東地域を中心に運送業を営んでいる企業である。1944 年設立された歴史のある企業である。同社の従業員数は 1991 年 3023 人をピークにほぼ一貫して減り続け、2014 年 3 月現在 1301 人となった。従業員数の減少に見られるように、1990 年代以降、同社は縮小を余儀なくされたが、その要因・背景として次のことが挙げられる。第 1 に、規制緩和により業者が増えてきて競争が激しくなり[227]、全体的に収益が上がらなかったこと。第2 に、関東から東日本を対象に特積みを中心に運送業務を行っていたが、エリアが若干狭く営業領域が相対的に狭いことによる競争力の弱体化が挙げられる。第 3 に、狭いエリアの顧客に対する密度の濃いサービスを行っていたが、それを運賃に転嫁することができなかったこと。第 4 に、観光バス事業も行っていたが、請負的な形であったので、収益が上がらなかった。全体的に P 運送は下請的な仕事を行ってきたので、収益を上げることができず、事業縮小が進んだとみられる。

225　運輸労連では、2014 年 1 月「企業組織再編に関する研究会」を設置し、同労連加盟組合を中心に事例調査を踏まえて検討を進めて、2015 年 7 月に報告書をとりまとめた。この事例部分は、この報告書に掲載された呉学殊の原稿を修正・転載したものである。貴重な研究の機会を与えて頂いた同労連と研究会のメンバーにこの場を借りて感謝申し上げる。

226　P 運送労組へのヒアリングは、2014 年 8 月 20 日、書記長、また、2014 年 10 月 29 日、委員長と書記長に対し行った。大変厳しい状況の中で、ヒアリング調査に快く応じて頂いた同委員長と書記長に対し感謝申し上げる。

227　事業者数は、1990 年 40072 社であったが、2007 年には 63122 社に増加した。しかし、国内貨物輸送量は 1990 年約 68 億トンだったものが 2010 年約 48 億トンに減った。

そういう中で、同社は、2009年、3月G社[228]との包括的業務提携を行い、10月G社からの資本参加を受けた。G社の資本参加額は子会社を含めて同社グループ全体で51億、そのうち同社だけで22億であった。こうした資本参加を受けて、2009年10月1日同社はG社の子会社となった[229]。G社のP運送への資本参加は、自社業務の手薄なところを補強するためだったとみられる。

G社の子会社となったP運送は、親会社のG社の戦略に応じて、支店の分社化を進めており、それに伴う出向・転籍により、従業員をいっそう減らしている。その結果、P運送労組の組合員数も1998年2522人から2014年4月462人へと大幅に減少した。同労組は、会社の不当労働行為に対抗するために2014年9月に立ち上げたP運送労組連合会の中核組合であり、同連合会の他の組合としてPU労組がある。

（2）親会社・会社の不当労働行為の実態と組合の対応
①　P運送労組本体に対する不当労働行為
　P運送労組は、同社の親会社となったG社から露骨な不当労働行為を受けてきている。不当労働行為の主要内容は、上部団体からの脱退、組合費の引き下げ、専従者と組合事務所の廃止要求であった。具体的に不当労働行為の内容を追ってみることにする。

　2009年11月20日：G社の社長は、「G（G社労組を指す：呉）は、上部団体の上納費払うなら組合員のため、払わないで安くしている」といい、親会社の労働組合が上部団体に入っておらず、そのために上部団体への会費を払う必要がないので、組合費が安い（毎月1300円）と言及した。これは子会社の組合となったP運送労組も親会社の労働組合に見倣ってほしいとの趣旨であり、上部団体からの脱退を促すものであった。

　2010年2月16日：G社の社長は、「上部団体、Gは加盟していない。いずれ、P（運送労組：呉）も抜けたほうがいい」といい、2009年に上部団体から

228　2015年現在、同社は全国に約400か所の店舗をもっている。2014年度の売上高は約2600億円、営業利益約120億円、そして純利益約75億円である。
229　同社社長は、親会社の執行役員としてグループ事業部長を兼務している。逆に親会社の社長は、同社の取締役となっている。

の脱退を働きかけたにもかかわらず、そうしていないＰ運送労組に対して、上部団体を脱退するように露骨な働きかけを行った。

2011年12月2日：Ｇ社の社長から「労使関係ねじれた時は潰す。株主あること、いざとなればＰ運送もファンドに売る」との発言があった。親会社が求める労使関係ができない、その大きな要因である上部団体からの脱退が実現されなければ、Ｐ運送に対する持株をファンドに売却するとの脅しをかけているような発言であった。

2012年6月30日：Ｇ社の社長から、「Ｇは組合費が1300円であるが、Ｐ（Ｐ運送労組：呉）は組合費を上げたということ。これには私は絶対に反対である。組合についてこれでいいのか、議論してほしい。うちが買わなければ潰れている。何も魅力ない。4200円の組合費。比率下げてファンドにでも売ればいい」との発言があった。今までの上部団体からの脱退に関わる不当労働行為にもかかわらず、Ｐ運送労組がそれに応じず、組合費を上げていることに対し、不満を吐くとともに、再度、ファンドへの売却も示唆するものであった。

2014年3月6日：Ｇ社の専務（社長の意見番）は、「組合活動を言うべきではないが組合費・組合のあり方、従業員の金、上部に納めて何の価値がありますか？」と、上部団体からの脱退を強く求めている。Ｐ運送の社長も「あのようにＧ社の重鎮は組合に対して不信感を持っている。時代に合った組合にしてもらいたい」といい、親会社の要求に従って、上部団体を脱退するように強く求めているのである。

2014年3月22日：Ｐ運送の社長がＧ社専務の発言内容を引用して、「そろそろ腹くくってＧの方を向いてほしい。組合費もあまりにも高すぎる、上部団体に納めて何の価値があるのか」と、前回と同様の発言を繰り返し、脱退に向けて腹をくくるように、求めているのである。

以上、会社側の不当労働行為の内容を見てみると、組合費の高さ、その要因となっている上部団体の会費を払わなくて済むように上部団体からの脱退を求めることで、労働組合活動への支配・介入という不当労働行為を行っている。

② PU労組に対する不当労働行為

　直近の不当労働行為（U支店）についてより具体的に見てみることにする。P運送は、2014年10月1日付でU支店を分社化し、同社の子会社である東北P運送（P運送社長が東北P運送社長も兼務）へ移管した。2014年8月7日、移管をめぐる労使委員会において、移管が「P運送労働組合に対する組合つぶしでないことを確認した」との労使協定が結ばれた。

　P運送労組では、U支店の移管に伴い、同支店の組合組織を、従来のように支部のままにするか、あるいは単組を立ち上げるかを検討した結果、単組を立ち上げることにした。その決定に基づき、9月29日、同支店の組合員がP運送労組を脱退するとともに、同日、PU労組の結成、P運送グループ労働組合連合会（以下、「P運送労組連合会」という）の一組合になるようにした。組合は、翌日、組合結成通知を東北P運送に提出した。なお、P運送労組連合会は、同年9月19日、P運送労組の定期大会にて結成された。同連合会に入っているのは、P運送労組とPU労組のみである。

　ところが、会社は、10月1日付の転籍とともに、東北P運送と東北P運送労働組合とのユニオン・ショップ協定に基づき、U支店の組合員は東北P運送労働組合の組合員となったと主張した。PU組合の組合員から次のような相談がP運送労組に寄せられた。会社から「東北P運送組合（「会社寄り」の別組合）に入らないと解雇になる」、「両方の組合費を払うことになる」等である。また、PU労組の委員長は、「この混乱、どう責任とるの」、「何か言ってみろよ」等々の強い口調で会社側からつるし上げられた。会社側は、「10月分の給与から東北P労組の組合費1000円を差し引く」とする文書を掲示板に張り出した。組合は、それに対し、「万が一天引きしたら労基法24条違反で訴える。即時、掲示文書の撤去等を求める」警告を10月11日配達証明で郵送した。こうした警告を発したにも関わらず、11月14日給与支給日に組合費として1000円が天引きされた[230]。

---

230 本格的な団体交渉は開かれていなかったが、チェック・オフをめぐる労使の話し合いがあったといえよう。それなのに、チェック・オフに関する労使の合意がなされないのは極めて異例といえよう。厚生労働省の調査によると、企業組織再編の際に、チェック・オフについて労使が話し合いをもつ場合、その98.0%は合意したという。厚生労働省（2014）『平成25年労働組合活動等に関する実態調査の概況』。

同連合会は、PU労組の組合員は東北P運送の組合員ではないので、東北P運送のユニオン・ショップ協定に基づいて組合費1000円を天引きすることは不当であると、会社に中止の申し入れをした。しかし、会社はそれに応じなかったのである。その理由として、組合員名簿の提出を組合に求めた[231]にもかかわらず応じてもらわなかったことを挙げている。組合は、会社がまず、団交に応じれば名簿を提出する用意があるが[232]、そうしないうちで、提出するとさらなる不当労働行為につながると警戒していた。当時、組合は、組合員名簿を出した瞬間に、会社側が「お前そんな組合に入って本当に大丈夫か」等の形で、踏み絵を迫ることが明白な動きを見せている中、組合員を守るために名簿を絶対出さないことにしたのである。

同連合会は、組合費の天引きは労働基準法24条に違反するものであると主張し、管轄の労働基準監督署を訪問し、天引きの禁止と既天引き組合費の返還を会社側に行うように依頼した。同監督署の指導により、2014年12月8日、組合費は返還された。しかし、正常な労使交渉は未だに図られていない。

東北P運送U支店では、支店長より2015年度の36協定を結びたいとの申し入れがあった。しかし、PU労組は、組合員数は35名で全従業員の72名の過半数に満たず、過半数組合としての役割を果たすことができない。そのために、従業員過半数代表を選ぶことになった。3月13日、代表の選挙の結果、組合委員長が42票を得て代表に選ばれた。対抗馬であった元副委員長は30票に留まった。これをみると、同支店では、労働組合が全従業員の半数以上の支持を得ているといえよう。

③ 第2組合の結成

一方、P運送の本体に第2組合の結成が進められていることが明らかになった。2015年3月20日、本社の組合員から13通の配達証明郵便がP運送労組に届いた。同じ内容、同じ封筒で中身は組合脱退届であり、次の内容が書

---

231 会社側は、2014年10月17日PU労組の委員長宛に「誰が貴労働組合に入っているのかいないのか、開示を頂きたい」との「説明書」を送った。
232 組合は、2014年10月21日付社長宛の「意見書」の中で、組合との交渉に応じず、組合員個人に対する働きかけをすると支配介入に当たるとした上、「団体交渉が先」であると、団交に応じるように求めた。

かれていた。「私は2015年3月31日付をもって、組合を脱退しますので、ここに届けます。脱退の理由は、他の労働組合に加入するものです。従って4月以降より、貴組合費の支払い義務はなく、会社に対しては貴組合費の給与差引はしないように申し入れていることを申し添えておきます。」というものである。本社に勤めている組合員21人のうち、13人が組合を脱退することになった。第2組合の結成動機や組合員及び活動の全容については分かりかねることが多いが、第2組合の委員長は、以前、組合の会計について異議申し立てをした者である。会社が第2組合の結成に関わったのかどうかについても不明である。しかし、組合は、「状況から見ると、会社が係わらなければ書けない文書や取扱いが満載されている」とみている。

本社には組合員7人が残っているが、そのうち3名はG社へ出向中であり、3人は本社に勤めているが、残りの1名は組合委員長である。その後、本社勤務の2人が組合を脱退し、最終的には1人のみが残っている。

第2組合結成の動きは、2015年5月現在、本社に留まっており、他の事業所に飛び火していない。しかし、動きそのものがないわけではない。第2組合は、会社の社内便を使って、いまの組合からの脱退届と第2組合への加入届の文書を組合員に配布している。しかし、5月現在のところ、それに同調する組合員はいない。そういう意味で第2組合の動きは極めて限定的であるが、今後、どうなるかは見通しがつかない。

④　不当労働行為の背景

以上、見てきたとおり、G社に資本参加されてから、会社側は不当労働行為を繰り返している。なぜ、これほどまでに不当労働行為を行っているのか。その背景の1つは、2006年、10時間のストライキを行った組合の弱体化を狙っていることが挙げられる。労働組合がストを行うことになったのは、賃下げと労使コミュニケーションの問題があったからである。

会社は、業績悪化を理由に、2000年、組合に対して賃下げ（最大15％）を申し入れた。組合は、会社の状況を踏まえてそれを受け入れることにした。しかし、賃下げは、2000年だけではなく、翌年から2006年まで続いた。労働組合は、当該年限りのつもりで、協定を締結して賃下げを受け入れたが、

7年間に及び、忍耐の限度を超えた。賃下げに対して、社長よりきちっとした説明と謝罪を組合・組合員は期待したが、現場の労働者に伝わる、納得できる社長の言動がなかった。そうした中、賃下げに対する社長の説明と謝罪を求めて10時間ストを敢行したのである。

　G社に資本参加されてからは、労使コミュニケーションが膠着状態にあるといえる。従来、現場上がりの専務がいて、現場の動向を社長に伝えていたが、解任されて会社を退社した。その結果、現場労働者の声を社長に伝えるパイプがなくなった。パイプ喪失の中、労使とも相手の心や方針等を理解し合うことが難しくなり、相互不信感が解消されないのである。

　労使コミュニケーションがとれないまま、労働条件の大幅引き下げに対し社長のお詫びと説明がない、また、労使のパイプ役の喪失が長引いていることが不当労働行為の背景といえよう。

　P運送労組の組合員数は、2015年2月26日時点で410人であったが、本社勤務の組合員が脱退して2015年5月18日現在、400人を下回っている。会社と労働組合の間にユニオン・ショップ協定が締結されているが、会社は最近ほとんど採用を行っていない。ただ、支店の採用は少人数あるが、それだけが組合員増加につながっている。定年退職者や自己都合退職者等が出ればそのまま組合員の減少につながる。最近、採用される人は、全員、P運送労組に加入し、第2組合には加入していない。P運送労組の活動が彼らに評価されている現れである。

（3）組合の課題

　会社側は、P運送労組連合会の弱体化を狙った不当労働行為を戦略的に行っているように見受けられる。P運送労組に対し上部団体からの脱退、組合費の引き下げ、専従者や組合事務所の廃止を強く求めて、親会社の社長や専務及び当該企業の社長等がその目標達成に向けて歩調を合わせているとみられる。U支店を分離し東北P運送に移管したのも組合員数の減少を狙うものであったと感じられるし、また、本社での第2組合の結成が、会社との関連性は明確ではないものの、組合の弱体化につながるおそれもある。

　P運送労組連合会は、こうした不当労働行為に屈せず、今までの運動路線

を堅持している。特に、会社側が強く求めている上部団体（産別組合）から
の脱退を考えていない。その理由は、第1に、産別は、組合運動の悩みの相
談先となり、仲間として心の支えとなっているからであり、第2に、産別か
ら組合の歩むべき正道を学べるからである。具体的に労働者の一般的な生活
の実態とあるべき姿、さらには生活改善の基準が明確になる。第3に、産別
からの情報収集等を通じて世界観を広げることができるからである[233]。

　今後、労働組合が会社側の不当労働行為に立ち向かいつつ持続的に現在の
組合員を守っていく上でどのような課題があるかを見てみたい。まず、第1
に、会社側の不当労働行為に立ち向かう目的を明確にすることが必要であろ
う。その目的が現在の組合・組合員の維持であるのか、正常な労使関係の回
復なのか、それとも親会社の労務政策の変更または親会社組合の変革である
のか等最終的な戦略目標を明確に持つことが必要であるだろう。第2に、組
合員の組合への求心力をどう確保し続けていくことができるかである。その
ためにも組合の戦略目標の共有化を図ると共に、それが組合員個々人の生き
方とどのように有機的な関連性があり意味のあるものかを示すことが必要で
はないだろうか。

　現在、上部団体である運輸労連はP運送労組連合会と緊密な連携をとり、
必要な支援を精力的に行っているが、課題もある。まず、第1に、P運送労
組連合会に対する会社側の不当労働行為が何を狙っているのか、産別のレベ
ルで検証する必要があるのではないか。不当労働行為がP運送労組連合会
の孤立化・弱体化を目指しているのか、それとも産別無力化や無用論までそ

---

233 産別の役割は、上記の理由とも係わる側面もあるが、全体的に次のものが挙げられる。
　　第1に、賃上げや労働条件の改善である。運輸業界は不況の影響をもろに受け、ト
　　ラックドライバーは仕事内容にふさわしい賃金・労働条件を得ているとはいえない。
　　運輸労連は、結成以来、賃金引き上げや労働条件改善に取組んでいる。第2に、雇用
　　の確保やリストラ対策である。現在の最大課題はなんといっても雇用問題であり、職
　　場を守るための方策やリストラ対策など、企業分析もしながら対策にあたっている。
　　第3に、職場の環境改善である。誰もが安心して働けるよう、事故防止や健康管理な
　　ど総合的な職場環境の改善や、労災補償の充実に取組んでいる。第4に、社会的地位
　　の向上、産業政策の提案である。国や地方に対して、道路環境整備や、事故防止、環
　　境対策などを交渉しており、業界（荷主も含め）に対して、適正運賃収受の働きかけ
　　などを行っている。また、労働者の立場から、あるべき産業政策などを内外に発信し、
　　行動を起こしている。以上を通じて、運輸産業の全体の底上げを図って、産業の発展
　　と労働者の雇用確保・労働条件の維持・向上に取組んでいるのである（運輸労連ホー
　　ムページ）。

の射程に入れているのか。第2に、P運送労組連合会との戦略目標の共有化である。不当労働行為の狙いに対する見極めとも関連するが、仮にそれが産別無力化を目論んでいるのであれば、闘争の主体もP運送労組連合会から産別に転換することも考えられる。第3に、会社側の最終的狙いや組合の戦略目標がどうであれ、上部団体からの脱退を強く求める不当労働行為であることから、上部団体がいっそう当事者性をもち、今回の問題を主導的に解決していくことが必要であるのかも熟慮すべき課題であろう。運輸労連が、今回、当事者性に基づいて対応をするのであれば、その内容は次のものが考えられる。①不当労働行為を繰り返す企業側に対し、コンプライアンスの徹底化を求めると共に、あらゆるチャンネルを通じて産別役割の重要性をアピールしていくこと。それにもかかわらず会社側の改善がみられなければ、P運送労組連合会とともに労働委員会に不当労働行為の救済申し立てをする等の法的対処を厳に行っていく。と同時に、会社側が不当労働行為を改めるのであれば、話し合いによる問題解決につながるように、あらゆるチャンネルを開いておくこと。②P運送労組連合会の組合員に対して、励ます会の開催、支援レターの送付等、産別が全面的に支援していくことを示すことによって、彼らに安心感を与える等である。

2. L通運労働組合の事例[234]

(1) L通運の企業組織再編現況

　2005年、L通運は、Q通運株式会社と共同持株会社である「株式会社Z」を設立し、同持株会社の100%子会社となった。それは全国物流網の構築の一環であるとみられる。Q通運は東京から西へのコンテナの輸送を主な事業としており、今までL通運に足りない事業を行っている。共同持株会社による両社の統合は全国物流網の構築に寄与するようにみえる。

　2012年、Zは、X運輸を子会社化して事業拡大を図った。その結果、持株会社Zの事業会社としてL通運（従業員約900人）、Q通運（200～300人）、X運輸（約600人）があり、L通運には7社の子会社がある。Zグループの

234　2014年10月27日、同組合委員長に対しヒアリング調査を行った。多忙の中、ご協力頂いた同委員長にこの場を借りて感謝申し上げる。

従業員数は、2014年3月末現在、2224人を数える。

（2）不当労働行為：L通運労組の組合員減少とその要因

　L通運に組織されているL通運労組の組合員数は1994年1206人をピークにほぼ毎年減少し、2014年10月現在462人となった。減少要因としては次のことが挙げられる。L通運は、ドライバーの割高賃金を抑制し、価格競争力を高める狙いから採用を抑制した。現在、L通運会長兼Zの社長は、L通運の支店長時代から「ドライバーの給料が高い」と言い続けていたが、有言実行の形で給料の高いドライバーの採用を抑制してきたのである。削減方法をみると、持株会社設立以降、持株会社が従業員（事務職）を採用し、即刻、L通運に出向させる。L通運には採用をさせない。ドライバーの採用は、L通運の子会社が行う。その結果、L通運の従業員が減り、ユニオン・ショップ協定に基づいて新たな組合員になる人は原則おらず、定年退職とともに減る一方となるわけである。

　組合員の減少要因は、前記の通り、ドライバーの採用抑制であるが、その他にもある。それは、現会長と組合の前委員長との個人的な確執、労使紛争もあったことである。現会長は、社長時代から「組合は潰さないが、言うことを聞かない者はいらない」といい、前委員長に対し敵対的な感情を言い表し、同委員長が率いる労働組合の弱体化を図ったとみられる。つまり、組合員の減少を通じて前委員長の組合への影響力を弱める狙いがあったのではないかと考えられる。現会長は、社長の時代、前委員長に近い副委員長（運輸労連S地連出向中）を解雇し、同委員長の影響力の低下を図った[235]が、それ

---

235 S労働委員会は、同事件に対し会社が不当労働行為を行ったと判断し、是正命令を下した。中労委の労働委員会命令データベースには、同事件の概要が次のように掲載されている。すなわち、「平成16年1月、被申立人会社の当時の社長宛てに、会社の事業上の失敗について同人の責任を追及する内容の差出人不明の文書が郵送された。また、17年10月には同業他社宛てに、会社の内情について述べた上、気をつけてくださいと注意を促す内容の文書が株主を名乗る者から郵送された。本件は、会社が①上記文書は申立人組合の当時の役員の指示により送付されたものであるとの前提の下に、平成23年2月から6月にかけて、組合の副委員長X2に対し、4回にわたり事情聴取を行うなどしたこと、②当該事情聴取に対して組合が抗議して行われた団交において不誠実な対応をしたこと、③労働協約に定める組合との協議が尽くされていないにもかかわらず、組合に対し、X2の懲戒処分について通知し、その後、同人を懲戒解雇に処したこと、④社内報で当該懲戒解雇を公表するとともに、上記文書の内容と組合の委員長X1の言動が類似するとして同人を批判したことは不当労働行為である」

が裁判闘争に発展し、労使紛争が続いている。

会社側は、2011年6月、労働協約更新を拒否したので、2012年7月から労働協約が失効した。しかし、後述の通り、2014年10月、労働協約が結ばれて2015年5月現在に至っている。

以上、L通運の従業員不採用は、前委員長の影響力の低下や組合の弱体化を狙ったものと見られ、不当労働行為に当たると考えられる。また、直接的には前委員長に近い副委員長の懲戒解雇が不当労働行為に当たると、労働委員会から是正命令を勧告されたのである。

（3）グループ内人事と労働条件の実態と課題
①　持株会社からL通運への移動

持株会社であるZの発足に伴い、人事の面でL通運に少なくない問題が発生している。Zが採用を行い、そのほとんどを採用と共にL通運に出向させている。出向者は約30人である。採用者のほぼ全員が大学新卒である。L通運に新規採用を行わせない理由として「L通運の名前では本州方面の採用ができない」ことを挙げているものの、それは口実だけであると組合はみている。なぜなら、持株会社よりもL通運のほうが知名度が高いからである。

持株会社の従業員は、出向という形でL通運に勤めており、L通運の従業員と混在して同様の仕事をしているにもかかわらず、労働条件が若干低い。また、ユニオン・ショップ協定の対象となっていないので、組合員ではない。

②　L通運から子会社・持株会社への移動

L通運から子会社と持株会社への人の移動をみると、子会社の社長はそのほとんどがL通運の従業員である。その子会社がドライバーの採用を担っている。

として、救済申立てがあった事件である。
　S労委は会社に対し、「1　X2に対し、上記①の事情聴取を行うことにより不利益な取扱いをすることの禁止、2　前項の不利益取扱いによる組合運営への支配介入の禁止、3　上記②の団交に係る不誠実な対応及びこれによる支配介入の禁止、4　X2の懲戒解雇をなかったものとして扱うこと、5　前項の懲戒解雇による支配介入及び懲戒解雇を公表することによる不利益取扱いの禁止、6　前項の不利益取扱い及びX1の言動に対する批判による支配介入の禁止、7　文書掲示」を命じた。

他方、L通運からZに管理職として出向している者もいる。L通運の出向者を含めてZには7人が勤めているが、全員が総務部門の仕事をしている。持株会社の人事・財務等の事務の仕事は、L通運が代行している。そのため、同部門従事者の賃金は、7割を持株会社、3割をL通運がそれぞれ負担している。

以上のように、持株会社、事業会社のL通運、そしてL通運の子会社との間には出向によって人事移動がなされているが、次のような課題が指摘されている。第1に、持株会社に採用されて、L通運に出向で働いている者は、仕事はL通運の従業員と同じであるが、彼らに比べて労働条件が低い。第2に、L通運ではドライバーが採用されないので、技能継承が行われておらず、中長期的にドライバーの技能低下が心配されている。第3に、非効率的な業務運営である。持株会社と事業会社との間に重複する仕事もあり、グループ全体でみると、業務が非効率的である。それに、組合にとっては、組合員の新たな増加につながらないので、定年退職者が出ればその分組合員数の減少という問題がある。

(4) 労働組合の対応

以上、L通運をめぐる企業組織再編とそれに伴う人事、また、L通運労組と労使関係等についてみてみたが、最近、労使関係の好転の兆候が見られる。2013年3月、L通運の社長が交代した。組合の前委員長と確執のあった社長が会長に退き、新たな社長が就任したのである。それに伴い、同社では次のようなことがおきている。まず、第1に、2014年10月、労働協約が締結されて正常な労使関係に戻った。第2に、中途採用ではあるが、L通運に6人が正社員として採用された。ユニオン・ショップ協定により、彼らは組合員となった。こうした労使関係の好転の兆候は、前社長との個人的確執があった組合の前委員長が組合だけではなく会社を退社したこととも無縁ではないとみられる。

とはいうものの、L通運労組の対応課題も少なくない。新卒採用で持株会社に入社し、入社と共にL通運に出向する者が自ら組合を立ち上げてほし

いと組合は期待している。もしそれが実現されたら、企業連をつくり持株会社グループ内の労働組合の連携を高めていくこともできる。しかし、全面的な企業連づくりには限界もある。他の事業会社には組合員数は約80人と少ないものの、別の労働組合があり、また、別の事業会社には労働組合が存在しないからである。そういう意味で、企業連ができても非常に限定的な規模の組織になる可能性がある。

　L通運では、契約社員の定着と技能伝承に向けて準社員制度の導入を検討している。労働組合は、ドライバー職種を念頭に置いているが、会社側は事務職を考えているように見えて、労使の認識の食い違いがみられる。労使の認識の一致をみて、準社員制度がスタートし所期の目的を達成することができるかが注目される。組合は、準社員を組合員とする方針である。

　2013年より全面施行された改正労働契約法では、契約社員が引き続き特定の企業で5年以上勤めると、無期契約転換の権利が生じ、その旨を申請すると、無期契約転換となる。L通運でも、同法の施行5年後になると、対象の労働者が現れると期待している。無期契約転換となれば、ユニオン・ショップ協定に基づき、組合員となるものと期待している。現時点で、契約社員の組織化をすすめていくのは、組合員の範囲、組合費徴収等で困難であると考える。

　以上、労使関係の好転や労働組合の対応課題についてみてみたが、L通運労組が本格的な組合活動と良好な労使関係の再構築に取組むことは、現会長の在任中は、難しいと考えている。

3. 小括

　以上、運輸労連加盟の2つの組合の事例を通じて、企業組織再編とそれに伴う不当労働行為、それに対する労働組合の対応について見てみた。2つの事例の比較をしてみると次のとおりである。第1に、企業組織再編の内容であるが、P運送の場合、企業業績の低下傾向の中、2009年、G社の資本参加を受けてG社の子会社となった。P運送の支店がP運送グループの別会社に移管されているが、それもG社の意図によるものと考えられる。P運送は、G社の全国展開戦略の下、G社の子会社となったのである。対してL通運の

場合、同社が主導的に他社との共同持株会社を作り、同持株会社の子会社となった。両事例とも、当該企業が子会社となったことは共通しているが、P運送の場合、大手企業の子会社、L通運の場合、共同持株会社の子会社という違いがある。前者は、大手G社の全国展開戦略の一環として子会社となり、後者は自ら全国物流網を構築する一環として持株会社の子会社となった。第2に、企業組織再編に伴って企業グループ内の人の移動・配置について見てみると、P運送の場合、支店の移管に伴いグループの別会社に転籍される形及び新規採用の抑制と定年退職者により従業員数が減り、それに伴って組合員数も減っている。L通運の場合、持株会社が従業員（ほとんど事務職）を採用し、同社に出向させており、また、同社の子会社がドライバーを採用しているので、毎年、従業員数と組合員数が減る傾向にある。両組合とも過去約10年間、企業組織再編の影響を受けて組合員数を減らしている。

　次に、不当労働行為の内容を見てみると、P運送の場合、上部団体からの脱退、組合費の引き下げ、専従者と組合事務所の廃止要求に加えて、最近は、支店の移管の際に組合の同意のない中での移管先でのチェック・オフの実施、会社の関与とみられる第2組合の結成、既存組合脱退と第2組合加入への働きかけ等多くの不当労働行為がなされている。また、親会社の社長等経営陣も不当労働行為を積極的に行っている。L通運の場合、従業員不採用による組合員数の減少及びそれに伴う組合の弱体化、副委員長の懲戒解雇という不利益取扱い・組合への支配介入という不当労働行為、労働協約の破棄等を行った。

　こうした不当労働行為は組合員の減少、さらに組合の弱体化を狙ったものと見られるが、P運送の場合、親会社社長が当該会社に影響力を行使している限り、不当労働行為がおさまることは期待しがたい。L通運の場合、社長交代に伴い好転の兆しが見えている。しかし、交代した社長が会長であり、また、持株会社の社長であるので、当分の間、不当労働行為が完全に解消するとは考えにくいのではないかと見られる。

　労働組合は、こうした不当労働行為に対し、どのような対応をしているのか。P運送労組連合会は、会社側の上部団体からの脱退要求に屈せず、上部団体加入の重要性を組織の中で確認するとともに、不当労働行為に立ち向

かっている。最近、少数ではあるものの入社する人のほとんどは、組合加入の際に、当該の組合か第2組合かという選択肢に対し、前者を選んでいるという。そういう意味で、組合の活動が新人の社員にも評価されているといえよう。L通運労組の場合、社長交代に伴い、限定的であるものの社員採用の再開、労働協約の締結というよい兆し等を見る限り、不当労働行為が解消されたのではないかと見られるが、契約社員の組織化、持株会社の社員の組織化等、いっそうの組織拡大に向けた積極的な運動は、現在の会長が強い影響力を行使している限り、難しいとみられる。

　両事例とも会社の企業組織再編や不当労働行為の根源は、労使コミュニケーションの問題にあったと見られる。労使が、日々、誤解や相互不信につながらないように、経営の諸問題について意見交換を行って、相互信頼感を高め、企業内外の問題対応力を強めていたら今回の不当労働行為は生じなかった可能性が高い。不当労働行為を回避するためには日々の円滑な労使コミュニケーションが必要であろう[236]。不当労働行為は労働組合法7条によって厳しく禁じられている。不当労働行為という法令違反をしないように企業に対しコンプライアンスの徹底化を図る必要があろう。さらには、上部団体からの脱退要求という不当労働行為を未然に防止するためには、上部団体の運輸労連が当該産業の企業に対して上部団体の役割・存在意義をもっとアピールしていくとともに、労使コミュニケーションの円滑化につながる方針などを策定し、構成組織に提供して実践を促していくことも重要であろう。

　2つの組合の上部団体である運輸労連は、当該組合と密接な連携をとりながら、不当労働行為に対する短期のみならず中長期的な対応策も検討している。特に、上部団体からの脱退を強く求めているP運送の場合、運輸労連がいっそうの当事者性を持って対応策を講じていくものと見られる。運輸労連が、構成組織に対する会社側の不当労働行為を止めさせて、健全で対等な労使関係の形成につながる支援を行い、運輸産業の発展と組合員の雇用と労

---

236 労使コミュニケーションの重要性については、呉学殊（2012）「労使関係論からみた従業員代表制のあり方―労使コミュニケーションの経営資源性を生かす」『日本労働研究雑誌』2013年1月号No.630、呉学殊（2014）「中小企業における労使関係の実態と方向性―労使コミュニケーションの経営資源性の発揮と従業員代表制の法制化―」『日本労働研究雑誌』8月号No.649を参照されたい。

働条件の維持・向上を図る砦としての役割を担い続けるための運動をどう展開していけるかが問われている。

　運輸労連と構成組織が、日頃、労使コミュニケーションの円滑化を図って企業組織再編においても不当労働行為の未然防止に努めるとともに、仮に不当労働行為が発生した際には、上記の課題解決を通じて、迅速、かつ、不可逆性のある形で解決を図ることによって、不当労働行為を超克し、運輸産業の発展及び魅力のある職場づくりにどう繋げていくのかが注目される。

第4節　企業組織再編期の組織化
—UA ゼンセン加盟組合の事例—

1. 会社および労働組合の概要[237]

　どんユニオンが組織されている株式会社どんは、2014 年 2 月 28 日現在、資本金約 25 億円、2013 年度年間売上高約 221 億円、そして正社員 348 名、パート・アルバイト 2251 名（8 時間換算）、そして全国に 173 店舗を有し、ステーキを中心とする料理及び飲料の加工・調理・提供という事業を行っている。

　同社は、旧どん社が 2005 年フォルクスの筆頭株主となり、同社を子会社化し、さらに 2006 年 3 月 1 日合併して現在の会社となった。2007 年、Y ホールディングスとの業務提携を締結し、翌年の 2008 年には同ホールディングスの連結子会社となり、同ホールディングスが同社の株 51.11％を保有していたが、2014 年 2 月 28 日現在、79.5％となっている[238]。

　同社の売上高（経常利益）は、2010 年 249 億円（− 11 億円）、11 年 221 億円（4 億円）、12 年 206 億円（3 億円）、13 年 209 億円（3 億円）、そして 14 年 221 億円（3 億円）と 200 億円代の前半を推移している。その間、従業員数は 2010 年 526 名から 348 名に減少している。

　統合前のフォルクスは、2005 年 11 月、公正取引委員会よりいわゆる「成

---

237 どんユニオンに対するヒアリングは、2014 年 5 月 27 日、藤井靖雄委員長と西村徹書記長、また、2015 年 3 月 9 日、どんユニオン結成当時の筒井克巳 UI ゼンセン同盟（現 UA ゼンセン）埼玉県支部長（ヒアリング調査の時、UA ゼンセン愛媛県支部長）に行った。ご協力に対し、この場を借りて感謝申し上げる。
238 2015 年 9 月 Y ホールディングスの完全子会社となり、また社名も変更となった。

型肉」を使いながらそれをメニューに表示せず[239]、「ステーキ」として販売していたとの指摘を受け売上高が80％も落ち、30億円くらいの借金をせざるを得なかった。

また、2009年、どん社は、O-157の影響により売上が80％まで下がって、その時、累損も含めて28億円の赤字を出し、その年、上場廃止を余儀なくされた。

同社は以上のように意図せぬ問題により大きな悪影響を受けてきたが、直近は安定した売上高と経常利益を維持している。どんユニオンは、どのように結成されて、以上の会社の問題にどのように対処してきたのか、また、どのような労使関係を形成してきたのかについて見ることにする。

2. どんユニオン結成の経緯

（1）どんユニオンの前身である2つの労働組合の結成

① フォルクスユニオンの結成

フォルクスユニオンは、1992年6月16日、753人の組合員で結成された。フォルクスは、ダイエーグループに属していて、同グループで組合を作る機運が九州地域を中心にあり[240]、同グループ内の組合を束ねるダイエーグループ総連は組織強化を進めていた。

具体的な結成のプロセスは次の通りである。現委員長[241]は、江坂店[242]の店長で同店の近くにある本社を訪ねて、クリスマスシーズンの売上を上げるためにチキン購入の働きかけを行っていた。当時フォルクス社内には組合結成の動きがあり、本社訪問の際に、偶然親しくしている本社勤務の従業員から、組合結成の際には委員長を務めてほしいとの要請を受けた。最初、断ったが、

---

239 ステーキ肉は塊の肉でなければならないが、成型したものを出したことが問題となった。ステーキの表示をしなければ問題ではなかったが、当時、ステーキの表示を行ったという。社内では、成型したものをステーキ肉と表示することが問題であるという認識はなかった。実際、顧客の評判はよかったという。当時、成型肉のように何らかの加工を施した肉は外食業界で広く使われていたが、メニューに表示している外食チェーンはほとんどなかった。そもそも飲食店のメニューで加工肉をどう表示すべきかについての基準も存在せず、「明確なルールがない以上、厳しく罰せられると思わなかった（当時の常務）」という。

240 外食産業のR社に組合が作られた。

241 1982年、フォルクスに入社した。

242 当時、フォルクスの中で売上ナンバーワンの店であった。

結局、「人のため」との思いで組合結成の役割を引き受けることにした。その時、委員長は勤続10年の中堅社員であったが、なぜ、声をかけられたのかはよくわからないという。しかし、会社の中で、「間違っていることは間違っていると、はっきり言うタイプ」[243] であった。その他、実績をちゃんと上げ、大型店舗のオープンにも携わったこともあり、社内で認められる存在であったとみられる。当時、現委員長は、右も左も、組合自体の「く」もわからなかった。組合活動のために「外に出て、えらいところに足を踏み込んだな」という重責を感じたという。

　会社からは、「風通しの良い企業をつくるために、労使で協力関係を築いていきましょう」との話があった。企業が組合の結成・活動に理解を示したのは、第1に、従業員の声を今まで以上に組織的に経営に取入れることができる、第2に、組合を通じて、既存社員のモラールアップや採用に有利な環境を作ることができる、第3に、株式上場企業に相応しい企業のあり方として労働組合があったほうがよく、それにより「企業としての市民権獲得」を実現することができる、という期待があったと見られる。

　組合結成に向けての従業員の説得は、現委員長が各地区（関東、関西、九州）を回って、説明会を開き、組合結成の理由やメリット等について話をして了解を得る形で進められた。従業員の理解を得た後、会社とのユニオン・ショップ協定を締結した。

　1996年6月からフォルクスユニオンは、専従者1名、半専従者1名で組合活動をしていったが、2003年11月から、組合員数が減り専従者1名は会社に戻り、半専従者1名で組合活動を行うことになった。

　同組合は、「会社の発展なくして、そこで働く従業員の労働条件維持、雇用を守ることはできない」という考え方の下、組合運動を展開していったが、当時、組合委員長も労働組合について「全くのど素人で、何もわからないところで結成して、本当に見よう見まねで。ただ、そういう意味で、上部団体のダイエー労連とかゼンセン同盟、やっぱりそういう上部団体の会議に行くことによって、いろんなことを学びながらやっていった」という。

---

243 いわゆる、「やることをやって言おう」というタイプであった。

組合活動をやってよかったことの1つは、従業員・組合員の交流が進められたことである。組合結成前の場合、交流がほとんど行われなかったが、あったとしても各地区に限られた。たとえば、会社の店長総会が開かれてもそれぞれの地区に属している店長のみが出席したにとどまった。しかし、組合結成により、3つの地区の執行部メンバーが集まり、「顔合わせ、心合わせ、力合わせが」できて、仲間意識が芽生え組合活動がスムーズに広がった。

　労働組合の結成後、何年間かは、「何とか勝ちとらなあかん」という部分もあって、「夜明けの妥結とか朝方まで交渉した」こともあった。

②　旧どんユニオンの結成

旧どんユニオンは 2005 年 5 月結成された。会社のどんが主導でフォルクスと経営統合することが決まっていたが、どんには労働組合がなかった。当時、UA ゼンセン（当時、UI ゼンセン同盟）埼玉県支部は、組合のない企業を回り、機関紙を届けたり、業界関連情報を提供したりしていた。それは、「組合をつくってほしいという気持ちを持ちながら、当該会社の人と一緒に人間関係をつくる」ためであった。支部長は、労働組合のないどんに何回か行き、人間関係をつくっていたが、組合結成には至らなかった。県支部書記局は、その後も UA ゼンセンフードサービス部会とも連携を取りながら、労働条件、労務問題等、外食産業の情報を提供し、組合結成の必要性をどんの従業員に呼びかけた。

　公正労働基準確立のために、外食産業を全部組織化しようという UA ゼンセンの方針の中、どんも 1 つのターゲットとなっていたこともあり、組合をつくらせてほしいと求めるものの、どんの従業員からは「組合は必要ない」というやりとりを 1 年半ぐらいしていた。その時、ある人から「今度フォルクスと統合します」との情報を得た。県支部は、UA ゼンセン本部のフードサービス部会で役員を務めるフォルクスユニオンの委員長とも連携を取りながら、会社の統合に向けて「こちらとしては組合をつくっていこうということを明確にその時気持ちを固めた」という。どんに対するオルグの態度も変えて、「フォルクスのほうは組合がある、どんは組合がない。フォルクスを統合したとしても、向こうの組合は歴史もあるし結構活発に活動している。

こっち（どん：呉）も組合をつくって労働組合間で両従業員の統合の不安を解消し融和を図ることがより経営がやりやすい」と説得したところ、会社側も組合結成という話が腹に落ちたとみられる。

　県支部は、接触してきた従業員を中心として組織化をすすめていった。組合結成準備委員会をつくり、何回かの委員会をへながら組合の規約、組合員の範囲、組合費等を取り決めるとともに、組合加入活動をすすめた。その主体はほとんど店長であった。ほぼ全員の組合加入を果たして結成大会を開き、組合を結成した。企業統合を機に、組合のない企業の労働者を組織化したのである。それも統合される側ではなく、統合する側の労働者の組織化であった。

（2）どんユニオンの結成

　2006年11月21日、旧どん労働組合（組合員数256名）と旧フォルクスユニオン（組合員数255名）は、同年3月の会社合併を受けて統合し、どんユニオンとなった。組合員数は511名であった。両組合は、統合の6か月前にそれぞれの3役で構成する統合委員会を作り、統合に向けて協議を進めた。統合後、専従者は1名となった。

　2010年11月から専従者2名となっている。それは、委員長の交代と組織拡大を図るためである。現委員長はフォルクスユニオンの結成の時から組合の幹部として組合活動を行ってきているが、後進にその役割を引き継いでもらいたいと考えていること、また、クルー・パート労働者への組織拡大を図るためには2人の専従者が必要だと判断したからである。2014年9月からクルー・パート労働者への組織拡大を実行し、組合員数を増やしている。

3．組織化の成功要因

　UAゼンセン埼玉県支部は、会社の統合をきっかけに組合のない企業を組織化した。組合のない旧どんに組合が結成され、旧フォルクスユニオンとの組織統合も果たされたのである。こうした組織化（旧どんの組合結成）が実現したのには次の要因が考えられる。第1に、UAゼンセン埼玉県支部が組合のない企業を回り、そこで働く従業員を中心に、一部では企業の人事・労

務担当の人と人間関係を形成していたことである。統合の話もその活動の中から入手することができたのである。日々の組織化活動が極めて重要な決め手の1つであった。

第2に、企業側のほしい情報を収集しそれを活用したことである。UA ゼンセンは多種多様な産業の労働組合が加盟しており、今回のケースでは、本部のフードサービス部会で外食産業の動向等について情報を提供することによって、人間関係に有用性を与えたのである。

第3に、多くの情報収集や UA ゼンセンの組織化・組織拡大方針から統合側の企業は組織化のターゲットの1つとなっていたので、より目的意識的に組織化に取組むことができた。

第4に、会社側が組合結成の必要性を感じるように説得したことである。職場での一体感を保つために統合の両方とも組合があったほうがよい、また、統合による従業員の不満、不安を解消するためには組合にその役割を担わせることが好ましいことを伝えて、組合結成の必要性を確認させたことである。

このように、被統合会社の組合存在にあわせて組合のない統合会社を組織化できたのは、日々の組織化活動、統合会社の組織化という産別の明確で具体的な組織化方針、会社側の労働組合存在意義の是認によるものであった。珍しい事例であると考えられるが、企業組織統合の際の組織化・組織拡大の可能性を示唆する貴重な事例である。

第5節　まとめ

以上、3つの産別5組合が企業の組織再編に対してどのような対応を行ってきたかについて考察してみた。ここではいくつかの文脈でインプリケーションを導き出してみたい。まず、第1に、企業組織再編時の経営状態である。経営の対等統合であった JFE、JMU の場合、経営状況が悪くなかったが、P 運送と L 通運は悪かった。統合から 2015 年現在まで、前者の2社の経営は比較的良好であるが、後者の2社はそうではない。組織再編は経営状況が悪くないときに、将来に向けた経営基盤の強化等前向きな形ですすめられる場合に統合のプラス効果をみることができるのではないかとみられる。どん

の場合も後者の２社に類似している。統合前の経営状況は、様々な要因で決まるが、労使コミュニケーションも重要要因の１つである。労使コミュニケーションの経営資源性[244]を発揮し、いつも良好な経営状況を維持することが重要である。労使が労使コミュニケーションの経営資源性を生かし、良好な経営状況の下、経営統合の組織再編をしたほうが経営統合のプラス効果を多く上げることができるだろう。

　第２に、組織再編に伴う不当労働行為の発生とそれへの対応である。大手Ｇ社の資本参加により吸収合併される形でＧ社の子会社となったＰ運送で最も深刻な不当労働行為が発生した。親会社・子会社の経営陣が執拗に不当労働行為を行っている。不当労働行為は、労働組合法７条により禁止されておりあってはならない行為である。不当労働行為の主要内容は、上部団体からの脱退、組合費の引き下げ、専従者と組合事務所の廃止要求である。不当労働行為の背景としては、Ｇ社は、Ｐ運送の経営悪化の要因として労使関係もその１つであると判断したこと、Ｐ運送労組とＧ社労組との組織・運動のあり方のギャップを埋めたいこと、Ｐ運送は親会社の不当労働行為プレッシャーに押されたことが考えられる。Ｐ運送労組は、こうした不当労働行為に屈せず、産別と緊密な連携の下、解決策を模索し続けているが、まだ、好転の兆しが見えない。上部団体からの脱退を強く求められていることから、上部団体に当たる運輸労連には、いっそう当事者意識をもち、会社側に対するコンプライアンスの徹底化を求めるとともに産別役割の重要性をアピールしていく等の運動の強化が求められる。それにより、不当労働行為の解消に加えてＧ社の労働組合観を変えるとともにＧ社組合の運動の転換を促し、上部団体への加盟を実現していく積極的な機会ととらえることも重要ではないかと思う。

　第３に、企業組織再編における労働組合の対応である。基幹労連加盟のJFEスチール労連とＪマリン労連の前身組合は、経営統合が将来にわたる経営基盤の強化とみて、積極的に統合を認めたが、運輸労連加盟のＰ運送労組、Ｌ通運労組とUAゼンセンの旧フォルクスユニオンは、消極的に統合を認め

---

244 詳しくは呉学殊（2012、13、14）を参照されたい。

ざるを得なかったとみられる。基幹労連加盟の組合は、労使経営審議会、労使協議会等の話し合いの場で経営統合、それに伴う賃金・人事制度や労働協約・協定の統合において、積極的な役割を果たした。また、組合の組織統合も円満に終了した。その結果、労使とも経営統合や組合組織統合に積極的な意味を認めている。UAゼンセンの組合は、経営統合に対してどのような役割を果たしたのかは不明であるが、組合のない統合側の企業に組合を立ち上げた後、統合される側企業の組合との組織統合を果たした。しかし、運輸労連加盟の組合は、会社側の労働組合に対する不当労働行為や否定的な姿勢のために、経営統合における積極的な対応を行うことができず、また、組合組織統合にも至っていない。

　基幹労連加盟の組合が、経営統合に積極的な役割を果たし、また、円満に組合組織統合を果たしたのは、統合前の組合が基幹労連という同じ産別に加盟しており、長い間、産別の統一闘争に参加して、人事・賃金制度や処遇水準の平準化、さらには組合運動の統一化を成し遂げてきたからだといえる。経営統合や組合組織統合の効果を上げるためには、統合前と後の組合が同一産別であるほうが有効的であるとみられる。組合が同じ産別に属し、また、企業が激しい国際競争にさらされてスケールメリットを上げる必要がある企業の場合、労働組合が経営統合を積極的に求めることも1つの選択肢であろう。その際、できれば統合対象企業がほぼ対等であり、業績もよいほうがいっそうの統合効果を上げると予想される。

　第4に、組織化と組織統合のあり方である。企業組織再編期における組織化を果たしているのは、UAゼンセンのどんユニオンである。UAゼンセン埼玉県支部は、管轄地域の無組合企業を訪問し、業界関連情報等を提供しながら、組合組織化の可能性を探る活動を行ってきたが、それが実る形として経営の主導的統合側の企業に労働組合をつくることができた。統合される側に組合があり、統合する側に組合がない中、統合を機に、統合する側の企業を組織化したことは、組織拡大だけではなく、統合後の労使関係においても極めて示唆に富む事例である。もし、その組織化ができなかった場合、統合される側の労働組合が会社側から不当労働行為を受ける可能性さえあったのではないかと思うと、その組織化はいくら強調してもしすぎることはない。

JFE スチール労連も、JFE 労働組合協議会の中核組合として、協議会の発足時にグループ子会社の組織化方針を掲げて、一部ではあるもののそれを実現している。特に、有組合子会社と無組合子会社の統合の際に組織化・組織拡大が実現されている。組織化の実現には、親会社と子会社の経営陣との良好な人間関係とともに組合の存在意義の認識が重要であり、日常的に組合の存在意義を高める活動が求められる。

　加盟組合が不当労働行為を受けている運輸労連の場合、その不当労働行為を解消し、また、当該組合企業の親会社に組織されている組合を産別加盟に誘導したり（P 運送労組の事例の G 社労組）、新たに組合をつくったり（L 通運労組の事例の持株会社 Z 社）していくことを当該組合との連携の下、模索していくことは、ピンチをチャンスに変える運動となるだろう。

　また、経営統合に伴う組合組織統合は、単組の伝統と多様性を尊重する形ですすめることが重要である。組織統合は経営統合に伴うもので、組合員の必要性からではないからである。特に、単組の伝統や慣行が強いところほどそうである。同一企業の企業別組合員としての一体感を持つのに必要な最小限の統一性を整えながらも、各単組の多様性が失われないようにし、単組間の交流を深めていけば、中長期的には単組の長所の共有化が進み、企業別組合の統一性や求心力が高まっていくとみられる。

　最後に、第5に、企業組織再編における経営者の労使関係の重要性の認識である。企業は基本的に企業の発展を図るために企業組織再編、経営統合を進めている。その際、労働者・労働組合の協力を得ることが重要であり、それが統合後の労働者のモチベーションの維持にもつながる。企業は、企業組織再編に関する情報をできるだけ早めに（公開前に）労働組合に提供し、理解と承認を求めることが重要であり、不当労働行為をしてはならないことは言うまでもない。労使関係の悪化があれば統合の効果を得ることが難しいだろう。さらには労使関係の変更や労働組合の弱体化等という意図をもった企業組織再編は、所期の成果を達成することが困難とみられる。特にグローバル化の下、企業間競争が激しい今日はそうである。

　厚生労働省の労働組合調査からみる限り、企業組織再編の件数は、既述のとおり、最近減っているが、再編の際に労働組合が「関与した」と答えた割

合は、6割台であるが、急減している。グローバル化と国際競争、企業間競争が激しくなるとみられる今後も企業組織再編は続くとみられる。本書が、企業や労働組合の対応に少しでも参考になれば望外の喜びである。

【参考資料】

基幹労連（2002）『企業組織再編に対応する産別方針』

基幹労連（2008）『雇用・合理化対策と企業再編における組織防衛マニュアル』

厚生労働省「労働組合活動等に関する実態調査」（2000年、2005年、2010年、2013年調査）

呉学殊（2012）「労使関係論からみた従業員代表制のあり方—労使コミュニケーションの経営資源性を生かす」『日本労働研究雑誌』2013年1月号 No.630。

呉学殊（2013）『労使関係のフロンティア—労働組合の羅針盤』【増補版】労働政策研究・研修機構。

呉学殊（2014）「中小企業における労使関係の実態と方向性—労使コミュニケーションの経営資源性の発揮と従業員代表制の法制化—」『日本労働研究雑誌』8月号 No.649。

（労働組合提供資料）

L通運労組提供資料

『ヒアリング報告：会社及び組合の概要』

『労働協約書』

JFEスチール労連提供資料

『労働協約・付属協定 2014年』

『JFEスチール新労働協約案』

『JFE労連規約』

『川崎製鉄労働組合情宣ニュース 2002年7〜8月 No.16、17、19、21、

22、23』

　　『川崎製鉄労働組合情宣ニュース 2002 年 10 ～ 11 月 No.4、5、8、9、10、
　　　　11』

　　『JFE10 周年記念誌—10 年の歴史を糧にさらなる飛躍—』

　　『JFEU10thAnniversary：JFE 労働組合協議会 10 周年記念誌』

　　『JFE 組合組織結成に関する最終答申案』

　　『新組織統合準備委員会の構成と経過』

　　『JFE グループ創設に伴なう組合組織体制に関する答申』

Ｊマリン労連提供資料

　　『たらっぷ：新入組合員テキスト』

　　『活力ある新組織の結成に向けて：新組織結成準備委員会報告書』

　　『労働協約・就業規則・付属協定（規程）集』

　　『らしんばん 2015 年 1 月 5 日＜第 60 号＞、21 日＜第 61 号＞、2 月 2 日＜
　　　　第 62 号＞』

　　『第 3 回定期大会議案書』

どんユニオン提供資料

　　『組合綱領（2006）』

　　『労働協約（2006）』

　　『第 8 回定期大会議案書（2013）』

Ｐ運送労組及び連合会提供資料

　　『給与規定』

　　『手当支給基準』

　　『労働協約』

　　『東北Ｐ運送労組宛の説明書（2014 年 10 月 17 日）』

　　『Ｐ運送社長宛の意見書（2014 年 10 月 21 日）』

　　『東北Ｐ運送社長宛の 10 月 17 日付説明書、要請書および 10 月 20 日付回
　　　　答書に対する見解（2014 年 10 月 21 日）』

『東北P運送労組宛の警告（2014年11月28日）』

『東北P運送社長宛の回答書（2014年12月5日）』

その他、会社との電話記録、運輸労連との打ち合わせ記録等多数

付　　録

【付録1】

会社分割に伴う労働契約の承継等に関する法律
（平成十二年法律第百三号）

（目的）第一条　この法律は、会社分割が行われる場合における労働契約の承継等に関し会社法（平成十七年法律第八十六号）の特例等を定めることにより、労働者の保護を図ることを目的とする。

（労働者等への通知）

第二条　会社（株式会社及び合同会社をいう。以下同じ。）は、会社法第五編第三章及び第五章の規定による分割（吸収分割又は新設分割をいう。以下同じ。）をするときは、次に掲げる労働者に対し、通知期限日までに、当該分割に関し、当該会社が当該労働者との間で締結している労働契約を当該分割に係る承継会社等（吸収分割にあっては同法第七百五十七条に規定する吸収分割承継会社、新設分割にあっては同法第七百六十三条に規定する新設分割設立会社をいう。以下同じ。）が承継する旨の分割契約等（吸収分割にあっては吸収分割契約(同法第七百五十七条の吸収分割契約をいう。以下同じ。)、新設分割にあっては新設分割計画（同法第七百六十二条第一項の新設分割計画をいう。以下同じ。）をいう。以下同じ。）における定めの有無、第四条第三項に規定する異議申出期限日その他厚生労働省令で定める事項を書面により通知しなければならない。

　一　当該会社が雇用する労働者であって、承継会社等に承継される事業に主として従事するものとして厚生労働省令で定めるもの

　二　当該会社が雇用する労働者（前号に掲げる労働者を除く。）であって、当該分割契約等にその者が当該会社との間で締結している労働契約を承継会社等が承継する旨の定めがあるもの

2　前項の分割をする会社（以下「分割会社」という。）は、労働組合法（昭和二十四年法律第百七十四号）第二条の労働組合（以下単に「労働組合」という。）との間で労働協約を締結しているときは、当該労働組合に対し、通知期限日までに、当該分割に関し、当該労働協約を承継会社等が承継する旨の当該分割契約等における定めの有無その他厚生労働省令で定める事項を書

面により通知しなければならない。

3 前二項及び第四条第三項第一号の「通知期限日」とは、次の各号に掲げる場合に応じ、当該各号に定める日をいう。

一 株式会社が分割をする場合であって当該分割に係る分割契約等について株主総会の決議による承認を要するとき 当該株主総会（第四条第三項第一号において「承認株主総会」という。）の日の二週間前の日の前日

二 株式会社が分割をする場合であって当該分割に係る分割契約等について株主総会の決議による承認を要しないとき又は合同会社が分割をする場合 吸収分割契約が締結された日又は新設分割計画が作成された日から起算して、二週間を経過する日

（承継される事業に主として従事する労働者に係る労働契約の承継）

第三条 前条第一項第一号に掲げる労働者が分割会社との間で締結している労働契約であって、分割契約等に承継会社等が承継する旨の定めがあるものは、当該分割契約等に係る分割の効力が生じた日に、当該承継会社等に承継されるものとする。

第四条 第二条第一項第一号に掲げる労働者であって、分割契約等にその者が分割会社との間で締結している労働契約を承継会社等が承継する旨の定めがないものは、同項の通知がされた日から異議申出期限日までの間に、当該分割会社に対し、当該労働契約が当該承継会社等に承継されないことについて、書面により、異議を申し出ることができる。

2 分割会社は、異議申出期限日を定めるときは、第二条第一項の通知がされた日と異議申出期限日との間に少なくとも十三日間を置かなければならない。

3 前二項の「異議申出期限日」とは、次の各号に掲げる場合に応じ、当該各号に定める日をいう。

一 第二条第三項第一号に掲げる場合 通知期限日の翌日から承認株主総会の日の前日までの期間の範囲内で分割会社が定める日

二 第二条第三項第二号に掲げる場合 同号の吸収分割契約又は新設分割計画に係る分割の効力が生ずる日の前日までの日で分割会社が定める日

4　第一項に規定する労働者が同項の異議を申し出たときは、会社法第
七百五十九条第一項、第七百六十一条第一項、第七百六十四条第一項又は第
七百六十六条第一項の規定にかかわらず、当該労働者が分割会社との間で締
結している労働契約は、分割契約等に係る分割の効力が生じた日に、承継会
社等に承継されるものとする。

（その他の労働者に係る労働契約の承継）
第五条　第二条第一項第二号に掲げる労働者は、同項の通知がされた日から
前条第三項に規定する異議申出期限日までの間に、分割会社に対し、当該労
働者が当該分割会社との間で締結している労働契約が承継会社等に承継され
ることについて、書面により、異議を申し出ることができる。
　2　前条第二項の規定は、前項の場合について準用する。
　3　第一項に規定する労働者が同項の異議を申し出たときは、会社法第
七百五十九条第一項、第七百六十一条第一項、第七百六十四条第一項又は第
七百六十六条第一項の規定にかかわらず、当該労働者が分割会社との間で締
結している労働契約は、承継会社等に承継されないものとする。

（労働協約の承継等）
第六条　分割会社は、分割契約等に、当該分割会社と労働組合との間で締結
されている労働協約のうち承継会社等が承継する部分を定めることができ
る。
　2　分割会社と労働組合との間で締結されている労働協約に、労働組合法
第十六条の基準以外の部分が定められている場合において、当該部分の全
部又は一部について当該分割会社と当該労働組合との間で分割契約等の定
めに従い当該承継会社等に承継させる旨の合意があったときは、当該合意
に係る部分は、会社法第七百五十九条第一項、第七百六十一条第一項、第
七百六十四条第一項又は第七百六十六条第一項の規定により、分割契約等の
定めに従い、当該分割の効力が生じた日に、当該承継会社等に承継されるも
のとする。
　3　前項に定めるもののほか、分割会社と労働組合との間で締結されてい

る労働協約については、当該労働組合の組合員である労働者と当該分割会社との間で締結されている労働契約が承継会社等に承継されるときは、会社法第七百五十九条第一項、第七百六十一条第一項、第七百六十四条第一項又は第七百六十六条第一項の規定にかかわらず、当該分割の効力が生じた日に、当該承継会社等と当該労働組合との間で当該労働協約（前項に規定する合意に係る部分を除く。）と同一の内容の労働協約が締結されたものとみなす。

　（労働者の理解と協力）
第七条　分割会社は、当該分割に当たり、厚生労働大臣の定めるところにより、その雇用する労働者の理解と協力を得るよう努めるものとする。

　（指針）
第八条　厚生労働大臣は、この法律に定めるもののほか、分割会社及び承継会社等が講ずべき当該分割会社が締結している労働契約及び労働協約の承継に関する措置に関し、その適切な実施を図るために必要な指針を定めることができる。

附則
　（施行期日）
第一条　この法律は、商法等の一部を改正する法律（平成十二年法律第九十号）の施行の日から施行する。ただし、次条の規定は、公布の日から施行する。

【付録2】

商法等の一部を改正する法律（平成十二年法律第九十号）（抄）

（労働契約の取扱いに関する措置）

第五条　会社法（平成十七年法律第八十六号）の規定に基づく会社分割に伴う労働契約の承継等に関しては、会社分割をする会社は、会社分割に伴う労働契約の承継等に関する法律（平成十二年法律第百三号）第二条第一項の規定による通知をすべき日までに、労働者と協議をするものとする。

　2　前項に規定するもののほか、同項の労働契約の承継に関連して必要となる労働者の保護に関しては、別に法律で定める。

【付録3】

組織の変動に伴う労働関係に関する対応方策について
（組織の変動に伴う労働関係に関する対応方策検討会報告書）

　会社分割、事業譲渡といった組織の変動に伴う労働関係については、平成12年の商法改正による会社分割制度の創設に併せて、会社分割に伴う労働関係の承継等に関する法律（平成12年法律第103号。以下「承継法」という。）を制定する等の一定の対応がなされてきた。その後、会社法（平成17年法律第86号）等の法整備及び組織の変動に係る裁判例の蓄積などの近年の状況を踏まえて、平成26年12月から、学識経験者からなる研究会において、組織の変動に伴う労働関係の諸課題の整理及びそれに基づき新たな対応を行う必要性の検討が行われ、報告書が取りまとめられた（平成27年11月20日）。

　本検討会では、労働法等の専門家及び労使関係者の参画を得て、平成28年1月25日以降、計4回にわたり、先の研究会報告書も参考としつつ、組織の変動に係る労働者保護に実効ある政策を実施していくために必要な対応方策を議論・検討してきたところであるが、今般、以下のように取りまとまったため、報告する。

　会社分割、事業譲渡といった組織の変動は、事業の選択と集中、事業効率性の向上などを通して、企業価値の向上やグローバル化に対応する等の戦略的な観点からなされるものである一方、労働者にとっては、雇用や労働条件の変更など、それに伴い被る影響は小さくない。

　他方、会社法等の法整備の状況や裁判例の蓄積等も踏まえて、一定の対処が必要な事項も生じていること等から、円滑な組織再編とのバランスに留意しつつ、労働者保護に実効ある政策を実施することとし、承継法に基づく施行規則（以下「承継法施行規則」という。）及び指針（以下「承継法指針」という。）の改正並びに事業譲渡及び合併（以下「事業譲渡等」という。）に関する新たな指針の策定等により、下記の事項に掲げる措置を講ずることが適当である。（承継法施行規則等の改正案等の内容は、別添1～4のとおり。）

　なお、本検討会の議論ではさらに、会社分割に当たり、承継される事業に主として従事する労働者（以下「主従事労働者」という。）に異議申出権を認めるか否かについて、債務超過分割等の場合における対応を念頭に異議申出権を認めるべきとの意見や主として従事してきた業務から労働者が切り離されないようにするとの承継法の趣旨、制度の円滑な利用との観点から異議申出権を認めるべきではないとの意見があった。

　また、事業譲渡に係る労使協議について、譲受会社等も含めて法的措置を講じるべきとの意見や、事業譲渡は譲渡会社等が個別の同意を得て行うものであ

り法律上の規定は不要との意見があった。

　こうした議論の経過も踏まえつつ、今後も引き続き、組織変動に係る法制度等の動向を注視しながら、労働者の保護と円滑な組織再編とのバランスを図る観点から、労働関係上の課題について、検証が続けられていくことを望みたい。

　また、会社分割、事業譲渡といった組織の変動を進める際には、信頼に基づく良好な労使関係が、紛争防止ひいては円滑な組織再編につながるものとして重要であることを念頭に置き、今後、今回講ぜられる措置が、使用者、労働者及び労働組合等に十分に周知され、組織の変動に際する労使協議や労使の相互理解の促進がなされ、労働者の保護と円滑な組織再編とがともに図られることを期待する。

記

1　会社分割について（承継法施行規則及び承継法指針の改正等）

　会社分割については、承継法、承継法施行規則及び承継法指針等により、労働者保護のために必要な手続等が定められているが、会社法等の法整備の状況や組織の変動に係る裁判例の蓄積等も踏まえると、労働者保護の観点から一定の対処が必要な事項も生じていること等から、承継法施行規則及び承継法指針の改正等により、以下の措置を講ずることが適当である。

（１）会社法の制定による会社分割制度の改正等を踏まえた対応

　イ　承継法上の主従事労働者の判断基準は、労働者保護の観点から、引き続き「事業」単位で判断することとし、併せて、「事業」の考え方を明らかにすることが適当である。（※）。

　※　会社法制定により、会社分割の対象は「営業の全部又は一部」から「事業に関して有する権利義務の全部又は一部」とされた。

　ロ　５条協議（労働者との個別協議）の対象に、承継される不従事労働者を加えることが適当である。

　ハ　債務の履行の見込みについて、７条措置（労働者全体の理解と協力を得る措置）及び５条協議で説明し、理解を得ることについて、周知を行うことが適当である。（※）

　※　会社法制定により、「債務の履行の見込みがあること」が事前開示事項でなくなり、当該見込みがない場合であっても会社分割の効力は否定されないとされている（学説上は反対説もある）。

　ニ　債務の履行の見込みのない分割に伴う労働者の承継等が生じうることから、会社制度の濫用に対する法人格否認の法理の適用の可能性等について周知、紹介することが適当である。

（2）５条協議の法的意義
　　最高裁判決で示された５条協議の法的意義を周知することが適当である。

（3）転籍合意により労働契約を移転する場合
　　転籍合意により労働契約を移転する場合であっても、承継法上の手続は省略できないこと等を周知すること、労働者への通知事項に会社分割による労働条件の承継に関することを含めることが適当である。

（4）労使間の協議等に関する留意事項
　　イ　５条協議及び７条措置に関するさらなる周知とともに、団体交渉権や団体交渉に応ずべき使用者に関する裁判例等の考え方等について周知・紹介を行うことが適当である。
　　ロ　労働協約の承継の取扱いや、異議申出に対する不利益取扱いの禁止について周知を行うことが適当である。

2　事業譲渡等について（事業譲渡等指針の策定等）
　　事業譲渡は、特定承継であり、労働契約の承継には労働者の同意が必要とされていること等から、これまで労働者保護のための固有の法的措置は講じられていない。しかしながら、事業譲渡は労働者の雇用や労働条件に大きな影響を与えることも少なくなく、労使協議が一定程度行われている場合もあるものの、労働契約の承継あるいは不承継等をめぐり紛争に発展する事例も生じている。そのような事例については、一部は裁判等で事後的に個々のケースに応じた解決がなされている現状にある。こうした中、労働者個人の同意の実質性を担保し、また現場の労使間での納得性を高めるための労使間の自主的なコミュニケーションを促進するため、留意すべき事項に関するルールを整備する必要がある。
　　このため、営業譲渡等に伴う労働関係上の問題への対応に関する通知の内容等も参考にしながら、今般、事業譲渡等に係る新たな指針を策定し、会社が事業譲渡を行う際の労働者との手続や労働組合等の間の集団的手続等に関し、以下のとおり留意すべき事項を示すことが適当である。

（1）事業譲渡
　　イ　労働者との間の手続等について、以下のことに留意すべきことを周知することが適当である。
　　　①　労働契約の承継には労働者の個別の同意が必要であること、その際、事業譲渡に関する全体の状況や譲受会社等の概要等を十分に説明することが適当であること、労働条件の変更についても労働者の同意を得

る必要があること等

② 労働契約の承継への不同意のみで解雇が可能となるものではない等、解雇権濫用法理等を踏まえた事項

③ 労働者の選定について労働組合員に対する不利益取扱い等を行ってはならないことや、裁判例における労働契約の承継の有無や労働条件の変更に関する個別の事案に即した救済の状況

ロ 労働組合等との間の集団的手続等について、以下のことを周知等することが適当である。

① 過半数組合等との協議等の方法によって、労働者の理解と協力を得るよう努めること、その際、事業譲渡を行う背景・理由、債務の履行の見込みに関する事項等を対象事項とすること

② 団体交渉権や団体交渉に応ずべき使用者に関する裁判例等の考え方等（譲受先を使用者として認めた命令例も含む。）

（2）合併

合併により消滅する会社等の労働者の労働契約は存続会社等に包括承継されること、このため、労働条件もそのまま維持されることを周知することが適当である。

【付録4】

会社分割に伴う労働契約の承継等に関する法律（労働契約承継法）の概要

 労働契約承継法は会社分割時における労働者の保護を図ることが目的です

　会社法に基づく会社分割制度（株式会社及び合同会社が対象）においては、分割会社と承継会社等[※1]が締結又は作成した分割契約等[※2]の定めに従って、分割会社の権利義務が承継会社等に包括的に承継されます。しかし、労働契約の承継については、そのまま承継されるとした場合、労働者に与える影響が大きいため、会社分割時における労働者保護のため、

- 労働契約承継法に
    ① 労働者及び労働組合への通知
    ② 労働契約の承継についての会社法の特例
    ③ 労働協約の承継についての会社法の特例
    ④ 会社分割にあたっての労働者の理解と協力を得る手続
  についての規定、
- 商法等改正法附則第5条[※3]に労働者との協議の規定

を設け、更に法施行規則及び分割会社及び承継会社等が講ずべき当該分割会社が締結している労働契約及び労働協約の承継に関する措置の適切な実施を図るための指針（以下「指針」といいます。）によりこれらの手続等を具体化しています。
　関係者の方々は、このパンフレットを参考に労使協議や労使の相互理解の促進を図り、お互いの十分な理解と協力の下、労働者の保護と円滑な組織再編とがともに図られるよう、適切にご対応下さいますよう、お願いいたします。

[※1][※2] 吸収分割における承継会社と新設分割における設立会社をひとまとめに「承継会社等」、吸収分割における分割契約と新設分割における分割計画をひとまとめに「分割契約等」といいます。
[※3] 会社分割制度が平成12年の商法等改正により創設された際、併せて会社分割を行う際、会社は労働者との協議をしなければならないとする規定が商法等改正法附則に設けられました。

○　労働契約承継法の関係法令等は、厚生労働省ホームページ（http://www.mhlw.go.jp/）上でご確認いただけます。
▶　（ホームページ）ホーム ＞ 政策について ＞ 分野別の政策一覧 ＞ 雇用・労働 ＞ 労使関係 ＞ 企業組織の再編（会社分割等）に伴う労使関係（労働契約の承継等）について

○　ご不明の点などがありましたら、厚生労働省 労働基準局 労働関係法課 法規第1係又は最寄りの都道府県労働局 雇用環境・均等部（室）にお問い合わせください。
　都道府県労働局の所在地はこちらの厚生労働省ホームページ上でご確認いただけます。
（http://www.mhlw.go.jp/kouseiroudoushou/shozaiannai/roudoukyoku/）

 厚生労働省・都道府県労働局

平成28年8月作成

【付録4】労働契約承継法の概要

目次

- 会社分割手続の流れ・概要 --- P267

- 目的（第1条の概要） --- P269

- 労働者及び労働組合への通知（第2条の概要） ------------------------- P269
  - （1）通知対象
  - （2）通知事項
  - （3）通知日・通知期限日等

- 労働契約の承継（第3条の概要） --------------------------------------- P271
  - 〈労働契約の承継に関する関連事項〉
    - （1）主従事労働者の範囲
    - （2）分割会社と労働者との間で見解の相違がある場合
    - （3）労働条件の承継
    - （4）会社分割を理由とする解雇等
    - （5）転籍合意等と法律上の手続との関係

- 異議の申出（第4条・第5条の概要） ----------------------------------- P275
  - （1）異議申出事項
  - （2）異議申出期限日等

- 労働協約の承継（第6条の概要） --------------------------------------- P276
  - （1）合意による労働協約の承継
  - （2）労働協約の承継に係るみなし規定

- 労働者の理解と協力を得る努力（第7条の概要） ----------------------- P277
  - （1）理解と協力を得るよう努める事項
  - （2）労働組合法上の団体交渉権等
  - （3）開始時期等
  - （4）その他の留意事項

- 労働者との協議（平成12年商法等改正法附則第5条の概要） ------------- P279
  - （1）協議の対象となる労働者の範囲
  - （2）協議の対象事項
  - （3）協議に当たっての代理人の選定・労働組合法上の団体交渉権との関係
  - （4）協議開始時期
  - （5）会社分割の無効の原因となる協議義務違反等

- 指針（第8条の概要） --- P281

（参考資料）
- 主な裁判例・命令 --- P282

【付録4】労働契約承継法の概要

会社分割手続の流れ・概要【株式会社で株主総会の承認を要する場合】

労働契約承継法等に基づく手続の流れについて、株式会社が株主総会の承認を要する会社分割を行う場合の一連の手続の流れについて、法令上の規定を勘案の上、具体的なスケジュールを仮定し整理しています。一連の流れや日程の目途をご確認いただいた上で、適切な対応をお願いいたします。

【会社分割を承認する株主総会を6月29日に開催する場合】

労働契約承継法・平成12年商法等改正法附則第5条　　　（参考）会社法上の手続
（日付は仮定）

労働契約承継法等	会社法上の手続
労働者の理解と協力を得る努力【法第7条】 ・遅くとも労働者との協議の開始までに開始することが望ましい。その後も必要に応じて適宜行う【指針第2 4(2)ニ】	**分割契約・分割計画の準備**
労働協約の債務的部分の承継に関する労使同意【法第6条】 ・分割契約等の締結前又は作成前にあらかじめ労使間で協議することにより合意しておくことが望ましい【指針第2 3(1)イ】	
労働者との協議【商法等改正法附則第5条】 ・通知期限日までに協議【商法等改正法附則第5条、指針第2 4(1)イ】 ・通知期限日までに十分な協議ができるよう、時間的余裕をみて協議を開始【指針第2 4(1)ホ】	
労働者・労働組合への通知【法第2条】 ・通知日：事前開示事項の備置開始日又は株主総会招集通知発出日のいずれか早い日と同じ日が望ましい　⇒ 5/25 　【指針第2 1(1)】 ・通知期限日：株主総会の2週間前の日の前日　⇒ 6/14 　【法第2条第3項第1号】	5/25　事前開示事項の備置開始日 6/1　株主総会招集通知発出日
該当労働者による異議の申出【法第4・5条】 ・異議申出期限日：通知期限日の翌日から株主総会の日の前日までの期間の範囲内で分割会社が定める日 　【法第4条第3項第1号】　⇒例えば 6/24 ※通知日と異議申出期限日との間に少なくとも13日間置く必要がある 　【法第4条第2項】	6/29　株主総会 　承認
労働契約の承継・不承継【法第3〜5条】 ・分割の効力が生じた日に、分割契約等に承継の定めのある労働契約が承継会社等に承継。一定の労働者が異議の申出を行った場合、分割の効力が生じた日に、労働契約の承継・不承継が覆る。	8/1　分割の効力発生日 ・吸収分割の場合は分割契約で定める日 ・新設分割の場合は登記の日

会社分割手続の流れ・概要【株式会社で株主総会の承認を要しない場合・合同会社の場合】

　労働契約承継法等に基づく手続の流れについて、株式会社が株主総会の承認を要しない会社分割（簡易分割等）を行う場合と、合同会社が会社分割を行う場合の一連の流れについて、法令上の規定を勘案の上、具体的なスケジュールを仮定し整理しています。一連の流れや日程の目途をご確認いただいた上で、適切な対応をお願いいたします。

【分割契約の締結又は分割計画の作成を6月1日に行う場合】

労働契約承継法・平成12年商法等改正法

（参考）会社法上の手続
（日付は仮定）

手続の流れ →

労働者の理解と協力を得る努力【法第7条】	労働協約の債務的部分の承継に関する労使同意【法第6条】
・遅くとも労働者との協議の開始までに開始することが望ましい。その後も必要に応じて適宜行う【指針第2　4（2）二】	・分割契約等の締結前又は作成前にあらかじめ労使間で協議することにより合意しておくことが望ましい【指針第2　3（1）イ】

6/1　分割契約の締結【吸収分割】
　　　分割計画の作成【新設分割】

労働者との協議【商法等改正法附則第5条】

・通知期限日までに協議【商法等改正法附則第5条、指針第2　4（1）イ】
・通知期限日までに十分な協議ができるよう、時間的余裕をみて協議を開始【指針第2　4（1）ホ】

労働者・労働組合への通知【法第2条】

・**通知日**：株式会社にあっては事前開示事項の備置開始日　⇒**6/8**
　　　　　合同会社にあっては会社法に掲げられた事項を官報公告し、
　　　　　又は知れている債権者に催告する日と同じ日が望ましい⇒**6/9**
　　　　　【指針第2　1（1）】

6/8　【株式会社の場合】
　　　事前開示事項の備置開始日

6/9　【合同会社の場合】
　　　官報公告し、又は知れている債権者に催告する日

・**通知期限日**：分割契約が締結された日又は分割計画が作成された日
　　　　　　から起算して、2週間を経過する日　　⇒**6/14**
　　　　　　【法第2条第3項第2号】

該当労働者による異議の申出【法第4・5条】

・**異議申出期限日**：分割の効力が生ずる日の前日までの日で分割会社
　　　　　　　が定める日　【法第4条第3項第2号】⇒例えば**6/30**

※通知日と異議申出期限日との間に少なくとも13日間置く必要がある
　【法第4条第2項】

労働契約の承継・不承継【法第3〜5条】

・分割の効力が生じた日に、分割契約等に承継の定めのある労働契約が承継会社等に承継。一定の労働者が異議の申出を行った場合、分割の効力が生じた日に、労働契約の承継・不承継が覆る。

8/1　分割の効力発生日

・吸収分割の場合は分割契約で定める日
・新設分割の場合は登記の日

【付録4】労働契約承継法の概要　　269

◇目的（第1条の概要）

　この法律は、会社分割が行われる場合における労働契約等の承継に関し会社法の特例等を定めることにより、労働者の保護を図ることを目的としています。

　労働契約承継法（以下「法」といいます。）は、平成12年の商法等改正による会社分割制度の導入に伴い、分割会社と承継会社が締結又は作成（以下「締結等」といいます。）した分割契約等の定めに従って、分割をした会社の権利義務が、承継会社等に包括的に承継されることを踏まえて、労働者保護の観点から、労働契約の承継等についての特例を定めるために制定されました。

　法が適用されるのは、株式会社又は合同会社が会社法に基づく会社分割を行う場合です。会社分割を行う場合は、法等の関係規定に従わなければなりません。

　また、法における「労働者」とは、分割会社が雇用する労働者のことであり、分割会社との間で労働契約を締結している労働者すべてを指します。このため、正社員だけでなく、パートや嘱託職員の方々に対しても法等の定める所定の手続が必要となります。

◇労働者及び労働組合への通知（第2条の概要）

　会社分割をする会社（分割会社）は、会社分割に当たって、労働者及び労働組合に対して、当該会社分割に関する事項を通知することが必要です。

（1）通知対象

　分割会社が通知する必要がある労働者及び労働組合は、
- 承継される事業に主として従事する労働者（以下「主従事労働者」といいます。）
- 上記以外の労働者であって承継会社等に承継される労働者（以下「承継非主従事労働者」といいます。）
- 分割会社との間で労働協約を締結している労働組合

です（主従事労働者の範囲については、「P5　◇労働契約の承継（第3条の概要）＜労働契約の承継に関する関連事項＞（1）主従事労働者の範囲」を参照してください。）。

（2）通知事項

　分割会社は、通知対象の別に応じ、次ページの通知事項を通知期限日までに書面で通知する必要があります。なお、労働者・労働組合の別に応じた通知の参考様式を文末に添付しておりますので参考にしてください。

【付録4】労働契約承継法の概要

通知事項	労働者	労働組合
① 通知の相手方たる労働者が承継会社等に承継されるか否かに関する分割契約等の定めの有無	○	×
② 当該労働者の異議申出期限日	○	×
③ 当該労働者が主従事労働者又は承継非主従事労働者のいずれに該当するかの別	○	×
④ 当該労働者が分割会社と締結している労働契約であって、分割契約等に承継する旨の定めがある場合には、その内容である労働条件はそのまま維持されること	○	×
⑤ 承継される事業の概要	○	○
⑥ 会社分割の効力発生日以後における分割会社及び承継会社等の商号・住所（設立会社については所在地）・事業内容・雇用することを予定している労働者の数	○	○
⑦ 会社分割の効力発生日	○	○
⑧ 効力発生日以後における分割会社又は承継会社等において当該労働者が従事する予定の業務内容・就業場所その他の就業形態	○	×
⑨ 効力発生日以後における分割会社及び承継会社等の債務の履行の見込みに関する事項	○	○
⑩ 承継（不承継）に異議がある場合には、異議申出を行うことができること、当該異議申出を受理する部門の名称・住所又は担当者の氏名・職名・勤務場所	○	×
⑪ 分割会社と労働組合との間で締結している労働協約が承継会社等に承継されるか否かに関する分割契約等の定めの有無	×	○
⑫ 承継される労働者の範囲（当該範囲の明示によっては当該労働組合にとって労働者の氏名が明らかとならない場合には当該労働者の氏名）	×	○
⑬ 労働協約を承継させる場合には、承継会社等が承継する労働協約の内容	×	○

（3）通知日・通知期限日等

　通知日（指針上、通知を行う日として望ましいと規定している日）や通知期限日（法上、通知を行うべき期限を規定している日）は、株式会社（株主総会を要する場合・要しない場合）と合同会社の別により異なります。なお、一例ではありますが、株式会社である分割会社が、6月29日に分割契約等を承認する株主総会を開催する場合、通知期限日は分割契約等を承認する株主総会の日の2週間前の日の前日ということで、6月14日となります。会社分割時の流れ・概要も併せてご覧ください。

	株式会社	合同会社
通知日	以下のいずれか早い日と同じ日が望ましい。 ・ 分割契約等の内容その他法務省令で定める事項を記載し、又は記録した書面又は電磁的記録をその本店に備え置く日 ・ 株主総会招集通知を発する日	以下と同じ日が望ましい。 　債権者の全部又は一部が会社分割について異議を述べることができる場合に、当該分割会社が、会社法に掲げられた事項を官報に公告し、又は知れている債権者に催告する日
通知期限日	【株主総会を要する場合】 　分割契約等を承認する株主総会の日の2週間前の日の前日 【株主総会を要しない場合】 　分割契約等が締結又は作成された日から起算して2週間を経過する日	分割契約等が締結又は作成された日から起算して2週間を経過する日

【付録４】労働契約承継法の概要　　　271

◇労働契約の承継（第３条の概要）

主従事労働者の労働契約は、会社分割の効力発生日に分割契約等の定めどおりに承継会社等に承継されます。

　会社法上、分割契約等に定めた事項は、その定めに従って承継会社等に包括的に承継されます。これに対して、法は、労働者保護の考えに基づく特例を定めていますが、主従事労働者については、分割契約等に労働契約が承継される旨の定めがあれば、その労働契約は会社法の原則どおり承継会社等に承継されます。

　承継される主従事労働者に、法第４条の異議を申し出る権利がないのは、承継会社等に当該労働者の労働契約が労働条件を「維持したまま承継」され、現在従事している職務から切り離されることはないとの法制定時の考えからです。

＜労働契約の承継に関する関連事項＞

（１）主従事労働者の範囲

①　主従事労働者とは、基本的には、分割契約等を締結等する日において、承継される事業に専ら従事している労働者をいいます。

　　主従事労働者に関する基本的考え方としては、「会社分割は、会社の事業に関して有する権利義務を単位としてなされるものであるが、法第２条第１項第１号の労働者に該当するか否かについては、承継会社等に承継される事業を単位として判断するものであること。その際、当該事業の解釈に当たっては、労働者の雇用及び職務を確保するといった法の労働者保護の趣旨を踏まえつつ、『一定の事業目的のために組織化され、有機的一体として機能する財産』であることを基本とすること。」と指針に規定しています。

　　これは、平成17年の会社法の制定で、これまで「事業」単位でしか会社分割ができなかったものが、「権利義務」単位でも分割することが可能になったことに伴い、法としての「主従事労働者」に関する基本的考え方を規定したものです。

②　労働者が承継される事業だけでなく他の事業にも従事している場合には、それぞれの事業に従事する時間、果たしている役割等を総合的に判断して、「主従事労働者」か否かを決定することとなります。

③　総務、人事、経理等のいわゆる間接部門に従事する労働者（以下「従従事労働者」といいます。）であっても、承継される事業のために専ら従事している労働者は、「主従事労働者」となります。なお、従従事労働者が承継されない事業の業務も行っている場合には、上記②によって判断してください。

　　労働者が、いずれの事業のために従事するのか区別なく間接部門に従事している場合で、上記②によって判断できないときは、原則として、判断することができない労働者（Ａ）を除いた分割会社の雇用する労働者の過半数の労働者（Ｂ）が承継会社等に承継される場合に限って（Ｃ）、その労働者は、「主従事労働者」となります。具体的な計算例は以下のとおりです。

> **計算例（イメージ）**
> 　家電製造部門（500人）、パソコン製造部門（250人）及び両部門の人事労務管理等を行う総務部門（100人）を持つＡ社（計850人）がパソコン製造部門の一部の労働者（200人）と総務部門の労働者（30人）を分割します（計230人）。なお、<u>この会社では総務部門は製造部門の区別なく人事労務管理等を行っています。</u>
> （Ａ）：パソコン製造事業に主従事か否かを判断することができない総務部門の労働者：100人
> （Ｂ）：Ａを除いた分割会社の雇用する労働者の過半数の労働者：376人（※）
> 　　※ 850（全労働者数）－100（主従事の判断ができない労働者数（Ａ））÷２＝375人　⇒過半数は376人
> ⇒　今回承継される労働者は230人であり、過半数の376人に満たない。このため、承継される総務部門の30人は、パソコン事業の「主従事労働者」には当たらないと判断されます。

④ 分割契約等を締結等する日において承継される事業に主として従事していても、研修・応援等のように一時的に承継される事業に従事している場合で、当該業務の終了後には承継される事業に主として従事しないことが明らかである人や、育児等のために配置転換することを分割会社と合意している人等であって、分割契約等を締結等する日以後には承継される事業に主として従事しないことが明らかである人は、「主従事労働者」に当たりません。

逆に、研修・応援等のように一時的に承継されない事業に従事している場合で、当該業務の終了後には承継される事業に主として従事することが明らかな人や、分割契約等を締結等する日においては休業していたが、復帰後は承継される事業に主として従事することが明らかである人や、採用内定者や育児等のための配置転換希望者等であって分割契約等を締結等する日以後に承継される事業に主として従事することが明らかである人は、「主従事労働者」に当たります。

> Q 会社が労働者を承継会社等又は分割会社から排除する目的で意図的に配置転換を行った場合、どうなるのでしょうか。
>
> A 過去の勤務実態から判断してその労働契約が承継会社等に承継されるべき又は承継されないことが明らかな労働者について、分割会社が合理的理由なく労働者を承継会社等又は分割会社から排除することを目的として、会社分割の効力発生日前に意図的に配置転換を行ったような場合には、その労働者が「主従事労働者」に当たるか否かは、当該労働者の過去の勤務の実態をみて判断することとなります。
> その上で、分割会社が、こうした配置転換を行ったような場合には、当該労働者は配置転換の無効の主張を行うことができます。

(2) 分割会社と労働者との間で見解の相違がある場合

分割会社と労働者との間で、「主従事労働者」に該当するか否かについて見解の相違があるときには、法第7条の労働者の理解と協力を求める努力や商法等改正法附則第5条の労働者との協議により見解の相違の解消に努める必要があります。それでもなお解決しない場合には、最終的には裁判によって解決を図ることができますが、都道府県労働局で実施をしている「個別労働紛争解決制度」により解決に向けた話合いをすることも可能です。

(3) 労働条件の承継

会社法の規定に基づき承継会社等に承継された労働契約は、分割会社から承継会社等に包括的に承継されるため、その内容である労働条件についても、そのまま維持されます。

労働条件の変更を行う際には、労働組合法や労働契約法における労使間の合意が必要であることから、会社分割の際には、分割会社は会社分割を理由とする一方的な労働条件の不利益変更を行ってはいけません。また、会社分割の効力発生日又はその前後において労働条件の変更を行う際には、労働契約法第10条の要件を満たす就業規則の合理的変更による場合を除き、労使間の合意（労働組合法上の合意（労働協約）や労働契約法における労使間の合意）が必要となります。

（参 考）労働契約法第10条（就業規則の合理的変更）
使用者が就業規則の変更により労働条件を変更する場合において、①変更後の就業規則を労働者に周知させ、かつ、②就業規則の変更が、労働者の受ける不利益の程度等に照らして合理的なものであるときは、就業規則の変更による労働条件の不利益変更が認められます。なお、②の合理性の判断は、労働者の受ける不利益の程度、労働条件の変更の必要性、変更後の就業規則の内容の相当性、労働組合等との交渉の状況その他の就業規則の変更に係る事情を総合考慮して判断されることとなっています。

> Q 労働契約の承継に当たり、社宅の貸与制度、社内住宅融資制度等の福利厚生の取扱いはどうなるのでしょうか？
>
> A 福利厚生についても、労働協約や就業規則に規定されているものなど分割会社と労働者との間で権利義務の内容となっているものについては、労働条件として維持されます。
>   この場合において、承継会社等が同一の内容で引き継ぐことが難しいものは、分割会社は当該労働者等に対して情報提供を行うとともに、法第7条の労働者の理解と協力を求める努力や商法等改正法附則第5条の労働者との協議等により、代替措置等を含め協議等を行い、妥当な解決を図ってください。

(4) 会社分割を理由とする解雇等

 普通解雇や整理解雇については、労働契約法第16条の規定が定められているとともに、判例法理が確立しており、会社は会社分割のみを理由とする解雇を行うことは許されません。
 また、分割会社の債務の履行の見込みがない事業とともに労働者を承継する場合や、債務の履行の見込みがない事業に引き続き雇用する場合も含め、特定の労働者を解雇する目的で、会社制度を濫用した等の場合は、いわゆる法人格否認の法理やいわゆる公序良俗違反の法理等の適用がありうること、また、労働組合員に対して不利益取扱いをした場合には、不当労働行為として救済がされうることに留意する必要があります。

 (参 考)「債務の履行の見込み」について
   会社法及び同法施行規則の制定により、会社分割に当たっての事前開示事項が「債務の履行の見込みに関する事項」とされ、これにより、債務の履行の見込みがない場合であっても会社分割の効力は否定されないと説明されています(学説上は反対説もあります。)。

 (参 考)労働契約法第16条(解雇の無効)
   解雇は、客観的に合理的な理由を欠き、社会通念上相当であると認められない場合は、その権利を濫用したものとして、無効とする。

 (参 考)整理解雇の四要件(四要素)(累次の裁判例により確立)
   ① 経営上の事情により人員整理をする必要があること(人員削減の必要性)
   ② 解雇を回避するための努力を十分に行ったこと(解雇回避の努力)
   ③ 解雇対象者の人選が合理的であること(人選の合理性)
   ④ 対象労働者や労働組合に対し十分な説明と協議を行ったこと(手続の妥当性)

【事業譲渡の事案ではありますが、次の裁判例等が参考になります】
- 法人格否認の法理により雇用関係の承継を認めた事案として、日本言語研究所ほか事件(東京地裁平成21年12月10日 判決)(→P16参照)
- 法人格否認の法理により雇用関係の責任を親会社に認めた事案として、第一交通産業ほか(佐野第一交通)事件(大阪高裁平成19年10月26日 判決)(→P16参照)
- 従業員を個別に排除する目的で合意した不承継特約の合意を民法第90条違反として無効とし、承継合意のみを有効とした事案として、勝英自動車学校(大船自動車興業)事件(東京高裁平成17年5月31日 判決)(→P17参照)
- 組合員を不採用とした譲受会社の不当労働行為を認めた事案として、
  青山会事件(東京高裁平成14年2月27日 判決)(→P17参照)
  吾妻自動車交通不当労働行為再審査事件(中労委平成21年9月16日 命令)(→P18参照)

> Q 採算部門が吸収分割されてしまい、債務の履行の見込みがない事業に引き続き雇用されることになりました。未だ支払われていない賃金があるのですか、今の会社に請求しても支払われる見込みはないので、この分については支払いを諦めるしかないのでしょうか。
>
> A 平成26年の会社法改正（平成27年5月施行）により、こうした詐害的会社分割（吸収分割において分割会社が残存債権者を害することを知って行った会社分割）の場合には、債権者の保護のため、<u>未払賃金等の弁済期の到来した債権を有する場合に限れば、労働者は、承継会社に対して承継した財産の価額を限度として、債務の履行を請求することが可能となっています。</u>（新設分割の場合も同様です。）

（5）転籍合意等と法律上の手続との関係

① 転籍合意について

　会社分割の際、労働者については会社分割の対象とせず、労働者から個別に同意を得ることによって承継会社等に転籍させる、いわゆる「転籍合意」という手法が見受けられます。しかし、転籍合意により、承継会社等に主従事労働者を転籍させる場合であっても、分割会社は、法に基づく通知や商法等改正法附則第5条の労働者との協議等の手続を省略することはできません。
　また、当該主従事労働者に関しては、
- 分割契約等に主従事労働者の労働契約を承継する旨の定めがある場合には、分割会社との間で締結している労働契約の内容である労働条件はそのまま維持されること
- 当該主従事労働者の労働契約を承継させる旨の定めが分割契約等にない場合には、労働契約の不承継について異議の申出をすることができることを説明すべきこと
- 異議の申出がなされた場合には、分割会社との間で締結している労働契約の内容である労働条件がそのまま維持されるため、これに反する転籍合意部分は、その効力が否定されること

に留意が必要です。

　【参考となる裁判例】
- 転籍合意と法の手続との関係等について判示した事案として、阪神バス（勤務配慮・本訴）事件（神戸地裁尼崎支部平成26年4月22日　判決）（→P18参照）

② 出向について

　主従事労働者について、転籍合意の場合と同様に会社分割の対象とせず、分割会社との労働契約を維持したまま、承継会社等との間で新たに労働契約を締結し出向させる場合も、通知や商法等改正法附則第5条の労働者との協議等の手続を省略することはできません。

◇異議の申出（第4条・第5条の概要）

> 会社が
> ① 主従事労働者を分割会社に残留させる場合（分割契約等に承継する旨の定めがない場合）
> ② 非主従事労働者（承継される事業に主として従事していない労働者）を承継会社等に承継させる場合（分割契約等に承継させる旨の定めがある場合）
> には、これらの労働者は、異議の申出を行うことができます。その法的効果として、労働条件を維持したまま労働契約が承継又は、分割会社に残留することとなります。

　異議の申出は、労働者がこれまで主として従事してきた業務から切り離されるといった不利益から労働者を保護するという考えに基づき規定されたものです。
　①の労働者が、当該労働契約が承継されないことについて異議を申し出た場合には、その効果として、労働条件が維持されたまま、承継会社等に当該労働契約が承継されることになります。また、②の労働者が、当該労働契約が承継されることについて異議を申し出た場合には、その効果として労働条件が維持されたまま、分割会社に残留することとなります。
　異議の申出は、分割会社が指定した異議申出先に①・②の労働者が書面で通知します。

（1）異議申出事項

異議申出事項は、
- 主従事労働者の場合、氏名、労働契約が承継されないことについて反対である旨の記載
- 承継非主従事労働者の場合、氏名、労働契約が承継されることについて反対である旨

をそれぞれ書面に記載する必要があります。異議の申出の様式は文末の参考様式を参考にしてください。

（2）異議申出期限日等

　分割会社が定める異議申出期限日は、通知期限日の翌日から承認株主総会の日の前日までの期間の範囲内で分割会社が定める日です（株主総会の承認を要しない場合又は合同会社の会社分割の場合は、吸収分割契約又は新設分割計画に係る分割の効力発生日の前日までの日で分割会社が定める日です）。なお、分割会社が異議申出期限日を定めるときは、通知がされた日と異議申出期限日との間に少なくとも13日間を置かれなければなりません。これは労働者が異議の申出を行うか否かを判断する期間として、分割会社からの通知が到達した日から起算して最低2週間は確保する必要があると考えられるためです。
　異議申出期限日までに適切に異議申出がなされた場合には、会社分割の効力が生じた日に、異議申出の効果が発生します。

Q　労働者は、異議の申出を行ったことによって不利益な取扱いを受けますか。

A　異議の申出は、これまで従事していた職務から切り離されないようにするために必要な、法に基づく労働者の権利です。このため、<u>会社は、労働者が異議の申出を行おうとしていること又は行ったことを理由として、解雇等の不利益取扱いを行ってはなりません。</u>

◇労働協約の承継（第6条の概要）

- 労働協約のうち債務的部分は、労使双方の合意があれば、分割契約等に記載することにより、承継会社等に承継させることができます。
- 労働協約の規範的部分・債務的部分（合意により承継された部分を除く。）は、会社分割時に、労働組合員に係る労働契約が承継会社等に承継されるときは、当該承継会社等と労働組合との間で、同一の内容の労働協約が締結されたものとみなされます。

（1）合意による労働協約の承継

労働協約のうち債務的部分（ユニオン・ショップ協定や労働組合への便宜供与等）については、分割会社と分割会社との間で労働協約を締結している労働組合とが合意すれば承継会社等に承継させる部分を定めることができます。これは、債務的部分については分割会社の権利義務を規定するものであり、会社分割の対象となる「権利義務」に含まれるためです。

例：「『会社は、労働組合に対し、100平方メートルの規模の組合事務所を貸与する。』という労働協約の内容のうち40平方メートル分の規模の組合事務所を貸与する義務については当該会社に残し、残り60平方メートル分の規模の組合事務所を貸与する義務については承継会社に承継する。」

（2）労働協約の承継に係るみなし規定

①労働協約の規範的部分（労働協約の規定のうち、労働条件その他労働者の待遇を定める部分）と②労働協約の債務的部分のうち承継について合意がなされなかった部分については、会社分割時に、当該労働組合の組合員に係る労働契約が承継会社等に承継されるときは、当該承継会社等と労働組合との間で、同一の内容の労働協約が締結されたものとみなされます。つまり、承継会社等は当該労働協約と同一の内容を有する労働協約の当事者たる地位に立つことになり、承継会社等には、新たに分割会社と労働協約を締結していた労働組合との間で当該労働協約に定められた権利義務関係の本旨に従った権利又は義務が生じることとなります。

（イメージ）　労働協約の承継に係るみなし規定

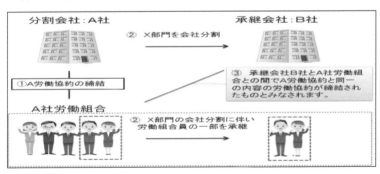

【付録4】労働契約承継法の概要　　　277

> Q　会社の分割が吸収分割のとき、承継会社において既存の1つの労働組合との間で労働協約を締結していた場合、法第6条第3項（承継会社等と当該労働組合との間での労働協約締結のみなし規定）が適用された結果、承継会社の中に複数の労働協約が存在することになるのですか。
>
> A　1つの会社に2つ以上の労働組合が存在するとき、それぞれの労働組合が同一の事項に関し異なる内容の労働協約を使用者と結ぶことは可能であることから、複数の労働協約が1つの会社に存在することは当然あり得ます。
> 　したがって、吸収分割の場合で、法第6条第3項の規定が適用された結果、分割会社との間で締結されている労働協約と同一の内容の労働協約が承継会社と当該労働組合との間で締結されたものとみなされるときは、当該承継会社は既存の複数労働組合と締結している労働協約とは異なる労働協約を締結したことになります。この結果、異なる組合に属する同種の労働者の間で、労働条件が異なることは起こり得ます。

◇労働者の理解と協力を得る努力（第7条の概要）

> 分割会社は、会社分割に当たって、労働者の理解と協力を得るように努めなければなりません。

　会社分割に当たって、労働者の理解と協力を得るため、すべての事業場において、当該事業場の労働者の過半数で組織する労働組合と協議、労働者の過半数で組織する労働組合がない場合においては、労働者の過半数を代表する者との協議その他これに準ずる方法（名称のいかんを問わず、労働者の理解と協力を得るために、労使対等の立場に立ち誠意をもって協議が行われることが確保される場において協議することが含まれます。）を行う必要があります。

　その他これに準ずる方法とは、例えば、全社レベルで労使協議会が設置されている場合に、ここで誠意をもって協議が行われたり、ユニオン・ショップ協定が締結されている会社において、当該協定を締結した労働組合の代表と会社の代表が全社レベルで協議すること等が考えられます。

　このように労働者の理解と協力を求める努力を規定したのは、会社分割は、分割される事業部門に従事する労働者のみならず、当該分割会社の全労働者に少なからず影響を与えることを考慮し、労働者保護の観点から、分割会社にその雇用する労働者の理解と協力を得るよう求めるべきとの判断からです。

　なお、当該分割会社と労働組合等との協議等では、協議事項について必ず「同意」を得ることまでは求められませんが、労使の相互理解の促進を図り、お互いの十分な理解と協力の下、労働者の保護と円滑な組織再編とを図るためにも十分な協議等が必要です。

(1) 理解と協力を得るよう努める事項

　労働者の理解と協力を得るよう努める事項としては、
① 会社分割をする背景及び理由
② 会社分割の効力発生日以後における分割会社及び承継会社等の債務の履行の見込みに関する事項
③ 承継される事業に主として従事する労働者に該当するか否かの判断基準
④ 労働協約の承継に関する事項
⑤ 会社分割に当たり、労働者との間に生じた問題の解決手続

などがあります。とくに②については、債務の履行の見込みのある・なしに関わらず、労働者の理解と協力を得るよう、分割会社は適切に説明する必要があります。なお、ここに掲げたものはあくまで例示であり、分割会社がその雇用する労働者の理解と協力を得ることが必要と認められる事項が他にある場合については、その事項についても、労働者に対して理解と協力を得るよう努めることが必要です。

（2）労働組合法上の団体交渉権等

分割会社は、会社分割に伴う労働者の労働条件等に関する労働組合法第6条の団体交渉の対象事項については、労働者の理解と協力を得る努力を行っていることをもって労働組合による適法な団体交渉の申し入れを拒否することはできません。

また、団体交渉の申し入れがあった場合には、分割会社は、その労働組合と誠意をもって交渉に当たらなければなりません。

団体交渉に応ずべき使用者の判断に当たっては、「最高裁判所の判例において、『一般に使用者とは労働契約上の雇用主をいうものである』が、雇用主以外の事業主であっても、『その労働者の基本的な労働条件等について雇用主と部分的とはいえ同視できる程度に現実的かつ具体的に支配、決定することができる地位にある場合には、その限りにおいて』使用者に当たると解されていること等、これまでの裁判例等の蓄積があることに留意すべきであること」としています。使用者の判断については、個々の事例での判断となりますが、以下の裁判例を参考にしてください。

【団体交渉に応ずべき使用者について、参考となる裁判例等】
- *労働組合法上の使用者に当たるかどうかの判断の枠組みを示した最高裁判決として、朝日放送事件（最高裁第3小法廷平成7年2月28日 判決）（→P19参照）*
- *近接した時期に使用者となりうるものを労働組合法上の使用者として認めた事案として、盛岡観山荘病院不当労働行為再審査事件（中労委平成20年2月20日 命令）（→P19参照）*

（3）開始時期等

労働者の理解と協力を求める努力は、遅くとも商法等改正法附則第5条の労働者との協議の開始（分割契約等を承認する株主総会の日の2週間前の日の前日等）までに労働組合等との協議に着手する必要があります。なお、協議事項によってはその後も適宜協議を行う必要があります。

（4）その他の留意事項

分割会社は、会社分割に伴う労働組合法上の不当労働行為責任や使用者責任が承継会社等に承継されるとする裁判例や中央労働委員会の命令があることに留意する必要があります。

【参考となる裁判例等】
- *設立会社が労働組合員の労働契約を承継したことに伴い、支配介入に関する不当労働行為責任を承継する、また、分割会社は分割を理由として使用者の地位を失うことはないと判示した事案として、モリタ・モリタエコノス・中央労働委員会事件（東京地裁平成20年2月27日 判決）（→P20参照）*
- *会社分割による派遣就業関係の承継に伴い、労働組合法上の使用者としての地位も、労働組合員との間の派遣就業関係に付随して承継会社に承継されると判示した事案として、国・中労委（阪急交通社）事件（東京地裁平成25年12月5日 判決）（→P21参照）*

◇労働者との協議（平成12年商法等改正法附則第5条の概要）

　分割会社は、承継される事業に従事している労働者と、労働契約の承継に関して協議しなければなりません。

　会社分割制度が平成12年の商法等改正により創設された際、併せて、会社は、会社分割を行う際には労働者と協議をしなければならないとする規定が設けられました。分割会社は、労働者保護のため、当該手続により承継される労働者の労働契約を承継会社等に承継させるか、分割会社に残留させるかについて、労働者に必要な説明を十分に行い、労働者の希望を聴取した上で決定する必要があります。

（1）協議の対象となる労働者の範囲

　協議の対象となる労働者は以下のとおりです。
- 承継される事業に従事している労働者
- 承継される事業に従事していない労働者であって分割契約等にその者が当該分割会社との間で締結している労働契約を承継会社等が承継する旨の定めがあるもの

（2）協議の対象事項

　分割会社等は、以下①～③の事項等を十分説明し、本人の希望を聴取した上で、以下④・⑤について協議することが必要です。特に②については、債務の履行の見込みのある・なしに関わらず、分割会社は労働者に適切に説明する必要があります。なお、以下に掲げたものはあくまで例示であり、他にも協議が必要と認められる事項がある場合については、その事項についても、当該労働者に対して協議を行うことが必要です。

【十分に説明を行うべき事項】
① 会社分割の効力発生日以後、当該労働者が勤務することとなる会社の概要
② 会社分割の効力発生日以後、分割会社及び承継会社等の債務の履行の見込みに関する事項
③ 承継される事業に主として従事する労働者に該当するか否かの考え方　等

【本人の希望を聴取した上で協議事項】
④ 本人の希望を聴取した上で、当該労働者の労働契約の承継の有無
⑤ 承継するとした場合又は承継しないとした場合に、当該労働者が従事することを予定する業務の内容、就業場所その他の就業形態　等

　また、「事業」を構成するに至らない権利義務の分割の場合において、分割契約等に労働契約の承継の定めのない労働者のうち、当該権利義務の分割が当該労働者の職務の内容等に影響しうるものに対しては、法第7条の労働者の理解と協力を得る努力とは別に、職務の内容等の影響があればその説明を行うなど一定の情報を提供することが望まれます。たとえば、A社の不動産管理部門が所有する複数の不動産のうちB土地を会社分割により売却することになった場合、当該不動産の管理を担当していた労働者の職務からB土地の運用管理という業務はなくなりますので、その旨情報提供を行うことが望まれます。

（3）協議に当たっての代理人の選定・労働組合法上の団体交渉権との関係

　協議に当たり、協議の対象となる労働者は、民法の規定（民法第1編第5章第3節代理）に基づき、労働組合を当該協議の全部又は一部に係る代理人として選定することができます。この場合、分割会社は、当該労働組合と誠実に協議をする必要があります。なお、民法上、原則として禁止されている双方代理となるため、分割会社の代理人が労働者の代理人となること、分割会社の管理・監督的立場の者を代理人にすることはできません。

分割会社は、会社分割に伴う労働者の労働条件等に関する労働組合法第 6 条の団体交渉の対象事項については、当該協議を行っていることをもって労働組合による適法な団体交渉の申し入れを拒否することはできません。また、団体交渉の申し入れがあった場合には、分割会社は、その労働組合と誠意をもって交渉に当たらなければなりません。

（4）協議開始時期

　分割会社は、通知期限日までに十分な協議ができるよう、時間的余裕をみて協議を開始することとされています。つまり、分割会社は、当該協議の対象事項につき、承継される労働者に対し十分に説明し、労働者の希望を聴取した上で、労働契約の承継の有無等について十分協議できるような時間を確保する必要があります。

（5）会社分割の無効の原因となる協議義務違反等

　当該協議を全く行わなかった場合又は実質的にこれと同視し得る場合における会社分割については、会社分割の無効の原因となり得ます。また、最高裁判所の判例（日本アイ・ビー・エム事件）において、当該協議が全く行われなかった場合又は協議が行われた場合であっても著しく不十分であるため、法が当該協議を求めた趣旨に反することが明らかな場合には、主従事労働者は、労働契約の承継の効力の有無を個別に争うことができるとされています。

　こうした事態にならないよう、分割会社は、適切に労働者と協議をする必要があります。

【参考となる裁判例】

日本アイ・ビー・エム事件（最高裁平成 22 年7月12月　判決）（→P21 参照）

（参考）会社分割に伴う個別労働者に係る手続・権利

	主従事労働者		従従事労働者		不従事労働者	
	承継の定め有	承継の定め無	承継の定め有	承継の定め無	承継の定め有	承継の定め無
5条協議	○	○	○	○	○	×
通知	○	○	○	×	○	×
異議申出	×	○	○	×	○	×

【付録4】労働契約承継法の概要　　　281

（参考）「労働者の理解と協力を得る努力」と「労働者との協議」の違い

	労働者の理解と協力を得る努力	労働者との協議
根拠規定	法第7条	商法等改正法附則第5条第1項
実施時期	右記の協議開始までに開始	法第2条第1項の通知をすべき日まで
対象労働者	分割会社が雇用する労働者	・承継される事業に従事している労働者 ・承継される事業に従事していないが、分割契約等にその労働契約を承継する定めのある労働者
協議事項等	① 会社分割をする背景及び理由 ② 分割会社及び承継会社等の債務の履行の見込みに関する事項 ③ 承継される事業に主として従事する労働者に該当するか否かの判断基準 ④ 労働協約の承継に関する事項 ⑤ 会社分割に当たり、労働者との間に生じた問題の解決手続　等	○ 十分に説明すべき事項 　① 会社分割の効力発生日以後、当該労働者が勤務することとなる会社の概要 　② 会社分割の効力発生日以後、分割会社及び承継会社等の債務の履行の見込みに関する事項 　③ 承継される事業に主として従事する労働者に該当するか否かの考え方　等 ○ 本人の希望を聴取した上で協議を行う事項 　④ 労働契約の承継の有無 　⑤ 承継するとした場合又は承継しないとした場合に従事することを予定する業務の内容、就業場所その他の就業形態　等
協議手続	すべての事業場において、 ・当該事業場の労働者の過半数で組織する労働組合と協議、 ・労働者の過半数を代表する者との協議（労働者の過半数で組織する労働組合がない場合）を行う ※ その他これに準ずる方法（名称のいかんを問わず、労働者の理解と協力を得るために、労使対等の立場に立ち誠意をもって協議が行われることが確保される場において協議することが含まれる。	当該労働者との協議による。ただし、当該労働者が労働組合を代理人に選定した場合、当該労働組合と誠実に交渉する義務あり。

◇指針（第8条の概要）

法の適切な実施を図るために、厚生労働大臣が指針を定めています。

　法に規定されている内容をさらに明確なものとし、その適切な実施を通して会社分割に当たっての労働者保護の実現に資するものとして、指針を策定しています。

　指針で定めている事項のうち、主な内容は本パンフレットの中に記載しています。

主な裁判例・命令

▶ 法人格否認の法理により雇用関係の承継を認めた事案【事業譲渡】

◇ 日本言語研究所ほか事件（東京地裁平成21年12月10日　判決）

【事案の概要】

- Aはかつて雇用されていたX社が倒産したことから、X社に対する雇用契約上の地位確認及び未払賃金等の支払を命じる確定判決の実現が不可能になった。X社は、Aその他の債権者に対する未払賃金等の債務を免ずる目的で自社を事実上倒産させ、経営実態がほとんど同一のY1社及びY2社に営業等の大半を譲渡するなどして、法人格を濫用したものであるとして、法人格否認の法理に基づき、AがY1社に対し雇用契約上の権利を有する地位の確認等を求めた事案。

【判決の要旨】

- もともとY1社・Y2社はX社の一営業部門たる性質を有し、（略）B（X社代表取締役）は、X社及びY1社・Y2社を自己の意のままに管理支配できる地位にあったというべきである。

  そして（略）X社は、（略）その営業権のすべてをY1社・Y2社に譲渡し、その結果、X社は多額の累積未払賃金債務を残したまま倒産し、Y1社・Y2社は、従前、X社が行っていたものと実質的に同一の事業を継続しているのであって、これらの事実に鑑みれば、X社は、Aその他の債権者に対して負担する多額の未払賃金等の債務を免れる目的で、営業権のすべてをY1社・Y2社に承継させ、自らを倒産させたものと認めるのが相当である。したがって、X社の倒産及びY1社・Y2社への営業権の承継は、Aその他の債権者に対するX社の債務の逸脱を目的としてされた会社制度の濫用というべきである。

  そうすると、法人格否認の法理により、Y1社は、Aに対しては、信義則上、X社とは別異の法人格であることを主張することができず、Aに対してX社が前訴判決で命じられた内容について、X社と並んで責任を負わなければならない。

▶ 法人格否認の法理により雇用関係の責任を親会社に認めた事案【事業譲渡】

◇ 第一交通産業ほか（佐野第一交通）事件（大阪高裁平成19年10月26日　判決）

【事案の概要】

- タクシー事業を営むX社は株主総会の決議により解散し、その従業員であったAらが、X社の解散及びそれを理由とする組合員であるAらの解雇について、
  ① X社の親会社であるZ社（X社及びY社の全株式を所有）が労働組合を壊滅させる目的で行った不当労働行為であると主張して、Z社に対し法人格否認の法理に基づき、労働契約上の権利を有する地位の確認を求めるとともに、
  ② X社と同じ営業区域においてタクシー事業を営むY社に対し、Y社はZ社の指示の下、X社の事業を承継したものであるなどと主張して、法人格否認の法理に基づき、労働契約上の権利を有する地位の確認等を求めた事案。
- 1審（大阪地裁堺支部）は、Z社は組合を排斥する目的でX社の法人格を違法に濫用しX社を解散し、また、X社と同一の事業をY社が継続していることから偽装解散に当たるとした上で、X社と同一の事業を継続し、法人格が形骸化しているとは認められないY社に対して雇用契約上の責任を追及することはできるが、Z社に対しては雇用契約上の責任を追及することはできないとした。Aら及びY社・Z社はこれを不服として双方控訴した。

【判決の要旨】

- 本件においては、X社の法人格が完全に形骸化しているとまではいえないけれども、親会社であるZ社による子会社であるX社の実質的・現実的支配がなされている状況の下において、組合を壊滅させる違法・不当な目的で子会社であるX社の解散決議がなされ、かつ、X社が真実解散されたものではなく偽装解散であると認められる場合に該当するので、組合員であるAらは、親会社であるZ社による法人格の濫用の程度が顕著かつ明白であるとして、Z社に対して、X社解散後も継続的、包括的な雇用契約上の責任を追及することができる。

【付録４】労働契約承継法の概要　　283

▶　**従業員を個別に排除する目的で合意した不承継特約の合意を民法第 90 条違反として無効とし、承継合意のみを有効とした事案【事業譲渡】**

◇　**勝英自動車学校（大船自動車興業）事件（東京高裁平成 17 年５月 31 日　判決）**
【事案の概要】
- 　Ｘ社は、Ｙ社との間でＹ社へ営業の全部を譲渡する契約を締結し、また、その日に株主総会でその営業譲渡契約を承認するとともにＸ社の解散を議決した。同契約４条において、Ｙ社は、Ｘ社の従業員の雇用を引き継がないが、Ｘ社の従業員でＹ社での再就職を希望し、かつＸ社がＹ社に通知した者については新たに雇用することが定められた。
　　また、Ｘ社とＹ社との間で、本件営業譲渡契約の締結時までに、①Ｘ社と従業員との労働契約をＹ社との関係で移行させる、②賃金等の労働条件がＸ社を相当程度下回る水準に改訂されることに異議のあるＸ社の従業員については前記移行を個別に排除する、③この目的を達成する手段としてＸ社の従業員全員に退職届を提出させ、退職届を提出した者をＹ社が再雇用するという形式を採るものとし、退職届を提出しない従業員に対しては、Ｘ社において会社解散を理由とする解雇に付する、との合意がなされた。
　　退職届を提出しなかったＡらは、Ｘ社から解散を理由に解雇され、Ｙ社に雇用されなかったことから、ＡらがＹ社との労働契約上の権利を有する地位にあることの確認等を求めた事案。
- 　１審（横浜地裁）は上記合意の②、③は民法９０条に違反するとして無効とし、①のみが有効として雇用の承継を認めた。Ｙ社はこれを不服として控訴した。

【判決の要旨】
- 　本件解雇は、会社解散を理由としているが、実際には、Ｙ社の賃金等の労働条件がＸ社を相当程度下回る水準に改訂されることに異議のある従業員を個別に排除する目的に行われたものであり、客観的に合理的な理由を欠き社会通念上相当として是認することができないから、解雇権の濫用として無効である。
- 　上記の合意の②、③の合意部分は、民法９０条に違反して無効である。上記合意の目的と符節を合わせた本件営業譲渡契約４条も民法９０条に違反して無効になる。
　　したがって、上記合意は、Ｘ社と従業員との労働契約を、（略）Ｙ社との関係で移行させるという原則部分のみが有効なものとして残存することとなる。
- 　本件解雇が無効となることによって本件解散時においてＸ社の従業員としての地位を有することとなるＡらについては、上記合意の原則部分に従って、Ｙ社に対する関係で、本件営業譲渡が効力を生じる日をもって、本件労働契約の当事者としての地位が承継される。

▶　**組合員を不採用とした譲受会社等の不当労働行為を認めた事案【事業譲渡】**

◇　**青山会事件（東京高裁平成 14 年２月 27 日　判決）**
【事案の概要】
- 　医療法人Ｘ経営のｘ病院が閉鎖され、医療法人Ｙがｘ病院の施設、業務等を引き継いでｙ病院を開設した際、ｘ病院に勤務していた労働組合員Ａ１、Ａ２の２名（看護助手・准看護婦）がｙ病院に採用されなかった。
　　この不採用が労働組合法の不当労働行為であるとして地方労働委員会が採用等を命ずる救済命令を発し、中央労働委員会も再審査申立てを棄却する旨の命令を発したため、Ｙがその取消しを求めて提訴した事案。
- 　１審（東京地裁）は中央労働委員会の命令に違法はなく、Ｙの請求に理由はないものとして棄却した。Ｙはこれを不服として控訴した。

【判決の要旨】
- 　本件譲渡は、病院経営という事業目的のため組織化され、有機的一体として機能するＸの財産の譲渡を受け、事業を受け継いだものということができるから、商法上の営業譲渡に類似するものということができる。
- 　営業譲渡の場合、譲渡人と被用者との雇用関係を譲受人が承継するかどうかは、原則として、当事

者の合意により自由に定め得るものと解される。しかしながら、契約自由の原則とはいえ、当該契約の内容が我が国の法秩序に照らして許容されないことがあり得るのは当然である。

- y病院の採用の実態をみると、x病院の職員、特に数も多数を占める看護課の職員については、A1、A2を除いて、採用を希望する者全員について採用面接し、採用を希望し、賃金等の条件面の折り合いが付いた者全員を採用しているのであって、採用の実態は、新規採用と言うよりも、雇用関係の承継に等しいものとなっている。
- XとYとの契約において、Xの職員の雇用契約上の地位を承継せず、雇用するかどうかはYの専権事項とする旨が合意されているが、採用の実態にかんがみれば、この合意は労働組合及びA1、A2を嫌悪した結果これを排除することを主たる目的としていたものと推認され、かかる目的をもってされた合意は、労働組合法の規定の適用を免れるための脱法の手段としてされたものと見るのが相当である。したがって、本件不採用は従来からの組合活動を嫌悪して解雇したに等しく、不利益取扱いとして不当労働行為に当たる。

◇ 吾妻自動車交通不当労働行為再審査事件（中労委平成21年9月16日　命令）

【事案の概要】

- X社が解散しその組合員を解雇し、さらに、X社の事業の一部を引き継いだY社がX社の組合員以外の者を雇い入れる一方で組合員のみを雇い入れなかったことが、不当労働行為であるとして救済申立てを行った事案。
- 初審は、X社の解散及び組合員の解雇は偽装解散であり不当労働行為に該当するとして、その責任を承継したY社に対し組合員への解雇がなかったものとして取り扱う旨の救済命令を発した。これに不服としてYは再審査を申し立てた。

【命令の要旨】

- X社及びY社の両社は、X社解散前より長らくA社長（両社の代表取締役）の強力な支配力・影響力の下で、実質的に一つの経営体として運営されてきた（略）、X社が従業員全員を解雇し、Y社が組合員以外の者を雇い入れる一方で、組合員のみを雇い入れなかったことは、一つの経営体としての両社がA社長の組合嫌悪の念に基づき、X社の事業の一部をY社に事実上引き継ぎ両社の事業を実際上Y社に集約する施策を利用して、組合及び組合員の排除を行ったものとみざるを得ない。

  よって、両社における本件会社解散・事業の一部引継ぎを利用した本件解雇及び本件雇入れ拒否は不当労働行為に該当する。

▶ 転籍合意と法の手続との関係等について判示した事案【会社分割】

◇ 阪神バス（勤務配慮・本訴）事件（神戸地裁尼崎支部平成26年4月22日　判決）

【事案の概要】

- X社のバス運転士であって排便・排尿が困難となる障害があるAは、X社から勤務シフト上の配慮を受けていたが、会社分割（吸収分割）によりX社のバス事業を承継したY社（承継会社）に転籍した後、従前受けていた勤務配慮を受けられなくなった。Aはこのことが公序良俗に反するなどと主張して、Y社に対し、従前どおりの配慮された勤務シフトにもとづく勤務以外の勤務をする必要のない地位にあること等を求めた事案。

  なお、Aは、X社と労働契約（労働契約1）を締結していたが、会社分割によるY社への転籍の際、労働契約書が作成された（労働契約2）。

【判決の要旨】

- AとX社との間で、Aの勤務シフトについて、本件排便障害等を理由として勤務配慮を行うことが労働契約1における労働条件として黙示的に合意されていたと認めるのが相当である。
- X社が会社分割に当たって行った手続は、Y社に承継される自動車運送事業に主として従事する労働者であるAに対し、（略）X社との間の従前の労働契約をそのままY社に承継させるという選択肢はなく、そのような選択が可能であるとの説明もなかった。

  本件分割契約では、X社が自動車運送事業に主として従事する労働者と締結した労働契約はいずれもY社に承継されないこととされたが、X社は、Aに対し、承継法2条1項所定の通知の手続を行わず、本件労働契約1がY社に承継されないことについて同法4条1項に基づく異議を申し出る機会があることを知らせなかった。

  労働契約承継法上、通知義務の規定（同法第2条第1項）に例外規定はないから、転籍に係る同意が

【付録4】労働契約承継法の概要　　285

得られたからといって上記通知等の手続の省略が当然に許されるものとは解されない。しかも、本件会社分割に際してＸ社が行った上記手続は、（略）労働契約１がそのままＹ社に承継され得ることについてＡに一切説明せず、そのような承継の利益をＡに意識させないまま、形式的に個別に転籍の同意を得て、異議の申出の前提となる同法所定の通知の手続を省略し、本来会社分割の際に同法によって保障されているはずの、本件労働契約１がそのままＡに承継されるというＡの利益を一方的に奪ったものというべきである。

　　以上によれば、（略）本件同意書を提出させることによってＸ社との間で本件労働契約１を合意解約させてＸ社から退職させ、Ｙ社との間で本件労働契約２を締結させてＹ社に転籍させるという手続は、同法によって保障された、本件労働契約１がそのままＹ社に承継されるというＡの利益を一方的に奪うものであり、同法の趣旨を潜脱するものといわざるを得ない。したがって、本件労働契約１の合意解約及び本件労働契約２は、いずれも公序良俗に反し無効と解するのが相当である。

- 承継法２条１項所定の通知がなされず、その結果、適法な異議申出を行う機会が失われた場合には、当該労働者は、適法な異議申出が行われた場合と同様の効果を主張することができるというべきである。したがって、ＡがＸ社との間で締結していた本件労働契約１は、Ａが適法に同項所定の異議申出を行った場合と同様に、そのまま承継会社であるＹ社に承継されるというべきである（同法４条４項）。
- 上記同意による勤務配慮に係る労働条件の不利益変更は、公序良俗に反し無効と解するのが相当である。したがって、本件労働契約１における本件勤務配慮に係る合意は、上記Ａの同意によっては変更されない。

▶ 団体交渉に応ずべき使用者に関する裁判例

◇ 朝日放送事件（最高裁第３小法廷平成７年２月28日　判決）

【事案の概要】

　　本件は、テレビの放送事業等を営む会社（被上告人）が、組合から申入れのあった下請労働者に関する事項を議題とする団体交渉を、同人らの使用者ではないとの理由で拒否したこと、会社の職制が組合員に対して行った脱退勧奨等が不当労働行為であるとして申立てがあった事案である。初審の一部救済命令に対し、当該会社から再審査の申立てがなされ、中労委は、同命令を一部変更し、就労にかかる諸条件に関する団交応諾等を命じた。当該会社は、これを不服として、東京地裁に訴えを提起したが、棄却されたため、さらに控訴していたところ、東京高裁は原判決及び中労委命令を取り消すとの判決を言い渡し、中労委が上告していた。

【判決の要旨】

　　本件請負３社は、被上告人とは別個独立の事業主体として、テレビの番組制作の業務につき被上告人との間の請負契約に基づき、その雇用する従業員を被上告人の下に派遣してその業務に従事させていたものであり、もとより、被上告人は当該従業員に対する関係で労働契約上の雇用主に当たるものではない。しかしながら、被上告人は、本件請負３社から派遣される従業員が従事すべき業務の全般につき管理しており、当該従業員の基本的な労働条件について、雇用主である請負３社と部分的とはいえ同視できる程度に現実的かつ具体的に支配、決定することができる地位にあったものというべきであるから、その限りにおいて、労働法７条の「使用者」に当たると解するのが相当であり、自ら決定できる勤務時間の割り振り、労務提供の態様、作業環境等に関する限り、正当な理由がなければ団交を拒否できないというべきである。よって、使用者でないことを理由とする本件団交拒否は正当な理由がなく、労組法７条２号の不当労働行為に当たる。

◇ 盛岡観山荘病院不当労働行為再審査事件（中労委平成20年２月20日　命令）

【事案の概要】

- 個人病院（旧病院）の開設者Ｘの死亡に伴い、その相続人から裁判所の競売手続を通して病院資産を取得した上、同じ名称を使用して病院経営を引き継ぎ新たに開設したＹ（それまで非常勤医師として旧病院で勤務）が、旧病院の従業員で組織する労働組合が申し入れた採用問題等に関する団体交渉に、組合の組合員と雇用関係にないとの理由でＹが応じなかったことが不当労働行為であるとして救済申立てがあった事案。
- 初審は団交拒否に正当性はないとして不当労働行為とした。これを不服としてＹは再審査を申し立てた。

【命令の要旨】

- 本件団交申入れ（注：新病院開設前の段階のもので、その内容は新病院における従業員の労働条件に関するもの）の時点において、Yは本件申入れから15日後には新病院の労働契約上の使用者となることが予定され、組合員を含む旧病院の従業員は引き続き雇用される蓋然性が大きかったといえる。そうすると、Yは近接した時期に、組合員らを引き続き雇用する可能性が現実的かつ具体的に存する者ということができるのであり、本件団交申入れ時点において労働契約上の使用者と同視できる者である。

  したがって、Yは本件申入れに応ずべき者として労組法第7条第2号の使用者に該当する。

- Yによる新病院の開設は、新規開設の形式は取っているものの、その実質は旧病院の事業の承継であるということができること、Y主導の下に行われた採用方針の決定から具体的な採否の決定に至る一連の行為の実態は、旧病院から新病院への事業の承継に当たって、新病院の従業員として継続して雇用する者と新病院開設を契機に解雇する者とに選別するものであったといえることから、本件における不採用は労組法第7条第2号の適用に当たっては、新病院開設に伴う従業員の新規採用の場合の不採用と同視することは相当ではなく、実質的にはYによる解雇と同視すべきものである。

  本件団交申入れ（注：新病院開設時の段階のもの）は、応募した希望者全員の採用を求める形式になっているものの、その実質は、上記のとおり解雇と実質的に同視すべき採用拒否を争って団交を求めるものである。したがって、Yは上記団交申入れにおける団交事項との関係では、労働契約上の使用者と同視すべき者であって、労組法第7条第2号の使用者に該当する。

▶ 労働組合法上の使用者・不当労働行為責任の承継に関する裁判例

◇ モリタ・モリタエコノス・中央労働委員会事件（東京地裁平成20年2月27日 判決）【会社分割】

【事案の概要】

- X社は会社分割（新設分割）し、分割会社X'社と新設会社Y社に分割した。この会社分割に伴い、A労働組合分会の分会員全員がY社に移籍した。
- これに関し、①X社が従前から別組合に事務所等を貸与していながら新たに結成されたA労働組合分会に事務所等を貸与せず、②本件会社分割に関する団体交渉に誠実に対応しなかったことが労働組合法の不当労働行為であるとして、都道府県労働委員会がY社に対する事務所等の貸与等を命ずる救済命令を発し、中央労働委員会もこれを維持したため、X'社及びY社はその取り消しを求めて提訴した事案。

【判決の要旨】

- 支配介入（事務所等の貸与についての別組合との異なる取扱い）について
  ① A組合分会の分会員は、本件会社分割により、X社の従業員から、Y社のそれとなり、X社とA組合分会の分会員間の労働契約関係はY社に承継されたというべきであるから、Y社は、X社の支配介入に関する不当労働行為責任を承継したというべきである。
  ② 労組法にいう使用者性を基礎づける労働契約関係とは、必ずしも現実の労働契約関係のみをいうものではなく、これに近接する過去の時点における労働契約関係の存在もまた、労組法上の使用者性を基礎づける要素となると解するのが相当であるから、（略）本件会社分割後の法律関係の変動を理由として、X'社がA組合分会の分会員に対する関係で使用者たる地位を失うことはない。
- 会社分割に関する不誠実な団体交渉について
  前記のとおり、本件会社分割後の法律関係の変動を理由として、X'社がA組合分会の分会員に対する関係で使用者たる地位を失うことはない。

【付録4】労働契約承継法の概要　　287

◇　国・中労委（阪急交通社）事件（東京地裁平成25年12月5日　判決）【会社分割】

【事案の概要】
- X社は会社分割（吸収分割）し、旅行事業を承継会社Y社に承継させた。X社は、この会社分割の前に、同事業で受け入れている派遣労働者（派遣添乗員）に係る労働時間管理等についての団交の申入れを拒否した。
- この団交拒否のうち労働時間管理に関する事項の団交拒否が労働組合法上の不当労働行為であるとし、その責任はY社が承継したとして都道府県労働委員会が救済命令を発し、中央労働委員会も再審査申立を棄却する旨の命令を発したため、Y社がその取り消しを求めた事案。

【判決の要旨】
- X社は、本件団交申入れに係る団体交渉事項につき、派遣添乗員の所属する労働組合との関係で労組法7条の使用者に当たる。そして、Y社は、本件吸収分割により、X社から、その旅行事業に関する権利義務を承継し、派遣元会社との間の労働者派遣契約の当事者たる地位に付随する労働組合員との間の派遣就業関係をも承継したというべきである。そして、それに伴い、Y社は、労働時間管理に関する労組法7条の使用者としての地位も、労働組合員との間の派遣就業関係に付随するものとしてX社から承継したものと解するのが相当である。

▶労働者との協議等の法的意義等について示した事案

◇　日本アイ・ビー・エム（会社分割）事件（最高裁平成22年7月12日　判決）

【事案の概要】
- X社（分割会社）は新設分割によりY社（新設会社）を設立した。Y社に主従労働者として承継されることとなったAらは、同人らの労働契約は、その承継手続に瑕疵があるのでY社に承継されず、本件会社分割はAらに対する不法行為に当たるなどと主張して、X社に対し、労働契約上の地位確認及び損害賠償を求めた事案。
- 1審及び2審は、それぞれAらの請求及び控訴を棄却し、Aらはこれを不服として上告した。

【判決の要旨】
- 特定の労働者との関係において5条協議（平成12年商法等改正法附則5条1項に定める労働契約の承継に関する労働者との協議）が全く行われなかったときには、当該労働者は承継法3条の定める労働契約承継の効力を争うことができるものと解するのが相当である。

  また、5条協議が行われた場合であっても、その際の分割会社からの説明や協議の内容が著しく不十分であるため、法が5条協議を求めた趣旨に反することが明らかな場合には、分割会社に5条協議義務の違反があったと評価してよく、当該労働者は承継法3条の定める労働契約承継の効力を争うことができるというべきである。
- 他方、分割会社は、7条措置として、会社の分割に当たり、その雇用する労働者の理解と協力を得るよう努めるものとされているが（承継法7条）、これは違反したこと自体は労働契約承継の効力を左右する事由になるものではない。7条措置において十分な情報提供等がなされなかったがために5条協議がその実質を欠くことになったといった特段の事情がある場合に、5条協議義務違反の有無を判断する一事情として7条措置のいかんが問題になるにとどまるものというべきである。
- なお、7条措置や5条協議において分割会社が説明等をすべき内容等については、「分割会社及び承継会社等が講ずべき当該分割会社が締結している労働契約及び労働協約の承継に関する措置の適切な実施を図るための指針」が定めている。（略）その定めるところは、以上説示したところに照らして基本的に合理性を有するものであり、個別の事案において行われた7条措置や5条協議が法に求める趣旨を満たすか否かを判断するに当たっては、それが指針に沿って行われたものであるか否かも十分に考慮されるべきである。
- これを本件についてみると、（略）7条措置が不十分であったとはいえない。（略）5条協議が不十分であるとはいえず、AらのY社への労働契約承継の効力が生じないということはできない。また、5条協議等の不十分を理由とする不法行為が成立するともいえない。

【付録５】

分割会社及び承継会社等が講ずべき当該分割会社が締結している労働契約及び労働協約の承継に関する措置の適切な実施を図るための（労働契約承継法）指針

（平成十二年労働省告示第百二十七号）

第１　趣旨

　この指針は、会社分割に伴う労働契約の承継等に関する法律（以下「法」という。）第８条（農業協同組合法（昭和22年法律第132号）第70条の６第２項及び医療法（昭和23年法律第205号）第62条において準用する場合を含む。）の規定により、法第２条第１項の分割（以下「会社分割」という。）をする同条第２項の会社（以下「分割会社」という。）及び同条第１項の承継会社等（以下「承継会社等」という。）が講ずべき当該分割会社が締結している労働契約及び労働協約の承継に関する措置に関し、その適切な実施を図るために必要な事項を定めたものである。

第２　分割会社及び承継会社等が講ずべき措置等

１　労働者及び労働組合に対する通知に関する事項

（１）　通知の時期

　法第２条第１項及び第２項の労働者又は労働組合への通知は、次に掲げる会社法（平成17年法律第86号）に規定する日のうち、株式会社にあっては、イ又はロのいずれか早い日と同じ日に、合同会社にあっては、ハと同じ日に行われることが望ましいこと。

　イ　吸収分割契約等の内容その他法務省令で定める事項を記載し、又は記録した書面又は電磁的記録をその本店に備え置く日

　ロ　株主総会を招集する通知を発する日

　ハ　債権者の全部又は一部が会社分割について異議を述べることができる場合に、当該分割会社が、会社法に掲げられた事項を官報に公告し、又は知れている債権者に催告する日

　　なお、法第２条第１項及び第２項の通知を郵便等により行う場合は、民法（明治29年法律第89号）第97条第１項により、相手方に到達した時からその効力を生ずるものであるので、法第２条第３項に規定する通知期限日までに当該労働者又は労働組合に到達する必要があること。この場合において、法第４条第２項（第５条第２項において準用する場合を含む。）の「通知がされた日」とは、「通知が相手方に到達した日」をいうものであること。

（２）　通知を行う労働者の範囲

　分割会社が法第２条第１項の規定により通知を行う労働者は、当該分割会社が雇用する労働者（いわゆる正社員に限らず、短時間労働者等を含む。）のうち、承継会社等に承継される事業（以下「承継される事業」という。）に主として従事する労働者及び当該労働者以外

の労働者であって法第2条第1項の分割契約等（以下「分割契約等」という。）にその者が当該分割会社との間で締結している労働契約を承継会社等が承継する旨の定めがあるものであること。

なお、承継される事業に主として従事する労働者であって分割契約等にその者が分割会社との間で締結している労働契約を承継会社等が承継する旨の定めがないもの及び承継される事業に主として従事する労働者以外の労働者であって分割契約等にその者が当該分割会社との間で締結している労働契約を承継会社等が承継する旨の定めがあるものについては、法第4条第1項及び第5条第1項の規定に基づき、当該分割会社に対して異議を申し出る機会が与えられていること。

（3）　通知を行う労働組合の範囲

分割会社が法第2条第2項の規定により通知を行う労働組合は、当該分割会社との間で労働協約を締結している労働組合であること。労働組合の組合員が当該分割会社との間で労働契約を締結している場合には、当該分割会社は、当該労働組合との間で労働協約を締結していない場合であっても、当該労働組合に対し、法第2条第2項の規定の例により通知を行うことが望ましいこと。

2　労働契約の承継に関して講ずべき措置等

（1）　分割契約等に定める方法等に関する事項

会社法の規定に基づき分割会社から承継会社等に承継される労働契約を分割契約等に定める場合には、当該承継される労働契約に係る労働者のすべての氏名が特定できることが必要であること。当該承継される労働契約に係る労働者のすべての氏名が特定できるときには、分割会社の特定の事業場を明示して、当該事業場のすべての労働者又は特定の者を除くすべての労働者に係る労働契約が当該承継される労働契約である旨を分割契約等に定めることができること。

（2）　労働者による異議の申出に関する事項

イ　申出の内容等

法第4条第1項の異議の申出については、当該労働者は、当該労働者の氏名及び当該労働者に係る労働契約が当該承継会社等に承継されないことについて反対である旨を書面に記載して、同条第3項の異議申出期限日までに当該分割会社が指定する異議の申出先に通知すれば足りること。

法第5条第1項の異議の申出については、当該労働者は、当該労働者の氏名、当該労働者が法第2条第1項第2号に掲げる労働者に該当する旨及び当該労働者に係る労働契約が

当該承継会社等に承継されることについて反対である旨を書面に記載して、法第５条第１項の異議申出期限日までに当該分割会社が指定する異議の申出先に通知すれば足りること。

ロ　異議申出期限日に関する留意事項

　　法第４条第１項又は第５条第１項の異議の申出を郵便等により行う場合は、民法第97条第１項の規定により、相手方に到達した時からその効力を生ずるものであるので、法第４条第３項又は第５条第１項の異議申出期限日までに当該分割会社に到達する必要があること。

ハ　異議の申出に係る取扱い

　　分割会社は、法第４条第１項又は第５条第１項の異議の申出を行おうとする労働者に対しては、異議の申出が容易となるような異議の申出先の指定をするとともに、勤務時間中に異議の申出に必要な行為が行えるよう配慮すること。

　　また、分割会社及び承継会社等は、労働者が法第４条第１項又は第５条第１項の異議の申出を行おうとしていること又は行ったことを理由として、解雇その他不利益な取扱いをしてはならないこと。

（３）　承継される事業に主として従事する労働者の範囲に関する事項

イ　承継される事業に主として従事する労働者に関する基本的な考え方

　　会社分割は、会社の事業に関して有する権利義務を単位としてなされるものであるが、法第２条第１項第１号の労働者に該当するか否かについては、承継会社等に承継される事業を単位として判断するものであること。その際、当該事業の解釈に当たっては、労働者の雇用及び職務を確保するといった法の労働者保護の趣旨を踏まえつつ、「一定の事業目的のために組織化され、有機的一体として機能する財産」であることを基本とすること。

ロ　分割契約等を締結し、又は作成する日における判断

　（イ）　分割契約等を締結し、又は作成する日において、承継される事業に専ら従事する労働者は、法第２条第１項第１号の労働者に該当するものであること。

　（ロ）　労働者が承継される事業以外の事業にも従事している場合は、それぞれの事業に従事する時間、それぞれの事業における当該労働者の果たしている役割等を総合的に判断して当該労働者が当該承継される事業に主として従事しているか否かを決定するものであること。

　（ハ）　総務、人事、経理、銀行業における資産運用等のいわゆる間接部門に従事する労働者であって、承継される事業のために専ら従事している労働者は、法第２条第１項第１号の労働者に該当するものであること。

労働者が、承継される事業以外の事業のためにも従事している場合は、上記（ロ）の例によって判断することができるときには、これによること。

労働者が、いずれの事業のために従事するのかの区別なくしていわゆる間接部門に従事している場合で、上記（ロ）の例によっては判断することができないときは、特段の事情のない限り、当該判断することができない労働者を除いた分割会社の雇用する労働者の過半数の労働者に係る労働契約が承継会社等に承継される場合に限り、当該労働者は、法第2条第1項第1号の労働者に該当するものであること。

ハ　分割契約等を締結し、又は作成する日で判断することが適当でない場合

（イ）　分割契約等を締結し、又は作成する日において承継される事業に主として従事する労働者であっても、分割会社が、研修命令、応援命令、一定の期間で終了する企画業務への従事命令等一時的に当該承継される事業に当該労働者を従事させた場合であって、当該命令による業務が終了した場合には当該承継される事業に主として従事しないこととなることが明らかであるものは、法第2条第1項第1号の労働者に該当しないものであること。

また、育児等のために承継される事業からの配置転換を希望する労働者等であって分割契約等を締結し、又は作成する日以前の分割会社との間の合意により当該日後に当該承継される事業に主として従事しないこととなることが明らかであるものは、法第2条第1項第1号の労働者に該当しないものであること。

（ロ）　分割契約等を締結し、又は作成する日前において承継される事業に主として従事していた労働者であって、分割会社による研修命令、応援命令、一定の期間で終了する企画業務への従事命令（出向命令を含む。）等によって分割契約等を締結し、又は作成する日では一時的に当該承継される事業以外の事業に主として従事することとなったもののうち、当該命令による業務が終了した場合には当該承継される事業に主として従事することとなることが明らかであるものは、法第2条第1項第1号の労働者に該当するものであること。

分割契約等を締結し、又は作成する日前において承継される事業に主として従事していた労働者であって、その後休業することとなり分割契約等を締結し、又は作成する日では当該承継される事業に主として従事しないこととなったもののうち、当該休業から復帰する場合は再度当該承継される事業に主として従事することとなることが明らかであるものは、法第2条第1項第1号の労働者に該当するものであること。

労働契約が成立している採用内定者、育児等のための配置転換希望者等分割契約等を

締結し、又は作成する日では承継される事業に主として従事していなかった労働者であっても、当該日後に当該承継される事業に主として従事することとなることが明らかであるものは、法第2条第1項第1号の労働者に該当するものであること。

（ハ）　過去の勤務の実態から判断してその労働契約が承継会社等に承継されるべき又は承継されないべきことが明らかな労働者に関し、分割会社が、合理的理由なく会社分割がその効力を生ずる日（以下「効力発生日」という。）以後に当該労働者を承継会社等又は分割会社から排除することを目的として、当該効力発生日前に配置転換等を意図的に行った場合における当該労働者が法第2条第1項第1号の労働者に該当するか否かの判断については、当該過去の勤務の実態に基づくべきものであること。

二　分割会社と労働者との間で見解の相違がある場合

法第2条第1項第1号の労働者に該当するか否かの判断に関し、労働者と分割会社との間で見解の相違があるときは、当該分割会社は、法第7条及び商法等の一部を改正する法律（平成12年法律第90号。以下「商法等改正法」という。）附則第5条並びに下記4により、当該労働者との間の協議等によって見解の相違の解消に努めるものとすること。この場合においては、次のことに留意すべきであること。なお、この協議等によっても見解の相違が解消しない場合においては、裁判によって解決を図ることができること。

（イ）　承継される事業に主として従事する労働者であって、分割契約等にその者が分割会社との間で締結している労働契約を承継会社等が承継する旨の定めがないものが、法第2条第1項の通知を適法に受けなかった場合（当該分割会社が当該労働者を当該承継される事業に主として従事していないものとして取り扱い、当該通知をしなかった場合のほか、意図的に当該通知をしなかった場合を含む。）は、当該労働者は、当該効力発生日以後においても、当該承継会社等に対してその雇用する労働者たる地位の保全又は確認を求めることができ、また、当該分割会社に対してその雇用する労働者ではないことの確認を求めることができるものであること。

（ロ）　承継される事業に主として従事しない労働者であって分割契約等にその者が分割会社との間で締結している労働契約を承継会社等が承継する旨の定めがあるものが法第5条第1項の異議の申出をした場合において、当該分割会社が当該労働者を当該承継される事業に主として従事しているため当該労働者に係る労働契約を承継会社等に承継させたものとして取り扱うときは、当該労働者は、当該効力発生日以後においても、当該分割会社に対してその雇用する労働者たる地位の保全又は確認を求めることができ、また、当該承継会社等に対してその雇用する労働者ではないことの確認を求めることがで

きるものであること。承継される事業に主として従事しない労働者であって分割契約等
にその者が分割会社との間で締結している労働契約を承継会社等が承継する旨の定めが
あるにもかかわらず、法第2条第1項の通知を適法に受けなかった場合もこれに準ずる
ものであること。

ホ　その他の留意事項

（イ）　分割会社は、不当労働行為の意図をもって効力発生日以後における分割会社又は
承継会社等から当該労働者を排除する等の違法な目的のために、当該効力発生日前に配
置転換等を行ってはならず、このような配置転換等は無効となるものであること。

（ロ）　承継される事業に全く従事していない労働者についても、会社法第5編第3章並
びに第5章第2節及び第3節並びに法が適用され、当該労働者が分割会社との間で締結
している労働契約を分割会社から承継会社等に承継させる場合には、当該労働者は法第
2条第1項第2号の労働者に該当するため、同項の通知が必要であること。当該労働者
が労働契約を当該承継会社等に承継されることについて反対であるときは、法第5条第
1項の異議の申出ができること。会社分割の手続によらずに当該労働者の労働契約を承
継会社等に承継させる場合には、民法第625条第1項が適用され、当該労働者の個別の承
諾を得る必要があること。

（ハ）　労働契約のみ承継する会社分割の場合も、承継される労働者に対して上記（ロ）
と同様の取扱いがされること。

（4）　労働条件等に関する事項

イ　基本原則

（イ）　維持される労働条件

会社法の規定に基づき承継会社等に承継された労働契約は、分割会社から承継会社等
に包括的に承継されるため、その内容である労働条件は、そのまま維持されるものであ
ること。

この場合において、労働協約、就業規則又は労働契約に規定されている労働条件のほ
か、確立された労働慣行であって分割会社と労働者との間で黙示の合意が成立したもの
又は民法第92条の慣習が成立していると認められるもののうち労働者の待遇に関する部
分についても、労働契約の内容である労働条件として維持されるものであること。

また、年次有給休暇の日数、退職金額等の算定、永年勤続表彰資格等に係る勤続年数
については、分割会社におけるものが通算されるものであること。

社宅の貸与制度、社内住宅融資制度等の福利厚生に関するものについても、労働協約

又は就業規則に規定され制度化されているもの等分割会社と労働者との間の権利義務の

内容となっていると認められるものについては、労働契約の内容である労働条件として

維持されるものであること。この場合において、その内容によって承継会社等において

同一の内容のまま引き継ぐことが困難な福利厚生については、当該分割会社は、当該労

働者等に対し、効力発生日以後における取扱いについて情報提供を行うとともに、法第

7条及び商法等改正法附則第5条並びに下記4により、代替措置等を含め当該労働者等

の間の協議等を行い、妥当な解決を図るべきものであること。

　　なお、外部拠出制の企業年金に係る退職年金で、事業主と金融機関等との間で締結さ

れる退職年金契約に基づき労働者に支払われるものについては、当該退職年金の内容で

ある給付の要件、水準等が労働協約又は就業規則に規定される等、その受給権が労働契

約の内容となっている場合には、会社分割によって分割会社から承継会社等に労働契約

が承継される労働者の受給権は、労働条件として維持されるものであること。

(ロ)　　会社分割を理由とする労働条件の不利益変更等

　　労働契約の内容である労働条件の変更については、労働組合法（昭和24年法律第174号）

及び労働契約法（平成19年法律第128号）における労使間の合意を必要とすることとされ

ていることから、会社分割の際には、会社は会社分割を理由とする一方的な労働条件の

不利益変更を行ってはならず、また、会社分割の前後において労働条件の変更を行う場

合にも、労働契約法第10条の要件を満たす就業規則の合理的な変更による場合を除き、

労使間の合意によることなく労働条件を不利益に変更することはできないこと。

(ハ)　　会社分割を理由とする解雇等

　　普通解雇や整理解雇については、労働契約法第16条の規定が定められているとともに

判例法理が確立しており、会社は、これらに反する会社分割のみを理由とする解雇を行

ってはならないこと。

　　また、分割会社の債務の履行の見込みがない事業とともに労働者を承継する場合、債

務の履行の見込みがない事業に引き続き雇用する場合その他特定の労働者を解雇する目

的で会社制度を濫用した場合等には、いわゆる法人格否認の法理及びいわゆる公序良俗

違反の法理等の適用があり得ること、また、労働組合の組合員に対する不利益な取扱い

をした場合には、不当労働行為として救済され得ることに留意すべきであること。

ロ　恩恵的性格を有する福利厚生に関する留意事項

　　上記イ（イ）のとおり、分割会社と労働者との間の権利義務の内容となっていると認め

られる福利厚生については、労働契約の内容である労働条件として維持されるものであ

【付録5】労働契約承継法指針　　　295

が、このような性格を有しない恩恵的性格を有するものについては、当該分割会社は、当該労働者等に対し、効力発生日以後における取扱いについて情報提供を行うとともに、法第7条及び商法等改正法附則第5条並びに下記4により、当該労働者等との間の協議等を行い、妥当な解決を図るべきものであること。

ハ　法律により要件が定められている福利厚生に関する留意事項

　　確定給付企業年金法（平成13年法律第50号）第2章第3節の規定に基づく企業年金基金、公的年金制度の健全性及び信頼性の確保のための厚生年金保険法等の一部を改正する法律（平成25年法律第63号。以下「平成25年厚生年金等改正法」という。）附則第3条第12号に規定する厚生年金基金、健康保険法（大正11年法律第70号）第2章第3節の規定に基づく健康保険組合、勤労者財産形成促進法（昭和46年法律第92号）第6条の金融機関等、中小企業退職金共済法（昭和34年法律第160号）第6章の規定に基づく独立行政法人勤労者退職金共済機構等分割会社以外の第三者が、各法令の規定に従い福利厚生の全部又は一部を実施している場合においては、効力発生日以後における当該福利厚生の取扱いについては、会社法第5編第3章並びに第5章第2節及び第3節並びに法の規定によるもののほか、各法令の規定に従った取扱いが必要であるため、当該分割会社は、次のことに留意して、労働者等に対し、当該効力発生日以後における取扱いについて情報提供を行うとともに、法第7条及び商法等改正法附則第5条並びに下記4により、当該労働者等との間の協議等を行い、妥当な解決を図るべきものであること。

（イ）　基金型企業年金

　　確定給付企業年金の加入者に必要な給付を行うことを目的として設立された企業年金基金（以下この（イ）において「基金」という。）は、確定給付企業年金法第2章第3節の規定に基づき任意に設立される法人であり、会社分割がされても、当然には分割会社の雇用する労働者を加入員とする基金から承継会社等の雇用する労働者を加入員とする基金に変更されるものではないこと。

　　この場合において、基金の加入員たる分割会社の雇用する労働者であってその労働契約が承継会社等に承継されたものに対する基金が支給する年金又は一時金たる給付を継続する方法としては次のようなものがあるが、基金に係る権利義務の移転又は基金の合併等が必要なため、主務大臣の認可が必要となるものであること。

　a　吸収分割の場合

　　（a）　承継会社に基金がある場合

　　　　分割会社に係る基金の加入員の年金給付等の支給に関する権利義務を会社法第2

条第29号の規定による吸収分割（以下「吸収分割」という。）によって事業を承継する会社（以下「承継会社」という。）に係る基金に移転させる方法又は分割会社に係る基金と承継会社に係る基金が合併する方法

（b）　承継会社に基金がない場合

分割会社に係る基金の規約を一部改正し、承継会社を当該基金の実施事業所に追加する方法又はその労働契約が承継会社に承継される労働者に関して分割会社に係る基金を分割し、承継会社を実施事業所とする基金を新たに設立する方法

b　新設分割の場合

分割会社に係る基金の規約を一部改正し、会社法第2条第30号の規定による新設分割（以下「新設分割」という。）によって設立する会社（以下「設立会社」という。）を当該基金の実施事業所に追加する方法又はその労働契約が設立会社に承継される労働者に関して分割会社に係る基金を分割し、設立会社を実施事業所とする基金を新たに設立する方法

なお、確定給付企業年金のうち規約型企業年金については、分割会社以外の第三者がその全部又は一部を実施している場合に該当せず、当該規約型企業年金の内容である給付の要件、水準等を規定する規約が労働協約に該当する等その給付の支給に関する権利義務が労働契約の内容となっている場合には、会社分割によって分割会社から承継会社等に労働契約が承継される労働者の給付に関する権利は、労働条件として維持されるものであること。

また、承継会社が厚生年金基金を設立している場合には、分割会社に係る確定給付企業年金の加入者の年金給付等の支給に関する権利義務を当該厚生年金基金に移転することが可能であること。

（ロ）　厚生年金基金

厚生年金基金は、平成25年厚生年金等改正法第1条の規定による改正前の厚生年金保険法第9章第1節の規定に基づき、任意に設立され、平成25年厚生年金等改正法附則第4条の規定によりなお存続するものとされた法人又は平成25年厚生年金等改正法附則第6条の規定により平成25年厚生年金等改正法第1条の規定による改正前の厚生年金保険法第111条第1項の認可の申請についての認可の処分についてなお従前の例によるものとされ、設立された法人であり、基本的には上記（イ）の基金型企業年金の場合と同様の対応となるが、平成25年厚生年金等改正法の施行により、平成26年4月1日以降厚生年金基金の新設はできなくなったため、厚生年金基金の加入員たる分割会社の雇用する

労働者であってその労働契約が承継会社等に承継されたものに対する厚生年金基金が支給する年金又は一時金たる給付を継続する方法としては、規約の変更による方法のみ可能であること。

　なお、承継会社が企業年金基金を設立している場合には、分割会社に係る厚生年金基金の加入員の年金給付等の支給に関する権利義務を当該企業年金基金に移転することが可能であること。

（ハ）　健康保険組合

　健康保険組合は、健康保険法第2章第3節の規定に基づき対象事業所を基礎として任意に設立される法人であり、基本的には上記（イ）の基金型企業年金の場合と同様の対応となること。

（ニ）　財産形成貯蓄契約等

　財産形成貯蓄契約等（財産形成貯蓄契約、財産形成年金貯蓄契約及び財産形成住宅貯蓄契約をいう。以下同じ。）は、勤労者と金融機関等が当該勤労者の財産形成に関し締結する契約であり、その契約の締結の際勤労者は、勤労者財産形成促進法第6条第1項第1号ハ等により事業主と賃金控除及び払込代行について契約を締結するものとされており、当該契約は、労働契約の内容である労働条件として維持されるものであること。したがって、会社分割によって分割会社から承継会社等に労働契約が承継される場合、当該契約に基づく賃金控除及び払込代行を行う義務も承継会社等に承継されることとなるため、当該承継される労働契約に係る労働者は、当該財産形成貯蓄契約等を存続させることができるものであること。なお、この場合、当該承継会社等の事業場において労働基準法（昭和22年法律第49号）第24条第1項の労使協定があることが必要となるものであること。また、承継会社等は金融機関等との間で所定の手続を行う必要があること。

（ホ）　中小企業退職金共済契約

　中小企業退職金共済契約は、中小企業退職金共済法第2章の規定に基づき、中小企業者（共済契約者）が、各従業員（被共済者）につき、独立行政法人勤労者退職金共済機構（以下「機構」という。）と締結する契約であり、当該中小企業者が機構に掛金を納付し、機構が当該従業員に対し退職金を支給することを内容とするものであること。また、当該従業員が機構から退職金の支給を受けることは、当該中小企業者と当該従業員との間の権利義務の内容となっていると認められ、労働契約の内容である労働条件として維持されるものであること。また、会社分割により事業主が異なることとなった場合であっても、当該会社分割によって労働契約が分割会社から承継会社等に承継される従

業員について、共済契約が継続しているものとして取り扱うこととなるものであること

なお、この場合、承継会社等は機構との間で所定の手続を行う必要があること。

（5）　転籍合意等と法律上の手続との関係

イ　転籍合意による承継

分割会社は、承継される事業に主として従事する労働者について、会社分割の対象とすることなくいわゆる転籍合意によって、承継会社等に転籍させる場合には、当該労働者に対して、次に掲げる事項に留意すべきであること。

（イ）　法第２条第１項及び第２項の通知並びに商法等改正法附則第５条で義務付けられた協議等の手続は省略できないこと。

（ロ）　分割契約等に承継会社等が当該労働者の労働契約を承継する旨の定めがある場合には、分割会社との間で締結している労働契約は、分割会社から承継会社等に包括的に承継されるため、その内容である労働条件はそのまま維持されること及び当該労働者の労働契約を承継する旨の定めがない場合には、法第４条第１項の異議の申出をすることができることを当該労働者に対し説明すべきこと。

（ハ）　当該労働者が、分割契約等に承継会社等が当該労働者の労働契約を承継する旨の定めのないことにつき、法第４条第１項の異議の申出をした場合には、同条第４項の規定に基づき、当該労働者が分割会社との間で締結している労働契約が、その内容である労働条件を維持したまま承継会社等に承継されるため、これに反する転籍合意部分は、その効力がないものとされること。

ロ　出向

承継される事業に主として従事する労働者が、分割会社との労働契約を維持したまま、承継会社等との間で新たに労働契約を締結する出向の場合であっても、法第２条第１項及び第２項の通知並びに商法等改正法附則第５条で義務付けられた協議等の手続が必要であることに留意すべきであること。

3　労働協約の承継に関して講ずべき措置等

（1）　分割会社と労働組合との間の合意に関する事項

イ　合意の時期

法第６条第２項の分割会社と労働組合との間の合意については、分割契約等の締結前又は作成前にあらかじめ労使間で協議をすることにより合意しておくことが望ましいこと。

ロ　労働協約の取扱い

（イ）　法第６条第２項の合意がある場合の取扱い

会社法及び法第6条第1項の規定に基づき労働協約を分割会社から承継会社等に承継させる旨が分割契約等に定められた場合であって、労働組合法第16条の基準以外の部分に関する法第6条第2項の合意がなされたときは、当該合意に係る部分に限り、当該労働協約は、当該効力発生日に、分割会社から承継会社等に承継されるものであること。

法第6条第2項の合意は、労働組合法第16条の基準以外の部分の全部又は一部の承継について行うことができるものであること。例えば、「「会社は、労働組合に対し100平方メートルの規模の組合事務所を貸与する。」という労働協約の内容のうち40平方メートル分の規模の組合事務所を貸与する義務については当該会社に残し、残り60平方メートル分の規模の組合事務所を貸与する義務については承継会社に承継させる。」という内容の分割契約等の定め及び合意も可能であること。

（ロ）　法第6条第2項の合意がない場合の取扱い

労働組合法第16条の基準以外の部分に関する法第6条第2項の合意がないときは、当該部分に関しては、法第6条第3項の規定により、分割会社は、効力発生日以後も労働協約の当事者たる地位にとどまり、当該労働組合の組合員に係る労働契約が承継会社等に承継されるときは、当該承継会社等は、当該労働協約と同一の内容を有する労働協約の当事者たる地位に立つこととなるものであること。この場合、当該承継会社等には、当該労働協約に係る権利義務関係の本旨に従った権利又は義務が生じることとなるものであること。

（ハ）　労働組合法第16条の基準に関する部分の取扱い

労働組合法第16条の基準に関する部分については、会社法及び法第6条第1項の規定に基づき労働協約を分割会社から承継会社等に承継させる旨が分割契約等に定められた場合であっても定められなかった場合であっても、法第6条第3項の規定により、当該分割会社は、当該効力発生日以後もなお当該労働協約の当事者たる地位にとどまり、当該労働組合の組合員に係る労働契約が承継会社等に承継されるときは、当該承継会社等は、当該労働協約と同一の内容を有する労働協約の当事者たる地位に立つこととなるものであること。

（2）　承継会社における既存の労働協約との関係

労働協約は使用者と労働組合との間で締結されるものであることから、一の会社にその所属する労働組合が異なる労働者が勤務している場合には、同一の事項に関し、各労働組合ごとに内容の異なる労働協約が締結され、併存する場合もあり得るものであること。

したがって、吸収分割の場合であって、法第6条第3項の規定により分割会社との間で締

結されている労働協約と同一の内容の労働協約が承継会社と当該労働組合との間で締結されたものとみなされるときは、当該承継会社が同一の事項に関して複数の労働組合と内容の異なる労働協約を締結したこととなるため、同種の労働者の中で労働条件が異なることは起こり得ること。

（３）　組織要件が効力発生要件とされている労使協定等

イ　労働組合法第17条の一般的拘束力等

　　　労働組合法第17条の一般的拘束力については、その要件として、「一の工場事業場に常時使用される同種の労働者の４分の３以上の数の労働者が一の労働協約の適用を受けるに至ったとき」でなければならないこととされており、効力発生日前に分割会社の工場事業場において労働組合法第17条が適用されていた場合であっても、当該会社分割の際に当該要件を満たさなくなった分割会社又は承継会社等の工場事業場においては、労働組合法第17条は適用されないこと。

　　　労働組合法第７条第１号ただし書のいわゆるショップ制に係る労働協約についても同様であること。

ロ　労働基準法上の労使協定

　　　労働基準法第24条、第36条等の労使協定については、民事上の権利義務を定めるものではないため、分割会社が分割契約等に定めることにより承継会社等に承継させる対象とはならないものであること。これらの労使協定については、会社分割の前後で事業場の同一性が認められる場合には、引き続き有効であると解され得るものであること。事業場の同一性が失われた場合は、該当する労働基準法上の免罰効が失われることから、当該効力発生日以後に再度、それぞれの規定に基づいて労使協定を締結し届出をする必要があるものであること。

4　労働者の理解と協力に関する事項

（１）　商法等改正法附則第５条の協議等

イ　労働者との事前の協議

　　　商法等改正法附則第５条の規定により、分割会社は、法第２条第１項の規定による通知をすべき日（以下「通知期限日」という。）までに、承継される事業に従事している労働者及び承継される事業に従事していない労働者であって分割契約等にその者が当該分割会社との間で締結している労働契約を承継会社等が承継する旨の定めがあるものと、会社分割に伴う労働契約の承継に関して協議をするものとされていること。

　　　分割会社は、当該労働者に対し、当該効力発生日以後当該労働者が勤務することとなる

会社の概要、効力発生日以後における分割会社及び承継会社等の債務の履行の見込みに関する事項、当該労働者が法第2条第1項第1号に掲げる労働者に該当するか否かの考え方等を十分説明し、本人の希望を聴取した上で、当該労働者に係る労働契約の承継の有無、承継するとした場合又は承継しないとした場合の当該労働者が従事することを予定する業務の内容、就業場所その他の就業形態等について協議をするものとされていること。

分割会社は、事業を構成するに至らない権利義務の分割の場合において、分割契約等に労働契約の承継の定めのない労働者のうち、当該権利義務の分割が当該労働者の職務の内容等に影響しうるものに対しては、法第7条の労働者の理解と協力を得る努力とは別に、職務の内容等の変更があればその説明を行う等、一定の情報を提供することが望ましいこと。

ロ　法第7条の労働者の理解と協力を得る努力との関係

当該協議は、承継される事業に従事する個別労働者の保護のための手続であるのに対し、法第7条の労働者の理解と協力を得る努力は、下記（2）のとおり、会社分割に際し分割会社に勤務する労働者全体の理解と協力を得るためのものであって、実施時期、対象労働者の範囲、対象事項の範囲、手続等に違いがあるものであること。

ハ　協議に当たっての代理人の選定

労働者が個別に民法の規定により労働組合を当該協議の全部又は一部に係る代理人として選定した場合は、分割会社は、当該労働組合と誠実に協議をするものとされていること。

ニ　労働組合法上の団体交渉権との関係

会社分割に伴う労働者の労働条件等に関する労働組合法第6条の団体交渉の対象事項については、分割会社は、当該協議が行われていることをもって労働組合による当該会社分割に係る適法な団体交渉の申入れを拒否できないものであること。

また、当該対象事項に係る団体交渉の申入れがあった場合には、分割会社は、当該労働組合と誠意をもって交渉に当たらなければならないものとされていること。

ホ　協議開始時期

分割会社は、通知期限日までに十分な協議ができるよう、時間的余裕をみて協議を開始するものとされていること。

ヘ　会社分割の無効の原因となる協議義務違反等

商法等改正法附則第5条で義務付けられた協議を全く行わなかった場合又は実質的にこれと同視し得る場合における会社分割については、会社分割の無効の原因となり得るとされていることに留意すべきであること。

また、最高裁判所の判例において、商法等改正法附則第５条で義務付けられた協議が全く行われなかった場合又は協議が行われた場合であっても著しく不十分であるため、法が当該協議を求めた趣旨に反することが明らかな場合には、法第２条第１項第１号に掲げる労働者は法第３条に定める労働契約の承継の効力を個別に争うことができるとされていることに留意すべきであること。

（２）　法第７条の労働者の理解と協力を得る努力

イ　内容

分割会社は、法第７条の規定に基づき、当該会社分割に当たり、そのすべての事業場において、当該事業場に、労働者の過半数で組織する労働組合がある場合においてはその労働組合、労働者の過半数で組織する労働組合がない場合においては労働者の過半数を代表する者との協議その他これに準ずる方法によって、その雇用する労働者の理解と協力を得るよう努めるものとすること。

「その他これに準ずる方法」としては、名称のいかんを問わず、労働者の理解と協力を得るために、労使対等の立場に立ち誠意をもって協議が行われることが確保される場において協議することが含まれるものであること。

ロ　対象事項

分割会社がその雇用する労働者の理解と協力を得るよう努める事項としては、次のようなものがあること。

（イ）　会社分割をする背景及び理由

（ロ）　効力発生日以後における分割会社及び承継会社等の債務の履行の見込みに関する事項

（ハ）　労働者が法第２条第１項第１号に掲げる労働者に該当するか否かの判断基準

（ニ）　法第６条の労働協約の承継に関する事項

（ホ）　会社分割に当たり、分割会社又は承継会社等と関係労働組合又は労働者との間に生じた労働関係上の問題を解決するための手続

ハ　労働組合法上の団体交渉権等

労働組合は、使用者との間で団体交渉を行う権利を有するが、団体交渉に応ずべき使用者の判断に当たっては、最高裁判所の判例において、「一般に使用者とは労働契約上の雇用主をいうものである」が、雇用主以外の事業主であっても、「その労働者の基本的な労働条件等について雇用主と部分的とはいえ同視できる程度に現実的かつ具体的に支配、決定することができる地位にある場合には、その限りにおいて」、使用者に当たると解され

ていること等これまでの裁判例等の蓄積があることに留意すべきであること。

会社分割に伴う労働者の労働条件等に関する労働組合法第6条の団体交渉の対象事項については、分割会社は、法第7条の手続が行われていることをもって労働組合による当該会社分割に係る適法な団体交渉の申入れを拒否できないものであること。

また、当該対象事項に係る団体交渉の申入れがあった場合には、分割会社は、当該労働組合と誠意をもって交渉に当たらなければならないものとされていること。

ニ　開始時期等

法第7条の手続は、遅くとも商法等改正法附則第5条の規定に基づく協議の開始までに開始され、その後も必要に応じて適宜行われるものであること。

ホ　その他の留意事項

労働組合法上の不当労働行為責任及び使用者の地位が会社分割に伴い、分割会社から承継会社等に承継されるとする裁判例や中央労働委員会の命令があることに留意すべきであること。

5　その他

（1）　安全衛生委員会等従業員代表を構成員とする法律上の組織に関する事項

労働安全衛生法（昭和47年法律第57号）第19条の安全衛生委員会等法令上企業又は事業場規模が設置要件となっている委員会等については、効力発生日以後に設置要件を満たさなくなった場合であっても、分割会社及び承継会社等において当該効力発生日前と同様の委員会等を設置することが望ましいこと。

（2）　派遣労働者の取扱い

労働者派遣事業の適正な運営の確保及び派遣労働者の保護等に関する法律（昭和60年法律第88号）の規定に従い派遣労働者が分割会社に派遣されている場合であって、当該派遣労働者に係る労働者派遣契約が当該分割会社から承継会社等に承継されたときには、当該承継会社等が派遣先の地位を承継することとなることから、同法第40条の2、第40条の3等の派遣労働者を受け入れる期間に係る規定の適用に当たっては、当該期間は、効力発生日前の分割会社における期間も通算して算定されるものであること。

（3）　船員の取扱い

船員法（昭和22年法律第100号）の規定による労使協定及び船員災害防止活動の促進に関する法律（昭和42年法律第61号）第11条の安全衛生委員会についても、労働基準法上の労使協定及び労働安全衛生法上の安全衛生委員会に関する取扱いと同様の取扱いをすること。

（4）　雇用の安定

分割会社及び承継会社等は、効力発生日以後における労働者の雇用の安定を図るよう努めること。

第3　農業協同組合法に規定する新設分割についての準用

（以下、省略）

【付録6】

「事業譲渡又は合併を行うに当たって会社等が留意すべき事項に関する指針」の概要

> 事業譲渡等指針は事業譲渡・合併時における労働者保護のために会社等が留意すべき事項を規定しています！

～平成28年9月1日適用～

　事業譲渡及び合併（以下「事業譲渡等」といいます。）は、それぞれ組織変動の一類型に位置付けられるものであり、事業譲渡については、その性質は特定承継であるため、労働契約の承継には承継される労働者の個別の承諾が必要です。他方、合併については、その性質は包括承継であるため、承継される労働者の労働契約はそのまま維持され、合併先の会社に承継されます。

　これらの理由等から、事業譲渡等については、これまで労働者保護のための「法的措置」を講じていませんでしたが、こうした組織の変動は労働者の雇用や労働条件に大きな影響を与えることも少なくなく、特に事業譲渡については労使協議が一定程度行われているものの、労働契約の承継・不承継を巡り紛争に発展する事例も生じてきています。

　このため、事業譲渡における労働契約の承継に必要な労働者の承諾の実質性を担保し、併せて、労働者全体及び使用者との間での納得性を高めること等により、事業譲渡等の円滑な実施及び労働者の保護に資するよう、今般、「事業譲渡又は合併を行うに当たって会社等が留意すべき事項に関する指針（以下「事業譲渡等指針」といいます。）」を策定しました。

　関係者の方々は、労使協議や労使の相互理解の促進を図り、お互いの十分な理解と協力の下、労働者の保護と円滑な組織再編とがともに図られるよう、以下の事項に留意してください。

○ 事業譲渡等指針の関係資料は、厚生労働省ホームページ（http://www.mhlw.go.jp/）上でご確認いただけます。
　▶ （ホームページ）ホーム ＞ 政策について ＞ 分野別の政策一覧 ＞ 雇用・労働 ＞ 労使関係 ＞ 企業組織の再編（会社分割等）に伴う労使関係（労働契約の承継等）について

○ ご不明な点などがありましたら、厚生労働省 労働基準局 労働関係法課 法規第1係又は最寄りの都道府県労働局 雇用環境・均等部（室）にお問い合わせください。

目次

第1 趣旨 -- P307

第2 事業譲渡に当たって留意すべき事項

  1 労働者との手続等に関する事項 ------------------------------------ P308
     （1）労働契約の承継に関する基本原則
     （2）承継予定労働者から承諾を得る際に留意すべき事項
     （3）解雇に関して留意すべき事項
     （4）その他の留意事項

  2 労働組合等との手続等に関する事項 ------------------------------ P310
     （1）労働組合等との協議等に関して留意すべき事項
     （2）団体交渉に関して留意すべき事項

第3 合併に当たって留意すべき事項 ------------------------------------ P311

（参考）
  ・ 主な裁判例・命令 --- P312
  ・ 事業譲渡等指針（全文）-- P313

第1　趣旨

　事業譲渡等指針は、会社等※（会社その他の事業を行う者で、労働者を使用するものをいいます。以下同じ。）が、事業譲渡又は会社法第5編第2章及び第5章の規定による合併（吸収合併又は新設合併をいいます。以下同じ。）を行うに当たり、事業譲渡における労働契約の承継に必要な労働者の承諾の実質性を担保し、併せて、労働者全体及び使用者との間での納得性を高めること等により、事業譲渡等の円滑な実施及び労働者の保護に資するよう、会社等が留意すべき事項について定めたものです。

　なお、これらの留意すべき事項のうち、事業譲渡に関する部分は、平成28年9月1日以降に事業譲渡契約が締結された場合における事業譲渡が対象となります。

　※　会社だけでなく、一般社団法人、一般財団法人等も含まれます。

第2　事業譲渡に当たって留意すべき事項

　ここでは、会社等が事業譲渡に当たって留意すべき事項として、労働者との手続等に関する事項、労働組合等（労働者の過半数で組織する労働組合がある場合には当該労働組合・労働者の過半数で組織する労働組合がない場合においては労働者の過半数を代表する者をいいます。以下同じ。）との手続等に関する事項を規定しています。以下に事業譲渡に際する手続の流れについて整理していますので、まずは一連の流れを確認いただいた上で、各手続等の詳細をご確認ください。

☑　労働者保護のための手続の流れ・概要

手続の流れ

労働組合等との事前の協議

　労働組合等との手続のうち、労働組合等との協議は、遅くとも承継予定労働者との協議の開始までに開始され、その後も必要に応じて適宜行われることが適当です。

承継予定労働者との事前の協議

　労働契約の承継を行うことを予定している労働者（以下「承継予定労働者」といいます。）との事前の協議は、承継予定労働者の真意による承諾を得るまでに十分な協議ができるよう、時間的余裕をみて協議を行うことが適当です。

労働契約の承継についての承継予定労働者の承諾

　譲渡会社等（※）との間で締結している労働契約を譲受会社（※）等に承継させる場合には、民法の規定により、承継予定労働者から承諾を得ることが必要です。　　　　　（※）次ページ参照

事業譲渡の効力発生・労働契約の承継

1. 労働者との手続等に関する事項

(1) 労働契約の承継に関する基本原則

　事業譲渡を行う会社等（以下「譲渡会社等」といいます。）は、承継予定労働者と譲渡会社等との間で締結している労働契約を、当該事業を譲り受ける会社等（以下「譲受会社等」といいます。）に承継させる場合には、承継予定労働者から民法第625条第1項の規定に基づく承諾を得る必要があります。

> （参考）民法第625条（使用者の権利の譲渡の制限等）
> 　　　第1項　使用者は、労働者の承諾を得なければ、その権利を第三者に譲り渡すことができない。

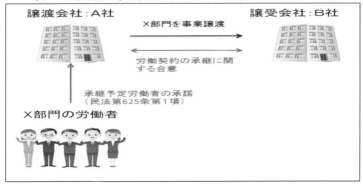

（イメージ）会社が事業譲渡を行う場合の承諾等の構造

(2) 承継予定労働者から承諾を得る際に留意すべき事項

① 承継予定労働者との事前の協議等

　譲渡会社等は、承継予定労働者から承諾を得るに当たっては、真意による承諾を得られるよう、承継予定労働者に対し、以下の事項等について十分に説明し、承諾に向けた協議を行うことが適当です。

> ☑ 事業譲渡に関する全体の状況（譲渡会社等及び譲受会社等の債務の履行の見込みに関する事項を含む。）
> ☑ 承継予定労働者が勤務することとなる譲受会社等の概要及び労働条件（従事することを予定する業務の内容及び就業場所その他の就業形態等を含む。）

　なお、上記に掲げたものはあくまで例示であり、これらの他に説明すべき事項があれば、譲渡会社等は当該事項についても説明することが望まれます。
　譲渡会社等が、承継予定労働者の労働契約に関し、その労働条件を変更して譲受会社等に承継させる場合には、労働条件の変更について承継予定労働者の同意を得る必要があることに留意が必要です。

② 協議に当たっての代理人の選定

　労働者が個別に民法の規定により労働組合を当該協議の全部又は一部に係る代理人として選定した場合は、譲渡会社等は、当該労働組合と誠実に協議をする必要があることに留意が必要です。

③ 労働組合法上の団体交渉権との関係

　　事業譲渡に伴う労働者の労働条件等に関しても、労働組合法第6条の団体交渉権の対象事項になりますので、譲渡会社等は、承継予定労働者との事前の協議が行われていることをもって労働組合による当該事業譲渡に係る適法な団体交渉の申入れを拒否することができないことに留意が必要です。

　　また、当該対象事項に係る団体交渉の申入れがあった場合には、譲渡会社等は、当該労働組合と誠意をもって交渉に当たらなければならないことに留意が必要です。

④ 協議開始時期

　　譲渡会社等は、真意による承諾を得るまでに十分な協議ができるよう、時間的余裕をみて承継予定労働者との事前の協議を行うことが適当です。

⑤ 労働者への情報提供に関する留意事項

　　譲渡会社等が意図的に虚偽の情報を提供する等により、承継予定労働者から当該労働者の労働契約の承継についての承諾を得た場合には、承継予定労働者によって民法第96条第1項の規定に基づく意思表示の取消しがなされ得ることに留意が必要です。

　（参考）民法第96条（詐欺又は強迫）
　　　第1項　詐欺又は強迫による意思表示は、取り消すことができる。

（3）　解雇に関して留意すべき事項

　　事業譲渡に際しても、労働契約法第16条の規定の適用があり、承継予定労働者が、当該承継予定労働者の労働契約の承継について承諾をしなかったことのみを理由とする解雇等、客観的に合理的な理由を欠き、社会通念上相当であると認められない場合に該当する解雇は認められないことに留意が必要です。

　　また、事業譲渡を理由とする解雇についても、整理解雇に関する判例法理の適用があり、承継予定労働者がそれまで従事していた事業を譲渡することのみを理由とする解雇等、客観的に合理的な理由を欠き、社会通念上相当であると認められない場合に該当する解雇は、労働契約法第16条の規定により認められないことに留意が必要です。

　　こうした場合には、譲渡会社等は、承継予定労働者を譲渡する事業部門以外の事業部門に配置転換を行う等、当該労働者との雇用関係を維持するための相応の措置を講ずる必要があることに留意が必要です。

　　（参考）　労働契約法第16条（解雇の無効）
　　　解雇は、客観的に合理的な理由を欠き、社会通念上相当であると認められない場合は、その権利を濫用したものとして、無効とする。

　　　「整理解雇の4要件（4要素）」（累次の裁判例により確立）
　　　①　経営上の事情により人員整理をする必要があること（人員削減の必要性）
　　　②　解雇を回避するための努力を十分に行ったこと（解雇回避の努力）
　　　③　解雇対象者の人選が合理的であること（人選の合理性）
　　　④　対象労働者や労働組合に対し十分な説明と協議を行ったこと（手続の妥当性）

（4）　その他の留意事項

　　承継予定労働者の選定を行うに際し、譲渡会社等又は譲受会社等は、労働組合の組合員に対する不利益な取扱い等の不当労働行為その他の法律に違反する取扱いを行ってはならないことに留意が必要です。

【参考となる裁判例等】
- 組合員を不採用とした譲受会社の不当労働行為を認めた事案として、
  青山会事件（東京高裁平成14年2月27日 判決）（→P6参照）
  吾妻自動車交通不当労働行為再審査事件（中労委平成21年9月16日命令）（→P6参照）

　また、事業譲渡時の労働契約の承継の有無や労働条件の変更に関し、裁判例においても、労働契約の承継についての黙示の合意の認定や、いわゆる法人格否認の法理、いわゆる公序良俗違反の法理等を用いて、個別の事案に即して、承継から排除された労働者の承継を認める等の救済がなされていることに留意が必要です。

【参考となる裁判例等】
- 譲渡会社及び譲受会社の間の実質的同質性を認めて事実上の営業（会社法の制定により、「営業」から「事業」に用語の整理がなされています。）の包括承継に伴う労働契約の承継の黙示の合意を認めた事案として、Aラーメン事件（仙台高裁平成20年7月25日 判決）（→P7参照）
- いわゆる法人格否認の法理により雇用関係の承継を認めた事案として、日本言語研究所ほか事件（東京地裁平成21年12月10日 判決）（→P7参照）
- 法人格否認の法理により雇用関係の責任を親会社に認めた事案として、第一交通産業ほか（佐野第一交通）事件（大阪高裁平成19年10月26日 判決）（→P8参照）
- 従業員を個別に排除する目的で合意した不承継特約の合意を民法第90条（公序良俗違反の法理）違反として無効とし、承継合意のみを有効とした事案として、勝英自動車学校（大船自動車興業）事件（東京高裁平成17年5月31日 判決）（→P8参照）

2. 労働組合等との手続等に関する事項

（1）労働組合等との協議等に関して留意すべき事項

① 労働組合等との事前の協議等
　譲渡会社等は、事業譲渡に当たり、労働組合等との協議その他これに準ずる方法によって、その雇用する労働者の理解と協力を得るよう努めることが適当です。
　「その他これに準ずる方法」としては、名称のいかんを問わず、労働者の理解と協力を得るために、労使対等の立場に立ち誠意をもって協議が行われることが確保される場において協議することが含まれます。

② 協議の対象事項
　譲渡会社等がその雇用する労働者の理解と協力を得るよう努める事項としては、以下の事項等が考えられます。

- ☑ 事業譲渡を行う背景及び理由
- ☑ 譲渡会社等及び譲受会社等の債務の履行の見込みに関する事項
- ☑ 承継予定労働者の範囲
- ☑ 労働協約の承継に関する事項

　なお、上記に掲げたものはあくまで例示であり、これらの他に説明すべき事項があれば、譲渡会社等は当該事項についても説明することが望まれます。

③ 労働組合法上の団体交渉権との関係
　事業譲渡に伴う労働者の労働条件等に関する労働組合法第6条の団体交渉の対象事項については、譲渡会社等は、当該手続が行われていることをもって労働組合による当該事業譲渡に係る適法な団体交渉の申入れを拒否できないことに留意が必要です。

【付録6】事業譲渡等指針の概要　　　311

　また、当該対象事項に係る団体交渉の申入れがあった場合には、譲渡会社等は、当該労働組合と誠意をもって交渉に当たらなければならないことに留意が必要です。

④　開始時期等
　労働組合等との手続は、承継予定労働者との協議の開始までに開始され、その後も必要に応じて適宜行われることが適当です。

（2）　団体交渉に関して留意すべき事項
　団体交渉に応ずべき使用者の判断に当たっては、「最高裁判所の判例において、『一般に使用者とは労働契約上の雇用主をいうものである』が、雇用主以外の事業主であっても、『その労働者の基本的な労働条件等について、雇用主と部分的とはいえ同視できる程度に現実的かつ具体的に支配、決定することができる地位にある場合には、その限りにおいて』使用者に当たると解されていること等、これまでの裁判例等の蓄積があること」に留意が必要です。
　また、譲受会社等が、団体交渉の申入れの時点から「近接した時期」に譲渡会社等の労働組合の「組合員らを引き続き雇用する可能性が現実的かつ具体的に存する」場合であれば、事業譲渡前であっても労働組合法上の使用者に該当するとされた命令例があることにも留意が必要です。
　これらの使用者の判断については、個々の事例での判断となりますが、以下の裁判例を参考にしてください。

【参考となる裁判例等】
- *雇用主以外の事業主であっても、労働組合法上の使用者にあたるとされた事案として、朝日放送事件（最高裁第3小法廷平成7年2月28日 判決）（→P9参照）*

- *譲受会社が、事業譲渡前でも労働組合法上の使用者に該当するとされた事案として、盛岡観山荘病院不当労働行為再審査事件（中労委平成20年2月20日 命令）（→P9参照）*

第3　合併に当たって留意すべき事項

　合併における権利義務の承継の性質は、いわゆる包括承継であるため、合併により消滅する会社等との間で締結している労働者の労働契約は、合併後存続する会社等又は合併により設立される会社等に包括的に承継されます。このため、労働契約の内容である労働条件についても、そのまま維持されることに留意が必要です。

▶ **譲渡会社及び譲受会社の間の実質的同質性を認めて事実上の営業の包括承継に伴う労働契約の承継の黙示の合意を認めた事案**

◇ **Aラーメン事件（仙台高裁平成20年7月25日　判決）**

【事案の概要】
- ラーメン店経営のX社（Y代表取締役）は社員総会の決議により解散し、それ以降Yが個人で同じ屋号「Aラーメン」で当該ラーメン店を経営してきた。その後、X社及びYに雇用されていたAは退職に当たり、X社との雇用契約に基づいて発生した時間外手当等の支払いをYに求めた事案。
- 1審（仙台地裁）は、X社とYの間に明示的な営業譲渡契約はないが、従業員の雇用関係を含めたラーメン店「Aラーメン」の営業をX社から譲り受けたものとして、Aの請求を認容した。Yはこれを不服として控訴した。

【判決の要旨】
- X社とYとの間には実質的同質性が認められ、X社の営業については実質的同一性を有するYがこれを事実上包括的に承継したものというべきである。
- X社の解散の前後を通じ、Aを含む従業員の労働条件に何ら変化がなく、Aが、X社から解雇通告を受けたり、解雇予告手当の支払を受けたりしておらず、Yとの間で新たに雇用契約も締結していないという事情に照らせば、X社とYとの間で、上記の事実上の営業の包括的承継に伴いX社と従業員との間の労働契約も承継することが黙示に合意されていたものと認められ、Aも、特段異議を述べていないから、X社からYへの労働契約の承継に黙示の承諾を与えていたと認められる。

※その他の主な裁判例・命令は【付録4】を参照されたい。

【付録7】

事業譲渡等指針（全文）

○厚生労働省告示第三百十八号

　事業譲渡又は合併を行うに当たって会社等が留意すべき事項に関する指針を次のように定め、平成二十八年九月一日から適用する。ただし、この告示の適用の日前に事業譲渡に係る契約が締結された場合におけるその事業譲渡については、なお従前の例による。

　　　平成二十八年八月十七日

　　　　　　　　　　　　　　　　　　　　　　　　　厚生労働大臣　　塩崎　恭久

第1　趣旨

　　　この指針は、会社等（会社法（平成十七年法律第八十六号）第二条第一号の会社その他事業を行う者で、労働者を使用するものをいう。以下同じ。）が、事業譲渡又は同法第五編第二章及び第五章の規定による合併（吸収合併又は新設合併をいう。以下同じ。）を行うに当たり、事業譲渡における労働契約の承継に必要な労働者の承諾の実質性を担保し、併せて、労働者及び使用者との間での納得性を高めること等により、事業譲渡及び合併の円滑な実施及び労働者の保護に資するよう、会社等が留意すべき事項について定めたものである。

第2　事業譲渡に当たって留意すべき事項

1　労働者との手続等に関する事項

（1）　労働契約の承継に関する基本原則

　　　　事業譲渡における権利義務の承継の性質は、個別の債権者の同意を必要とするいわゆる特定承継であるため、事業譲渡を行う会社等（以下「譲渡会社等」という。）は、労働契約の承継を予定している労働者（以下「承継予定労働者」という。）と譲渡会社等との間で締結している労働契約を、当該事業を譲り受ける会社等（以下「譲受会社等」という。）に承継させる場合には、承継予定労働者から、個別の承諾（民法（明治二十九年法律第八十九号）第六百二十五条第一項の規定に基づく承諾をいう。以下同じ。）を得る必要があること。

（2）　承継予定労働者から承諾を得る際に留意すべき事項

　　　　承継予定労働者から労働契約の承継の承諾を得るに当たっては、以下のことに留意すべきであること。

　　イ　承継予定労働者との事前の協議等

　　　　　譲渡会社等は、承継予定労働者から承諾を得るに当たっては、真意による承諾を得られるよう、承継予定労働者に対し、事業譲渡に関する全体の状況（譲渡会社等及び譲受会社等の債務の履行の見込みに関する事項を含む。）、承継予定労働者が勤務することとなる譲受会社等の概要及び労働条件（従事することを予定する業務の内容及び就業場所その他の就業形態等を含む。）等について十分に説明し、承諾に向けた協議を行うことが適当であること。

　　　　　特に譲渡会社等が、承継予定労働者の労働契約に関し、その労働条件を変更して譲受会社等に承継させる場合には、承継予定労働者から当該変更についての同意を得る必要があること。

ロ　協議に当たっての代理人の選定

　　　労働者が個別に民法の規定により労働組合をイの協議の全部又は一部に係る代理人として選定した場合は、譲渡会社等は、当該労働組合と誠実に協議をするものとされていること。

ハ　労働組合法上の団体交渉権との関係

　　　事業譲渡に伴う労働者の労働条件等に関する労働組合法（昭和二十四年法律第百七十四号）第六条の団体交渉の対象事項については、譲渡会社等は、イの協議が行われていることをもって労働組合による当該事業譲渡に係る適法な団体交渉の申入れを拒否できないものであること。

　　　また、当該対象事項に係る団体交渉の申入れがあった場合には、譲渡会社等は、当該労働組合と誠意をもって交渉に当たらなければならないものとされていること。

ニ　協議開始時期

　　　譲渡会社等は、承継予定労働者から真意による承諾を得るまでに十分な協議ができるよう、時間的余裕をみてイの協議を行うことが適当であること。

ホ　労働者への情報提供に関して留意すべき事項

　　　譲渡会社等が意図的に虚偽の情報を提供すること等により、承継予定労働者から承諾を得た場合には、承継予定労働者によって民法第九十六条第一項の規定に基づく意思表示の取消しがなされ得ること。

(3)　解雇に関して留意すべき事項

　　　承継予定労働者が譲受会社等に当該承継予定労働者の労働契約を承継させることについて承諾をしなかったことのみを理由とする解雇等客観的に合理的な理由を欠き、社会通念上相当であると認められない場合に該当する解雇は、労働契約法（平成十九年法律第百二十八号）第十六条の規定に基づき、その権利を濫用したものとして認められないものであることに留意すべきであること。

　　　事業譲渡を理由とする解雇についても、整理解雇に関する判例法理の適用があり、承継予定労働者がそれまで従事していた事業を譲渡することのみを理由とする解雇等客観的に合理的な理由を欠き、社会通念上相当であると認められない場合に該当する解雇は、労働契約法第十六条の規定により、その権利を濫用したものとして認められないものであることに留意すべきであること。

　　　こうした場合には、譲渡会社等は、承継予定労働者を譲渡する事業部門以外の事業部門に配置転換を行う等、当該労働者との雇用関係を維持するための相応の措置を講ずる必要があることに留意すべきであること。

(4)　その他の留意すべき事項

　　　譲渡会社等又は譲受会社等は、承継予定労働者の選定を行うに際し、労働組合の組合員に対する不利益な取扱い等の不当労働行為その他の法律に違反する取扱いを行ってはならない

こと。

　また、事業譲渡時の労働契約の承継の有無や労働条件の変更に関する裁判例においても、労働契約の承継についての黙示の合意の認定、いわゆる法人格否認の法理及びいわゆる公序良俗違反の法理等を用いて、個別の事案に即して、承継から排除された労働者の承継を認める等の救済がなされていることに留意すべきであること。

2　労働組合等との手続等に関する事項

　　譲渡会社等は、その雇用する労働者の理解と協力を得るため、次の事項に留意すべきであること。

(1)　労働組合等との協議等に関して留意すべき事項

　イ　労働組合等との事前の協議等

　　　譲渡会社等は、事業譲渡に当たり、労働者の過半数で組織する労働組合がある場合においてはその労働組合、労働者の過半数で組織する労働組合がない場合においては労働者の過半数を代表する者との協議その他これに準ずる方法によって、その雇用する労働者の理解と協力を得るよう努めることが適当であること。

　　　「その他これに準ずる方法」としては、名称のいかんを問わず、労働者の理解と協力を得るために、労使対等の立場に立ち誠意をもって協議が行われることが確保される場において協議することが含まれるものであること。

　ロ　対象事項

　　　譲渡会社等がその雇用する労働者の理解と協力を得るよう努める事項としては、事業譲渡を行う背景及び理由、譲渡会社等及び譲受会社等の債務の履行の見込みに関する事項、承継予定労働者の範囲及び労働協約の承継に関する事項等が考えられること。

　ハ　労働組合法上の団体交渉権との関係

　　　事業譲渡に伴う労働者の労働条件等に関する労働組合法第六条の団体交渉の対象事項については、譲渡会社等は、イの協議等が行われていることをもって労働組合による当該事業譲渡に係る適法な団体交渉の申入れを拒否できないものであること。

　　　また、当該対象事項に係る団体交渉の申入れがあった場合には、譲渡会社等は、当該労働組合と誠意をもって交渉に当たらなければならないものとされていること。

　ニ　開始時期等

　　　イの協議等は、遅くとも1の(2)のイに規定する承継予定労働者との協議の開始までに開始され、その後も必要に応じて適宜行われることが適当であること。

(2)　団体交渉に関して留意すべき事項

　　　労働組合は、使用者との間で団体交渉を行う権利を有するが、団体交渉に応ずべき使用者の判断に当たっては、最高裁判所の判例において、「一般に使用者とは労働契約上の雇用主をいうものである」が、雇用主以外の事業主であっても、「その労働者の基本的な労働条件等について雇用主と部分的とはいえ同視できる程度に現実的かつ具体的に支配、決定することがで

きる地位にある場合には、その限りにおいて」使用者に当たると解されていること等これまでの裁判例等の蓄積があることに留意すべきであること。

また、譲受会社等が、団体交渉の申入れの時点から「近接した時期」に譲渡会社等の労働組合の「組合員らを引き続き雇用する可能性が現実的かつ具体的に存する」場合であれば、事業譲渡前であっても労働組合法上の使用者に該当するとされた命令があることにも留意すべきであること。

第3 合併に当たって留意すべき事項

合併における権利義務の承継の性質は、いわゆる包括承継であるため、合併により消滅する会社等との間で締結している労働者の労働契約は、合併後存続する会社等又は合併により設立される会社等に包括的に承継されるものであること。このため、労働契約の内容である労働条件についても、そのまま維持されるものであること。

索　引

あ

異議申し立て……………………97
意思決定の迅速化………………23
移籍………………………………20
一時金………………………… 152
1法人1労働組合1労働協約 … 152
一体感……………………………97
一体感の醸成……………… 110
インサイダー情報………………81
インサイダー取引………………82
M&A ……………………………73
エリア社員………………… 111
エンプロイアビリティ…………58
オープン・ショップ……… 122

か

外資系企業………………………53
会社法………………………… 154
解約型転籍………………………97
格差是正……………………… 103
拡大臨時中執会議…………… 109
拡大労使協議………………… 145
合併…………………………… 141
家庭用音響機器……………… 131

過半数組合………………………58
火力発電…………………………80
火力発電システム事業…………75
火力発電部門……………………75
間接部門の削減…………………75
基幹労連…………………………90
企業会計基準………………… 121
企業グループ連合会………… 162
企業不祥事…………………… 120
企業別労働組合…………………38
帰属意識……………………… 125
機動的な事業運営………………75
希望退職…………………………25
QCサークル活動 ………… 125
吸収合併……………………… 154
業務命令上の協議………………33
切り捨て縮小均衡………………55
組合員の一体感……………… 153
組合規約……………………… 119
組合見解……………………… 109
組合建議…………………………84
組合態度…………………………83
組合提言……………………… 155
組合のチェック機能……………79
組合費………………………… 119

グループ全体最適化……………23
車の両輪……………………80
承継転籍……………………88
計測事業……………………16
激変緩和措置………………161
コア事業……………………57
工場閉鎖……………………50
子会社化……………………75
5条協議……………………34
個人業績別加算額…………161
個人面談……………………44
個別協議……………………84
個別転籍……………………88
個別同意……………………34
雇用維持……………………51
雇用確保責任………………99
雇用削減……………………51
雇用調整……………………139
雇用保障……………………78
コンプライアンス…………120
コンプライアンス経営……122

さ

在籍出向……………………75
産別ミニマム………………152
事業譲受……………………38
事業ポートフォリオ………57
事業持ち株会社……………102
自己都合退職………………158
自前主義・メジャー出資…74

事前労使協議………………105
社員代表……………………58
社会性の危機………………123
車載機器事業………………131
JAM ………………………17
従業員の一体感……………20
集団的発言メカニズムの危機…123
集約拡大路線………………55
主体性の不足………………167
出向…………………………20
純粋事業譲渡型……………101
遵法性の確保………………34
譲受会社……………………105
職場委員……………………87
職場説明会…………………62
職場討議……………………134
人事・処遇制度等の一元化……150
新人事制度…………………26
新設会社事業譲渡型………101
人的融合……………………146
スト権………………………42
スト権移譲投票……………43
スピードアップの不足……164
制御事業……………………16
生産性向上…………………125
性善説………………………71
制度統合労使検討委員会…89
全体最適化…………………94
選択と集中…………………59
総額人件費…………………155

早期退職優遇制度……………… 151
組織変動…………………………19

た

大企業病………………………… 167
退職金加算………………………42
タイの洪水……………………… 158
代表制の危機…………………… 123
タテの組織化…………………… 118
団体交渉…………………………42
地域限定正社員………………… 111
中央委員会………………………21
中央経営協議会…………………82
中央経営評議会………………… 158
中央生産委員会…………………84
中央労使協議会………………… 133
中央労使懇談会………………… 145
中核企業連……………………… 119
転勤命令…………………………46
転籍加算金……………………… 100
統合契約書………………………81
統合準備委員会…………………88
統合新会社労組設立委員会…… 153
統合新労働組合………………… 153
特別退職一時金………………… 159
特別退職金……………………… 157

な

ナショナル社員………………… 112
7条措置…………………………34

日本的雇用慣行………………… 137
人間尊重の経営………………… 139

は

配置転換…………………………77
抜本的構造対策………………… 158
半導体企業……………………… 141
半導体業種本部………………… 147
半導体専業会社………………… 141
東日本大震災…………………… 158
非正規労働者…………………… 104
100日プロジェクト …………… 157
評議員会………………………… 149
不採算部門の切り離し…………52
部分最適化………………………94
不利益取扱い……………………99
分割移籍………………………… 152
分割契約書………………………81
分社化…………………………… 104
分社化・子会社化………………78
変革プラン……………………… 160

ま

マイナー出資……………………76

や

役員・幹部社員の報酬カット……43
やり甲斐・働き甲斐…………… 150
有利子負債……………………… 133
ユニオン・ショップ……………48

ヨコの組織化………………… 118

ら

リーマン・ショック…………… 151

良好な労使関係…………………21

臨機の対応……………………… 158

臨時経営協議会…………………19

臨時中央経営評議会…………… 154

連結経営………………………… 121

労使協議会……………………… 102

労使協定…………………………21

労使専門委員会………………… 150

労使の信頼関係…………………80

労働協議会………………………42

労働協約…………………………21

労働協約の債務的部分………… 113

労働組合の存在意義……………34

労働契約承継法…………………22

労働条件の引き下げ…………… 160

労働争議…………………………53

あとがき・感謝の言葉

　私が韓国から日本に留学したのが 1991 年。この職場（労働政策研究・研修機構、旧日本労働研究機構）に就職したのが 1997 年である。その間、日本社会は大きく変わってきたが、どちらかといえば残念ながら悪い方向にである。企業の国際競争力もそういえる。来日の前は、「ジャパンアズナンバーワン」と言われるほど、日本企業の競争力が世界的に最高であった。しかし、今はそうはいえない状況である。なぜそうなのだろうか。その 1 つは対応力の弱さ・遅さではないかと思われる。過去の成功体験にとらわれて、前向きな発想をしその達成に向けた戦略を打ち立てることを怠ったまま、競争力にマイナスに働く事態が進み、早めの対応ができなくなったのではないか。企業組織再編でもそういう側面があったとみられる。

　特定の事業や企業全体が競争力を失われるまでに手を打たない。手を打つときには、競争力を取戻すことが難しい。そのために後ろ向きな企業組織再編が多かったのではないかと思われる。企業も労働者も多くの痛みを受けてしまう結果へとつながるのである。

　日本は、1997 年独禁法改正による純粋持株会社設立の解禁を皮切りに企業組織再編の円滑化に向けて法制を整えてきている。しかし、それがどれほどの効果があるのだろうか。もし効果があるのであれば、その要因はどういうものであり、もし効果がないのであれば、その要因はどんなものがあるのか。効果の測定・判断は実に非常に難しい。例えば、本書で多く取上げられた分割だけでも、分割会社からみて効果的なのか、それとも承継会社からみてそうなのかという視点の違いもあれば、効果が短期的にみてそうなのか、長期的にみてそうなのかというタイムスパンの長短、また、企業からみて効果があるのか、それとも労働者からみてそうなのか等、測る物差しや視点が異なることがあるからである。そして効果の有無に影響する要因の特定もきわめて困難であろう。

ところで、企業組織再編の効果や要因を明らかにするに当たって何よりも重要なのは再編の実態を正確に理解し、分析することである。日本では企業組織再編に関する書籍が少なくないが、その多くは関連法や制度の解説、判例分析であり、生の実態を調査・分析したものは数少ない。本書が、企業組織再編実態の調査・分析の穴を埋める役割を果たすとともに、再編の効果やその要因につながる示唆を与えることを期待する。

私が、本文で7事例を含む22事例、また、補論で5事例を調査できたのは、もっぱら調査先の労使やその団体の担当者の協力の賜物によるものである。企業組織再編というどちらかと言えばマイナスのイメージがつきやすく、語りたくない実態であるにもかかわらず、調査に協力するという決断をされた方々に、この場を借りて、心より感謝申し上げる。企業や労働組合の内部資料までも快くご提供頂いたところも多い。本書が上記の期待を少しでも充たすものになったらそれは協力者の方々に帰すべきである。

本文事例の調査・研究のきっかけは厚生労働省からの依頼であった。それもあって、多くの企業の労使や団体が積極的に協力して頂いたものと思い、依頼先の厚労省にも感謝の意を表したい。また、そういう調査・研究ができるような機会を与えてくれた勤め先の労働政策研究・研修機構にも感謝の思いでいっぱいである。企業組織再編は1990年代以降企業のあり方、労働者の雇用や労働条件、さらには労使関係の変化をもたらしうる最も重要な現象であり、かねてから本格的に調査・研究をしたいという思いがあったが、このような形でその機会が回ってきたのである。

勤め先では、今回、このような本を出版できる機会も与えてくれたが、本の内容は、労働政策研究・研修機構（2018）『組織変動に伴う労働関係上の諸問題に関する調査―労使ヒアリング調査編―』JILPT資料シリーズNo.196を若干修正・加筆したものである。また、補論は、仁田道夫・連合編著（2015）『これからの集団的労使関係を問う―現場と研究者の対話』に掲載された論文である。転載をお許し頂いた編著者と出版社のエイデル研究所に感謝申し上げる。

最後に研究に専念できるように支えてくれている家族（妻 柳榮淑、娘 眞瑛、息子 慧皙）と信仰の家族（御茶の水キリストの教会）にも感謝する。

本書が、今後、日本の企業組織再編の円滑化や企業競争力の強化及び労働者の保護や処遇向上、そして信頼に基づく良好な労使関係の拡大・深化に少しでも貢献できれば望外の喜びである。

2019 年 9 月

研究室にて著者　呉学殊

著 者 紹 介

呉　学殊（オウ　ハクスウ）

1962 年　韓国忠清北道永洞郡生まれ
1988 年　韓国忠南大学卒業（社会学専攻）
1990 年　ソウル大学大学院修士課程卒業（社会学専攻）
1994 年　東京大学大学院人文社会系研究科修士課程修了
1997 年　東京大学大学院人文社会系研究科博士課程満期退学（2001 年社
　　　　会学博士）
現在　労働政策研究・研修機構副統括研究員（1997 年入職）
e-mail : hs.oh362@jil.go.jp

＜主な著書・論文＞

2018『労使関係のフロンティア─労働組合の羅針盤─』【増補版】（初版は
　　　2011 年、2011 年度・第 26 回沖永賞、2012 年度・日本労働ペンクラ
　　　ブ賞受賞）

2012「労使関係論からみた従業員代表制のあり方─労使コミュニケーショ
　　　ンの経営資源性を生かす」『日本労働研究雑誌』2013 年 1 月号 No.630

2014「中小企業における労使関係の実態と方向性─労使コミュニケーショ
　　　ンの経営資源性の発揮と従業員代表制の法制化─」『日本労働研究雑
　　　誌』8 月号 No.649

2017「企業コミュニティと労使関係─日立と資生堂労組の事例を中心に」
　　　『日本労働研究雑誌』9 月号 No.686

2017 "Toward Better Industrial Relations in the Future: The Essence and
　　　Challenges of Industrial Relations in Japan," *Journal of Business and
　　　Economics*, ISSN 2155-7950, USA. December 2017, Volume 8, No.12,
　　　pp.977-988

JILPT研究双書

企業組織再編の実像 ～労使関係の最前線～

2019年9月30日 初版発行

＜検印省略＞
定価はカバーに
表示しています

著　者	呉　学殊
編集・発行	労働政策研究・研修機構
編　集	〒177-8502　東京都練馬区上石神井4-8-23
	電話　03-5991-5104
販　売	〒177-8502　東京都練馬区上石神井4-8-23
	電話　03-5903-6263
印　刷　所	株式会社ディグ

©Printed in Japan　禁無断転載・複製　ISBN978-4-538-61011-5　¥3500E